suhrkamp taschenbuch 737

Fernando Gabeira, Verfasser des vorliegenden Tatsachenberichtes, wurde 1940 in einer Kleinstadt im Bundesstaat Minas Gerais geboren. Nach dem Studium arbeitete er als Journalist bei der großen Tageszeitung *Jornal do Brasil* in Rio de Janeiro.

Er beteiligte sich an der Stadtguerilla und war einer der Verantwortlichen für das Kommando, das 1969 den amerikanischen Botschafter Charles Burke Elbrick entführte – es war die erste Entführung in Brasilien – und gegen 15 politische Häftlinge austauschte. Kurze Zeit später, steckbrieflich gesucht, wurde er von der Polizei gefangengenommen und dabei schwer verletzt. Nach zahllosen Verhören und Folterungen wurde er aufgrund der Entführung des deutschen Botschafters von Holleben 1970 freigepreßt und nach Algerien ausgeflogen.

Damit begann Gabeiras neunjähriges Exil. Zunächst Algerien, dann eine Reise nach Cuba, um eine Ausbildung als Guerillero zu absolvieren. Von dem ideologischen und praktischen Training wenig angetan, kehrte er nach Algerien zurück, zog nach Paris und später nach Berlin. Nach dem Wahlsieg Allendes (1970) reiste er nach Chile, um die dortige politische Entwicklung zu verfolgen. Er befürchtete, daß die Linken hier die gleichen Fehler begehen würden wie damals in Brasilien. Nach dem Putsch von Pinochet flüchtete er in die argentinische Botschaft. Monate später konnte er nach Buenos Aires ausgeflogen werden und von dort nach Schweden weiterreisen, da sich Amnesty International um ihn bemüht hatte. Damit begann das zweite Exil.

Seine Rede auf dem Russell-Tribunal in Rom, dessen Thema die Folterungen in Lateinamerika war, fand wegen ihrer Kritik und Selbstkritik große Beachtung. Gabeira vertrat die Ansicht, gewaltsame Veränderungen seien aussichtslos, und er lehnte den bewaffneten Kampf in Lateinamerika folglich ab, da er nur zu stärkerer Repression führe.

1978 gab Fernando Gabeira in Paris der brasilianischen Wochenzeitschrift *O Pasquim* ein langes Interview. Zum ersten Mal erzählte ein Ex-Guerillero von den durchgeführten Aktionen, von Befreiungskämpfen, von Folter und Exil. Seine Analysen hatten unglaublichen Erfolg in Brasilien und wurden gemeinsam mit seinem »Offenen Brief über die Amnestie« als Sonderdruck verbreitet. Beide Texte gelten bereits als historische Dokumente in der jüngsten Geschichte Brasiliens.

Fernando Gabeira
Die Guerilleros sind müde

Aus dem brasilianischen Portugiesisch
übersetzt und herausgegeben
von Henry Thorau und Marina Spinu
Nachwort von Hans Füchtner

Suhrkamp

Titel der 1979 in der Editora Codecri, Rio de Janeiro
erschienenen Originalausgabe: *O que é isso, companheiro?*
Die Kürzungen und die redaktionelle Bearbeitung des deutschen
Textes erfolgten in Absprache mit dem Autor.
Die abgebildeten Photographien wurden uns freundlicherweise
von der Editora Abril (São Paulo)
zur Verfügung gestellt.

suhrkamp taschenbuch 737
Erste Auflage 1982

Satz: LibroSatz, Kriftel
Druck: Ebner Ulm · Printed in Germany
Umschlag nach Entwürfen von
Willy Fleckhaus und Rolf Staudt

Narrar é resistir
Erzählen heißt Widerstand leisten

Guimarães Rosa

I

Irarrazabal hieß die Straße, die wir damals im September langliefen. Ein Name, den ich nie vergessen werde, weil wir ihn auf Spanisch nie richtig aussprechen konnten, und weil wir dort zum ersten Mal einen mit Leichen voll beladenen Laster vorbeifahren sahen. Es war ein Spätnachmittag im September 1973, in Santiago de Chile, nahe beim Nunoa-Platz, kurz vor der Sperrstunde.

Wir liefen in Richtung argentinische Botschaft, hinter uns die vergletscherten Anden, links das Nationalstadion, auf das Kolonnen von Militärfahrzeugen zurollten. An der Rua Holanda spricht uns ein Mann an, bittet um Feuer. Unglaublich, daß jemand in diesem Augenblick an einer Straßenecke steht. Vera blickte mich erschrocken an, ich wußte, was sie sagen wollte: »Der ist wohl lebensmüde.« Er beugt sich vor, um sich Feuer geben zu lassen. Die Streichholzflamme läßt die Ringe unter den Augen noch dunkler erscheinen. Er sieht übernächtigt aus. So, als hätte er kaum oder gar nicht geschlafen. Bestimmt ein Linker, wie wir vom Putsch überrascht, aus allen menschlichen und politischen Beziehungen jäh herausgerissen. Fast hätte ich ihm den guten Rat gegeben: Mensch, hau ab, was willst du auf der Straße, geh nach Hause, unter die Dusche. Aber das war doch verrückt, an jenem Frühlingsanfang an der Ecke Irarrazabal-Holanda stehenzubleiben und ein Gespräch zu beginnen.

Auch für uns war die Lage ziemlich brenzlig. Noch einige Minuten bis zur Sperrstunde, und wir befanden uns erst auf halbem Weg zur argentinischen Botschaft. Würden wir es bis zur Botschaft schaffen, über die Mauer klettern, politisches Asyl erhalten? Überraschte uns die Sperrstunde auf offener Straße, würden wir verhaftet und hätten mindestens einige Folternächte Zeit zu erklären, was wir in Chile suchten, gerade jetzt während der blutigen Wende, die die *Unidad Popular* zu Fall gebracht hatte. Ich hätte dann erklären müssen, wieso ich Diogo hieß und Ecuadorianer war. Ich hieß nicht Diogo und war nicht Ecuadorianer, ich hatte den falschen Paß von einem Portugiesen, der nach Quito ausgewandert war, daher durfte ich gebrochen Spanisch sprechen. Ein in Ecuador naturalisierter Portugiese, mit einer Brasilianerin und einer Deutschen auf der Flucht, hat keine Zeit, gute Ratschläge zu geben. Im besten Fall gelang es uns, uns unbemerkt von den Wachposten in den Botschaftsgarten zu retten. Und dann begann ein Exil im Exil, diesmal noch länger und qualvoller, denn die Militärdiktaturen schlossen nach und nach den Ring um den Kontinent. Selbst im besten Fall sah es also ziemlich schlimm für uns aus. Jetzt aber hieß es laufen. So rasch wie möglich, um rechtzeitig anzukommen, und so unauffällig wie möglich, um nicht die Aufmerksamkeit der Männer im Streifenwagen auf uns zu lenken. Vielleicht war der Mann an der Ecke auch gar kein Linker. Und während ich irgendwie schuldbewußt weiterrannte, schoß es mir durch den Kopf: Wenn ich auch diesmal davonkomme, schreibe ich ein Buch und erzähle, wie alles kam. Alles? Nur das, was in den letzten Jahren, von 1968 bis heute, so geschah, oder genauer, das, was ich selbst erlebt habe und woran ich mich erinnere. Dies also ist das Buch eines Mannes auf der Flucht, der zu begreifen sucht, wie es dazu kam, daß er plötzlich in Chile über die Irarrazabal läuft, knapp fünf Jahre nachdem er noch in Brasilien von der Rua Ouvidor zur Avenida Rio Branco mitmarschiert war in einer der Gruppen, die wieder einmal gegen die 1964 an die Macht gekommene Militärdiktatur demonstrierten. Wie hatte das alles eigentlich angefangen?

Ich war auf den Balkon hinausgetreten, um frische Luft zu schnappen. Das Neonlicht in den Redaktionsräumen des *Jornal do Brasil* macht müde. Ich blicke hinunter auf die Avenida Rio Branco. Feierabendverkehr. Plötzlich stehen etwa fünfzig Leute mitten auf der Straße, entrollen Transparente und Plakate, schreien: »Nieder mit der Diktatur!« Was? Der Verkehr stockt. Eine Demo. In den Telegrammen, die sich auf meinem Schreibtisch häufen, ist nur von Kriegen, Erdbeben, Staatsstreichen die Rede. Und da unten, vor meinen Augen, stehen fünfzig Leute, von Scheinwerfern geblendet, in Auspuffgase eingehüllt, und stellen sich dem Verkehr entgegen. »Höhere Löhne, weniger Panzer, nieder mit der Diktatur!« schreien sie. Plötzlich muß ich an die Kleinstadt denken, wo ich meine Kindheit verbracht habe. Die Spieler vom FC Guarani, der wieder einmal eine Niederlage eingesteckt hat, stürmen in die Rua Vitorino Braga, weißblaue Fähnchen schwenkend, und grölen: »Juiz de Fora vor, noch ein Tor!« Die Menschen da unten auf der Straße, der Verkehr, der nur minutenlang stockt, das alles erinnert mich daran. Die Gesichter der Spieler vom Guarani, unsere zerrissenen Hemden, wie wir uns selbstzufrieden auf die sonntäglichen Eierspaghetti Marke Mira und den Muskatwein stürzen. Das alles liegt so lange zurück, in Chile hat inzwischen der Putsch stattgefunden, Polizeihunde bellen, Hubschrauber kreisen über der Stadt.

Ich mußte gleich wieder an meinen Arbeitsplatz zurück, aber die demonstrierenden Studenten gingen mir nicht aus dem Kopf. Seit 1964 war ich auf der Suche nach ihnen, und seit 1964 warteten sie, so glaube ich, auf die Begegnung mit denen, die vom Balkon auf die Avenida Rio Branco herunterblickten.

1964 hatte ich zwei Jobs. Beim *Jornal do Brasil* und beim *Panfleto*, einer Wochenzeitung des linken Flügels der PTB, der Brasilianischen Arbeiterpartei, die nach dem Staatsstreich als autonome Nationalistische Revolutionäre Bewegung (MNR) überleben sollte. Beim *Jornal do Brasil* war ich Redakteur, beim *Panfleto* zweiter Redaktionssekretär. Beide Stellen waren für mich wichtig. Die eine entsprach meinen politischen Ideen, mit der anderen verdiente ich mein Geld. Das klingt doch plausibel in einer frisierten Aussage, nicht wahr. In Wirklichkeit gab es noch einen ganz pragmatischen Beweggrund: Beim *Jornal do Brasil* bekam ich ein Monatsgehalt, beim *Panfleto*, das von Freunden gemacht wurde, gab es immer Vorschuß, so daß wir gerade hinkamen. Wir lebten auch nicht über unsere Verhältnisse. Fünf Leute teilten sich die Miete für eine Wohnung in der Barata Ribeiro 200, wir aßen fast immer in der Redaktion – alle waren wir hoffnungsvolle, junge Journalisten –, manchmal gingen wir auch in eine Kneipe ganz in der Nähe, ins Beco da Fome, die »Hungerecke«. Einige von uns gehörten zu einer der Elfer-Gruppen, die Brizola zum Widerstand gegen den Putsch ins Leben gerufen hatte. Die anderen zeigten kein sonderliches Interesse angesichts der aufziehenden nationalen Krise, sei es aus Enttäuschung, sei es aus Liebeskummer.

Als dann 1964 der Putsch stattfand, blieb aber keiner zu Hause. Die aus der Elfer-Gruppe stellten sich in der Schlange an, wo die Waffen von Aragão verteilt werden sollten. Viele trafen sich da, aber die Waffen hat keiner zu Gesicht bekommen. Ich erinnere mich, daß ich zum Cinelândia-Platz ging,

Fernando Gabeira Mitte der 60er Jahre als junger Redakteur und Leiter des Archivs in der Redaktion des Jornal do Brasil *in Rio de Janeiro.*

gerade als aus dem Militärclub das Feuer auf die Menge eröffnet wurde. Nach einem Staatsstreich, zumindest war das so bei den beiden, die ich erlebt habe, spürt man das Bedürfnis, mit denen zusammenzusein, die man gern hat, man möchte sie wenigstens anrufen, um zu wissen, daß alles okay ist. Ziemlich verstört durch die Schießerei verließ ich den Platz. In die *Panfleto*-Redaktion zurückzugehen wäre das Dümmste gewesen. Sie hatten das Archiv beschlagnahmt, die Redaktion auf den Kopf gestellt. Ich gehe also zum *Jornal do Brasil.* In der Avenida Rio Branco stoße ich auf eine Gruppe von Journalisten. Wir machen uns auf zur Druckergewerkschaft, dort wollen wir geschlossen Widerstand leisten.

Aber als wir ankommen, ist alles damit beschäftigt, die Unterlagen wegzuschaffen und sich selbst vor der Polizei in Sicherheit zu bringen. Wir lassen uns von der allgemeinen Panik anstecken. Genauso erging es auch vielen in Chile. Du bist entschlossen, Widerstand zu leisten, machst dich auf den Weg, und dann ergreifst du die Flucht.

Aus der argentinischen Botschaft in Chile schreibe ich einen Brief an einen Freund in Rio, daß ich noch am Leben sei. Ich schrieb, weißt du, ich fühle mich allmählich so wie der Romanheld von García Márquez, der, glaube ich, zwölf oder dreizehn Revolutionen verloren hat. Ich habe viele Menschen sterben sehen, Gruppen, die sich in Fabriken verbarrikadiert und bis zum letzten Widerstand geleistet haben. Aber der allgemeine Drang hieß Flucht, Rückzug, und ich glaube, das war das Klügste, was man unter diesen Umständen tun konnte.

Als wir wieder in unserer Wohnung in der Barata Ribeiro 200 zusammentrafen, stand nicht nur Brasilien vor dem Zusammenbruch. Auch wir waren kurz davor. Das sind Augenblicke, wo man Bilanz zieht und nicht weiß, ob man sich hinsetzen und heulen soll oder denen zur Hilfe eilen, die es nicht geschafft haben, rechtzeitig abzuhauen.

Wer auf die Austeilung von Aragãos Waffen gehofft hatte, stieß nun mit dem Siegeszug zusammen, der sich von Süden her in die Innenstadt bewegte. Die Nachrichtensperre in den Zeitungen war von allen Seiten durchlöchert. Kollegen, die schon immer gegen die Regierung Goulart waren, befanden sich in Hochstimmung, einige verfaßten auf die Schnelle ihre Memoiren. Andere kamen vom Guanabara-Palast, dem Sitz der Regierung, wo sie einem möglichen Angriff der Marineinfanterie unter dem Oberbefehl von Admiral Cândido Aragão die Stirn bieten wollten.

Ich sehe sie vor mir, wie sie großsprecherisch alle möglichen Verteidigungstaktiken für den Ernstfall erörtern, falls es zum Sturm auf den Regierungssitz kommen sollte, wobei jeder seine persönliche Tapferkeit herausstreicht.

In einer der nächsten Ausgaben sollten wir die Story von Oberst Montanha herausbringen, der das Fort Copacabana einnahm, indem er einen fürchterlichen Schrei ausstieß und so die Wachen in die Flucht schlug. Und so was solltest du nun redigieren, auf Rechtschreibefehler durchsehen, dir dazu Bildtexte und Schlagzeilen einfallen lassen ... Das waren ganz schön harte Brocken, die wir da schlucken mußten, trotzdem konnten wir es uns nicht vorstellen, daß es die nächsten fünfzehn Jahre lang so weitergehen sollte.

Wir stürzten Hals über Kopf aus dem Gebäude der Druckergewerkschaft hinaus, über den Sender Radio Mayrink Veiga erschallte schon die Stimme des Gegners, und liefen durch eine der kleinen Seitenstraßen der Avenida Rio Branco. Ich war auf so einem Tiefpunkt, daß ich einen Pflasterstein in ein Schaufenster warf und mich dann einfach auf den Gehsteig setzte. Ein Freund, ebenfalls Journalist, aber mit etwas mehr Erfahrung, kam zurückgerannt: »Also, wenn du Idiot meinst, Scheiben einwerfen wäre eine Form von Widerstand, deine Sache. Aber man soll auch nicht übertreiben. Sich hinsetzen und warten, daß sie einen schnappen.«

Viel später, in den Untergrundnächten und während der Diskussionen im Gefängnis begann ich Einzelheiten in Zusammenhang zu bringen und ein klareres Bild zu gewinnen von dem, was der 64er Putsch wirklich bedeutet hatte. Ganz wesentliche Fragen drängten sich auf, die ich der Reihe nach beantworten mußte. Wo waren die Studenten? Warum kamen die Waffen von Aragão nicht? Das alles ging mir immer wieder durch den Kopf. Auch die Studenten hatten versucht, Widerstand zu leisten. Jedenfalls in der juristischen Universität von Rio, um nur von dem zu sprechen, was ich unmittelbar mitbekam. In einer Aussage von 1970 sagte Vladimir Palmeira, es seien mehr als dreihundert gewesen. Die gleiche heldenhafte Gesinnung, dieselben effektvollen Phrasen: »Bis zum letzten

Mann« und »In Kürze werden Waffen vom Präsidenten da sein«. Wo waren die Waffen, António? Die Waffen, die du uns von der *Associação dos Marinheiros*, der Vereinigung der Matrosen und Marineinfanteristen, bringen wolltest, António Duarte? Wie oft habe ich, während unserer Schachpartien im Exil, diese Frage an dich gestellt. Und wie oft hast du mir darauf eine Antwort gegeben, die mich immer an jene Kindergeschichte erinnerte: Da kommt ein Gast zum Geburtstagsfest, er bringt eine Torte mit, aber da ist eine Brücke, und die Torte fällt, plopp, in den Fluß. Ein Jammer.

II

António Duarte ist ein Meister der Sizilianischen Verteidigung, er kann einen in wenigen Zügen schachmatt setzen. Aber am Tag des Militärputsches, der Goulart stürzte, gelang es ihm nicht, auch nur für einen Mann Waffen zu beschaffen. Du hast vom Putsch gewußt, António, und bist mit Capitani auf die Postdirektion gegangen. Sie war ein Zentrum des Widerstandes und kontrollierte das gesamte Fernmeldenetz des Landes. Da war auch Oberst Dagoberto, der Postdirektor, ununterbrochen am Verhandeln. Aber da hattest du die Sache schon längst nicht mehr im Griff, António. Die Vereinigung der Marineinfanteristen war schon Wochen vor dem 1. April, dem Tag des Putsches, der Präsident Goulart stürzte, gefallen. Auf den Kreuzern und Zerstörern waren alle Offiziere abgelöst worden. Und einige hatte man sogar in den Nordosten versetzt, wie Neguinho. Goulart hatte zwar die Matrosen amnestiert, die sich in der Gewerkschaft der Metallarbeiter versammelt hatten, sie durften aber nicht auf ihre Schiffe zurück. Die Lage war für euch ziemlich schwierig. Admiral Aragão selbst war sechs Tage lang von seinem Posten abgesetzt und hatte nicht wieder festen Fuß gefaßt bei den Marineinfanteristen, als der Putsch ausbrach.

Was dich aber noch mehr beunruhigte, António, du wußtest, daß die Waffen aus dem Marinearsenal hinausgingen und bei einigen Großgrundbesitzern ankamen. Du wußtest, die Waffen lagerten hier, auf den drei Inseln des Ministeriums. Vielleicht kamen sie von der Rijo- und von der Fondão-Insel und wurden fast jede Nacht auf Militärfahrzeuge verladen und weggebracht. Wohin, António? Wer hätte das sagen können. Aber ihr habt doch Fotos gemacht von der Waffenübergabe. Sie hatten die Fahrzeuge und die Waffen, aber sie hatten keine Wachen. Die Fotos wurden an die zuständigen Stellen weitergeleitet, aber diese unternahmen auch nichts. Du warst also, sagen wir, ziemlich skeptisch, als du mit Capitani zur Postdirektion gingst. Marco António war in Aragãos Büro zurückgeblieben. Auch er gehörte zur Leitung der Matrosenvereinigung und sollte einige Jahre später von Kugeln durchsiebt an der Copacabana sterben. In der Postdirektion kamen nur schlechte Nachrichten an. Die Truppen, die sich Mourão

Filho entgegenstellen sollten, waren nicht kampfbereit. Alle warteten darauf, daß Aragão das Zeichen zum Angriff auf den Guanabarapalast gab. Aber in Wirklichkeit hatte das DOPS, die Politische Polizei, die Straßen unter Kontrolle und holte zum Gegenschlag aus. Du hattest Aragão angerufen und gesagt: »Comandante, das DOPS verhaftet Leute auf offener Straße.« – »Ich schicke euch eine Patrouille, Jungs.« – »Was sollen wir mit einer Patrouille, Admiral! Schick uns Waffen!«

Tatsächlich waren einige Patrouillen losmarschiert und hatten ein paar Fahrzeuge des DOPS aufgebracht. Fünf Einsatzwagen mitsamt den Polizisten wurden von den Marineinfanteristen gekapert. Aber das war auch alles, wozu Aragão ohne Order des Präsidenten bereit war. Aragão wartete auf einen Befehl vom Präsidenten, du António, wartetest auf einen Befehl von Aragão, und die Zeit verstrich. Im siebten Stock des Marineministeriums hatte die Marinepolizei *Cenimar* einen starken Sender installiert und verfügte so über bessere Verbindungen als der Postdirektor Dagoberto. Die Ilha das Cobras, die Schlangeninsel, wurde von putschfreundlichen Offizieren kontrolliert. Die Schiffe standen in Alarmbereitschaft. Keiner durfte an Bord, keiner von Bord.

Für dich hat der Putsch dreimal stattgefunden. Das erste Mal, als du merktest, daß die militärische Abteilung des Präsidenten nicht mehr mitmachte. Das zweite Mal, als man von Goularts Telefongesprächen mit Aragão und seiner Order erfuhr: »Admiral, nimm den Jungs die Waffen weg.« Der dritte Schlag war für dich der härteste. Ihr hattet beschlossen, zum Marineministerium zu fahren, wo die Leute auf Waffen warteten. Hinter euch fuhr der Gefreite Anselmo mit Militärpolizisten und Maschinengewehren. Im Ministerium war noch alles in Ordnung. Der Wachtposten salutierte. Er hatte sich am Abzug seiner Waffe verletzt und blutete am Finger. Du blicktest gerade auf den Finger, als er sich umdrehte. Admiral Aragão kam die Treppe herunter, um mit euch zu sprechen und mit den anderen, die auf Waffen warteten. Du erinnerst dich ganz genau an die Szene. Aragão sprach langsam, bedächtig, um euch zu überzeugen: »Der Präsident will kein Blutvergießen. Ich rate allen, friedlich nach Hause zu gehen. Das ist das einzige, was ihr tun könnt, friedlich nach Hause gehen.«

Aber das war noch nicht das Schlimmste. Auch Admiral Candido Aragão selbst hatte vor, nach Hause zu gehen. Der Gefreite Anselmo mit seinen Militärpolizisten war verschwunden. Du und Capitani, ihr standet da, und ihr wußtet, daß ihr Zeugen seid von etwas Wichtigem. Du hast Capitani am Arm gepackt, als Aragão in den schwarzen Wagen stieg, und hast zu ihm gesagt: »Capitani, siehst du Aragão, siehst du den schwarzen Wagen. Capitani, Aragão fährt weg in seinem schwarzen Wagen.« Ich glaube, es war der Augenblick, als ich mich in der Seitenstraße der Avenida Rio Branco auf den Bordstein setzte, als die Studenten aus dem Caco (Centro Académico) herausströmten, ziemlich entmutigt über das Ergebnis der Vollversammlung, die man einberufen hatte, um den Widerstand zu planen. Sie hatten nun beschlossen, am nächsten Tag wiederzukommen.

Du und Capitani, ihr hattet beschlossen, in den Süden zu gehen. Wenn es in Rio keinen Widerstand gibt, dann würdet ihr ihn in Porto Alegre organisieren, dazu muß man zwar die Fahrerei in Kauf nehmen, aber schließlich würdet ihr Leuten mit Waffen begegnen, die rufen: »No pasarán.« Nun, António, ihr seid in den Süden gegangen, immer mit dem Vorhaben, Widerstand zu leisten, aber in Wirklichkeit, von heute aus gesehen, war das der Anfang einer langen Flucht, die uns hierher verschlagen hat, dich und mich, vor diesen Kaffee aus dem Automaten und den Zimtbrötchen, die die Schweden so gern essen. Was ich noch sagen wollte: Was hätte es genützt, wenn die Waffen gekommen wären? Ich laufe um mein Leben, um in der argentinischen Botschaft unterzukommen, und andere Leute sehe ich ihre Zeit damit verschwenden, die paar armseligen Waffen, die sie hatten, zu verstecken. Was hätten Waffen genützt, solange die wichtigsten politischen Parteien nicht alle ihre Kräfte für den Widerstand aufgeboten hatten? Und was hätte es genützt, wenn die Parteien sich zusammengeschlossen hätten, solange nicht die ganze Gesellschaft von der Notwendigkeit des Widerstandes überzeugt war?

Stell dir vor, man hätte den Generalstreik ausgerufen. Nach dem Putsch von 1964 wäre der öffentliche Verkehr zusammengebrochen. Einige Landesteile wären völlig unter Kontrolle. Der Widerstand hätte die Frage nach Waffen, Lebensmitteln, Logistik, internationalen Kontakten aufgeworfen. Der Staatsstreich in Brasilien hätte das Land in zwei Hälften spalten können. Die eine wäre sofort von den USA anerkannt worden. Wer wäre uns zur Hilfe gekommen?

Ich wollte hier Zuflucht finden, jetzt bin ich auf der Flucht. Vor vier Tagen hatte ich noch einen Artikel für *Punto Final* geschrieben. Die Ausgabe war noch nicht heraus, als der Putsch vom 11. September losbrach. Mir hatte keiner geglaubt. Chile ist doch nicht Brasilien. Es ist schlimmer. Schon Tage vor dem 11. September waren Matrosen in Valparaiso gefoltert worden. Der Militärputsch war zusammengebrochen, bevor er noch in Gang kam. Bewaffneter Widerstand wurde im Keim erstickt. Was hätte ein Angriff auf den Regierungssitz gebracht?

Selbst wenn Aragão den Befehl dazu gegeben hätte, die Offiziere hätten die Möglichkeit gehabt, ihn auf jede Weise zu unterlaufen. Und die Offiziere waren in ihrer überwiegenden Mehrheit gegen Goulart. Du weißt, wenn sie wollen, können sie in fünf Stunden ein Heer aufstellen. Vielleicht wurde genau in dem Augenblick, als Aragão in seinem schwarzen Wagen davonfuhr, Gregorio Bezerra, der Bauernführer aus Pernambuco, mit einem Strick an den Jeep von Oberst Ibiapina gebunden und durch die Straßen geschleift.

Nicht, daß es keine Bereitschaft zum Widerstand gegeben hätte. Selbst unter den legalistischen Offizieren gab es welche, die bereit waren, nach Minas zu marschieren, um General Mourãos Truppen aufzuhalten. Alles das wußte Goulart, aber er zog es vor, nach Uruguay zu fliehen. Kurz, es gab wirklich keinen Widerstand. Die kampfwilligsten Matrosen befanden sich nicht auf ihren Schiffen, dennoch wurden viele Schiffe sabotiert. Ein U-Boot wurde an der Spitze der Schlangeninsel am Auslaufen gehindert. Der Kommandant rief »Zurück«, aber die Jungs hielten volle Kraft voraus. Aber mir kommt es vor, daß unsere Geschichte schon von Anfang an gelaufen war. José Ibrahim, der Streikführer von Osasco, war erst 17 Jahre alt. Bald würde die Metallergewerkschaft von Osasco dichtmachen, ihr Vorsitzender würde untertauchen.

Der Zusammenbruch von 1964 sollte unseren ganzen weiteren Weg bestimmen. Selbst heute noch, wenn wir sonntags früh zusammen zur Arbeit gehen, vermeiden wir dieses Thema. Du steigst in einen Düsenjäger der brasilianischen

Luftwaffe, ich ebenfalls, und wir nehmen Kurs auf Minas, um die Truppen von General Mourão Filho, die nach Rio vorrücken, vereint zu schlagen. Wie oft haben wir, wenn im November der erste Schnee fiel, General Kruel gespielt. Wir haben Jângo angerufen, um ihm zu melden: »Präsident, die 2. Armee steht geschlossen hinter Ihnen.« Und wie oft haben wir, gegen Ende April, wenn es hier zu tauen anfängt, den Part von Leonel Brizola* übernommen und sind an der Spitze der 3. Armee in die Schlacht gezogen. Die Flugzeuge der brasilianischen Luftwaffe, der Widerstandssender, Rede da Legalidade. Und wir rücken unsere Mütze zurecht, knöpfen unsere marineblaue Uniform zu und treten in den Führerstand unserer U-Bahn-Loks, um unsere schwedischen Fahrgäste zu befördern. Du auf der Linie 14, Richtung Ropsten, ich auf der Linie 15, Richtung Sätra. Wir werfen uns in die Schlacht und begegnen uns schon nach einer halben Stunde wieder, Umsteigebahnhof Slussen, du in Richtung Norden, ich in Richtung Süden. Du hältst am gegenüberliegenden Bahnsteig und fragst mich über den Lautsprecher, zum Erstaunen der Fahrgäste: »Alles klar, Comandante?« Und ich antworte ebenso: »Beschissen, Comandante, alles beschissen.«

Du weißt, ich habe zwei Minuten Verspätung, ich muß mich ranhalten, wenn's runter in die Altstadt geht, für die Schlacht mit Mourão Filho habe ich jetzt keine Zeit, jetzt geht es nur noch darum aufzuholen, zum Hauptbahnhof zu rasen, sonst muß ich den Fahrgästen die Tür vor der Nase schließen, um rechtzeitig anzukommen. Tschau, António.

* Leonel Brizola, Goularts Schwager, war bis zum Staatsstreich von 1964 Gouverneur des Bundesstaates Rio Grande do Sul.

III

Nach dem Staatsstreich von 1964 mußte der Sekretär des *Panfleto* für einige Zeit untertauchen und überließ mir den Schlüssel seiner Wohnung in Copacabana. Ich zog mit einem Freund in die Rua Figueiredo Magalhães. Da ich mich im *Jornal do Brasil* halten konnte, reichte das Gehalt jetzt über die erste Hälfte des Monats hinaus. Der Freund, mit dem ich zusammenwohnte, war Schauspieler, bekam kleinere Rollen in einem Theater in Botafogo. Er hatte nur ein kleines Problem in einer der ersten Vorstellungen: Das Stück hieß *Antigone*, und er sollte in etwa sagen: »Antigone, du kannst mir vertrauen.« Stattdessen sagte er: »Kleopatra, kannst auf mich bauen.« Zum Glück fiel das keinem Kritiker auf, er behielt seine Rolle und bezahlte damit die andere Hälfte der Miete.

Inzwischen hatte die Rechte in allen Bereichen zum Gegenschlag ausgeholt. Der erste Ato Institucional* kam heraus, jedoch noch ohne Nummer. Sofort nach den Wahlen, aus denen in den Bundesstaaten Guanabara und Minas Gerais die Opposition als Sieger hervorging, wurde der AI-2 verabschiedet, der alle politischen Parteien verbot und die direkte Gouverneurswahl abschaffte. Die Abschaffung der Direktwahlen hatte keinen Massenprotest ausgelöst. Man sah aber darin nur einen weiteren Regierungserlaß, in umständlicher Behördensprache abgefaßt, und die meisten nahmen ihn eher resigniert hin. Die juristische Fakultät war 1964 für längere Zeit geschlossen. Sie war das Zentrum der studentischen Opposition gewesen. Nach und nach wurde die Verwaltung von allen Goulartanhängern gesäubert, an der Regierung Goulart wurde kein gutes Haar gelassen.

Auf meinem Schreibtisch im *Jornal do Brasil* landeten zahlreiche solcher wahren Geschichten über die Ära Goulart. Einige peppten wir auf, machten Reißer daraus. Da war ein Polizeibericht über einen Behördenchef, der täglich in weißem Anzug und mit braunweiß abgesetzten Halbschuhen in den Dienst gekommen war, die Sekretärin zwickte und den Boten in den Hintern trat. Wenn das keine sensationelle Enthüllung ist. Dann ein Interview mit dem Leiter der militärischen Abtei-

* AI-1 vom 9. 4. 1964 legalisierte den Putsch der reaktionären Offiziere gegen Goulart.

lung des Präsidialamtes, der erzählte, wie der Empfangschef immer wieder die Gäste brüskierte und so beitrug, Goulart zu isolieren. Bei uns lautete die Schlagzeile: »Butler trägt Schuld an Goularts Sturz.« Die Regierung Goulart war zum Sündenbock für alles geworden. Ich gebe zu, da war in mir eine gewisse Verantwortungslosigkeit, das Bedürfnis, mich als Journalist zu profilieren, aber auch Unbehagen, Wut. Goulart war gestürzt, ohne Widerstand zu leisten. Vargas* hatte Selbstmord begangen, Allende sollte ebenfalls Selbstmord begehen. Vargas hatte einen Brief hinterlassen, in dem er schrieb, er gehe aus dem Leben, um in die Geschichte einzugehen. Goulart trat aus der Geschichte ins Leben, er züchtete Rinder in Uruguay. Ich konnte mich nicht mit diesem Ende abfinden. Vielleicht hätte ich mich lieber bemühen sollen zu verstehen, was wirklich vorgegangen war. Goulart hatte begriffen, daß er in Gefahr war, deshalb ging er nach Uruguay, in der Gewißheit, daß der Putsch nicht ewig dauern würde und daß man ihn später wieder auffordern würde, die Hauptrolle im politischen Leben des Landes zu spielen. Wer war ich, daß ich mir anmaßte, den Dingen auf den Grund zu gehen?

Ich hatte kein theoretisches Rüstzeug, war voller Ressentiments, ich sah keinen anderen Weg vor mir als weiterzumachen, über den Schock hinwegzukommen, unter dem das Land stand.

Dann hatten wir plötzlich einen neuen Redakteur im Archiv des *Jornal do Brasil*. Er hieß Raoul Ryff und kam aus dem Pariser Exil zurück, wo er in einer armseligen Absteige gehaust hatte. Der Geheimdienst war sehr genau darüber unterrichtet, denn manchmal wurde sein Zimmer von merkwürdigen Gestalten heimgesucht, die einen Raubüberfall vortäuschten, alle seine Ersparnisse mitgehen ließen, selbst das Transistorradio, mit dem er Brasilien empfangen wollte.

Raoul Ryff war Pressesekretär Goularts gewesen. Es genügte, ihn anzuschauen, wie er, ein alter Mann, nun als einfacher Redakteur seinen Lebensunterhalt verdiente, um an dem ganzen Bild zu zweifeln, das über die gestürzte Regierung verbreitet wurde. Und es genügte, sich nachmittags im Café

* Getúlio Vargas, brasilianischer Staatspräsident (1930-1945 und 1950-1954) etablierte Mitte der dreißiger Jahre ein autoritäres, antikommunistisches Regime.

mit ihm zu unterhalten, um zu erfahren, daß es in der ehemaligen Regierung hervorragende Köpfe gegeben hatte, daß man Anstrengungen unternommen hatte, die Lebensbedingungen der Bevölkerung zu verbessern, eine Außenpolitik zu betreiben, die offen war für die Veränderungen, die die Welt damals erlebte. Die Gespräche mit Ryff bewirkten, daß ich etwas mehr Sympathie für die PTB, die Brasilianische Arbeiterpartei, aufbrachte, genauer, eine verlorengegangene Sympathie wiedergewann, die bis in meine Kindheit zurückreichte. Ich bin in Juiz de Fora geboren und aufgewachsen. In meiner Straße wohnten vor allem Textilarbeiter, die waren für die PTB, einige tauften ihre Kinder Getúlio, nach ihrem Gründer, dem Präsidenten Vargas. Unser Nachbar war einer von ihnen, er schimpfte dauernd über den Luftwaffengeneral Eduardo Gomes, der einmal gesagt hatte: »Auf die Stimmen der Blechnapffresser sind wir nicht angewiesen.«

»Sie haben nichts fürs Volk übrig, und sie werden nie die Wahlen gewinnen« – sagte Herr Perini. Später haben sie doch gewonnen, Herr Perini, mit Jânio Quadros.

'Das hieß, in gewissem Sinne, eine Brücke zwischen Vergangenheit und Gegenwart zu schlagen. Nur ein Schwenk nach links hätte aber wirklich aus der Sackgasse hinausführen können.

Vor dem Putsch hatte es vier Organisationen links von der PTB gegeben. Die wichtigste war die PCB, die Kommunistische Partei Brasiliens. Nach dem Putsch brach innerhalb der PCB eine Krise aus. Ich glaube, es war eine ähnliche Krise, wie sie der anarchistische Kern 1922 durchgemacht hatte. 1917 hatte eine starke Massenbewegung eingesetzt, die ihren Höhepunkt 1920 erreichte und dann zerschmettert wurde. Die Anarchisten, die an der Spitze dieser Bewegung standen, mußten erkennen, daß sie der Führungsrolle nicht mehr gewachsen waren.

Die Realität des Landes war inzwischen so komplex geworden, daß sie sie mit ihren Ideen nicht mehr in den Griff bekommen konnten. Brasilien hatte noch eine sehr schwache Industriestruktur, das Handwerk spielte weiter eine vorherrschende Rolle. Doch wäre auch unter diesen Umständen schon eine Organisation mit mehr Erfahrung nötig gewesen, die fähig war, den Arbeitskampf im ganzen Land zu koordinieren und Verbündete in den verschiedenen Gesellschaftsklassen zu finden. Aber man beschränkte sich weiterhin darauf, ausländische Rezepte zu kopieren und der brasilianischen Wirklichkeit überzustülpen. Die Anarchisten, die nach Brasilien kamen, hatten Feindbilder und Ziele mitgebracht, die für das Europa jener Zeit typisch waren. Hier aber fanden sie kein Echo. Zwei Beispiele für diese Zielrichtungen: der Antiklerikalismus und der Antimilitarismus.

Die brasilianische Entwicklung sprengte die vorgefaßten Denkschemata. Gleiches gilt für die »Relikte des Feudalismus«, die brasilianische Gesellschaft hat nie eine Feudalzeit gekannt. Die PCB, die 1922 aus diesem anarchistischen Kern hervorgegangen war, erlebte nun 1964 eine Krise, die der, der sie ihre Entwicklung verdankte, in mancher Hinsicht ähnelte.

Natürlich liegt die Gefahr der Vereinfachung nahe, wenn ich nun auch aus meiner Sicht noch einmal die Entwicklung nachzeichnen will. Ich will es trotzdem versuchen. Immer wenn die Rede auf Kämpfe kommt, muß ich an die Mitte der 60er Jahre denken. Damals bekam dieser Begriff für mich Gestalt. Und immer wieder rieche ich auch den Alkoholdunst der Diskussionsabende, sehe ich die unleserlichen hektographierten Aufsätze vor mir mit haarsträubenden Überschriften wie »Die Illusionen des Genossen Ajuricaba« oder »Eine Bresche für die proletarische Organisation«. All dem haftete der Geruch des 19. Jahrhunderts an, aber in den Diskussionen ging es um Fragen, die viel übergreifender waren als meine Fragen: Ist Brasilien ein kapitalistisches Land oder nicht? Ist friedliche Machtübernahme möglich oder nicht? Mich beschäftigten dagegen kleinkarierte technische Einzelheiten: Was hätte es genützt, mit Hilfe von Aragãos Waffen Widerstand zu leisten? Ist es wirklich so wichtig zu wissen, wo die Studenten standen, wenn weder sie noch jemand anderer wußte, wie man sich in einem Augenblick wie dem des Putsches von 64 verhalten sollte? Von der Kommunistischen Partei wußte ich Anfang der 60er Jahre recht wenig. In der Kleinstadt, wo ich aufwuchs, waren damals alle Arbeiter Anhänger von Getúlio Vargas. Nur Herr Milton Barbeiro war Kommunist, und der einzige berühmte Leader, den die Partei in Juiz de Fora hatte, hieß Lindolfo Hill. Die Sympathie, die ich ihnen entgegenbrachte, war die Sympathie, die man für alle empfindet, die mit der Polizei auf Kriegsfuß stehen.

1958, als wir den Streik gegen die »Schulhaie« organisierten (ja, so sprachen wir damals wirklich), als wir gegen die Verteuerung der Kinokarten oder die Preiserhöhung im öffentlichen Verkehr protestierten, hatten wir noch keinen direkten Kontakt zur Kommunistischen Partei, jedenfalls in Juiz de Fora nicht. Ich erinnere mich an eine Veranstaltung, die wir im Studiosaal von Radio PRB-3 abhielten. Ich saß am Tisch, rief zum Generalstreik gegen die Schulgelderhöhung auf. Da stand ganz hinten im Saal ein weißhaariger Mann auf und hielt eine umwerfende Rede. Als Vater forderte er alle Familienväter auf, sich dem Streik anzuschließen. Die Zuhörer waren hingerissen, und der Streikvorschlag wurde fast einstimmig angenommen. Für mich war das ein außerordentliches Erlebnis. Ich war 17 und hatte recht wenig Erfahrung mit öffentlichen Veranstaltungen. Es war so, als hätte ich den Weihnachtsmann persönlich kennengelernt. Der Streik fand statt, wir hatten gesiegt. Jahre später kehrte ich nach Juiz de Fora zurück. In einer Kneipe, in der auch die Intellektuellen des Viertels verkehrten, treffe ich den alten Mann wieder. Er sieht mich, fordert mich auf, an seinen Tisch zu kommen, fragt: »Na, bist du jetzt in der KP?« »Nein, und was machen Ihre Kinder?« »Ich habe keine Kinder!« »Wieso, Sie sind doch der Vater, der damals die ganze Versammlung überzeugt hat, gegen die Schulgelderhöhung zu streiken.« »Also, das war so: die Eltern, die auf die Veranstaltung gehen sollten, waren krank, und die Partei hatte beschlossen, daß ich hingehe und die Rolle des Vaters spielen soll. Ich habe weißes Haar, und reden kann ich auch. Aber damit ist jetzt Schluß. So was mache ich heute nicht mehr mit.« »Was trinken Sie?« frage ich noch ziemlich betroffen. »Caipirinha. Das tut gut. Solltest du auch mal probieren.« Die ganze Nacht lang fiel kein Wort mehr über die KP, dafür zogen wir über unsere Kleinstadt her, über den provinziellen Mief, die Heuchelei. Ein Gespräch, das zur gleichen Zeit sicher in Tausenden von Kleinstadtkneipen geführt wurde. Und die Partei blieb für mich das unbekannte Wesen, geheimnisvoll und faszinierend, bei der Polizei verhaßt und von Menschen getragen, wie diesem alten Mann. Mit solchen vagen Ideen verfolgte ich damals die inneren Zwistigkeiten innerhalb der Führungsspitze.

IV

Innere Kämpfe, die nichts mit gesellschaftlichen Belangen zu tun hatten, führten unweigerlich zur Spaltung. Und von außen gesehen ähneln die Spaltungen ziemlich stark Ehekrächen. Die peinlichen Gespräche über Gütertrennung, die Unfähigkeit, sich in den ersten Monaten nach der Trennung an einen Tisch zu setzen, die Unsicherheit, mit der man abwartet, für wen jetzt die gemeinsamen Freunde Partei ergreifen.

Die großen Niederlagen, die wir auf unserem Kontinent erlebt haben, waren uns eine gute Lehre. Wir haben gelernt, daß der Besiegte nicht einfach den Rückzug antreten darf. Er muß an der ersten Ecke stehen bleiben, um seinen inneren Kampf auszutragen, zu rekapitulieren, nach dem Schuldigen zu suchen. Manchmal kommt man dabei zu merkwürdigen Ergebnissen.

Der gemäßigte Flügel der Linken schiebt den Radikalen die Schuld an der Niederlage zu und umgekehrt, während diese wiederum die Gemäßigten dafür verantwortlich machen. Dieses Ping-Pong-Spiel nimmt manchmal sehr viel Zeit in Anspruch, bis man merkt, daß man sie besser nutzen sollte. Das ist so, als wäre die Revolution in Rußland gescheitert und Lenin wäre wieder ins Exil gegangen und hätte nun, im La Coupole in Paris sitzend, tagein, tagaus die Sozialdemokraten für das Scheitern verantwortlich gemacht.

Man hat eine Menge Theorien parat, um alle Niederlagen der Linken zu erklären, außer natürlich der einen, um die es sich gerade handelt. Eine dieser Theorien behauptet, daß immer die Avantgarde versagt habe. Die Zeit ist reif für die Revolution, die Massen sind bereit, aber sie werden immer wieder von der revolutionären Avantgarde verraten. So als wäre die Neigung zum Verrat ein typischer, ja zwangsläufiger Zug jeglicher revolutionärer Avantgarde oder als litte sie unter einer chronischen Unfähigkeit, ihrer Aufgabe zu genügen. Eine Krankheit, die in den entscheidenden Augenblicken ausbricht. Wenn die revolutionäre Avantgarde zweimal im selben Land scheitert, dann handelt es sich unweigerlich um die gleiche Krankheit, und zwar ist das zweite Mal ein Rückfall. Ja, ja. So einfach ist das. Der Besiegte tritt den Rückzug an, überdenkt sein Vorgehen und findet schließlich Trost in solchen Erklärungen, da er keinen Durchblick hat. Während solcher Hader die Linke von innen zermürbte, nahm das Leben draußen so allmählich wieder seinen Lauf. Wer in den Süden gegangen war, um mit Brizola Widerstand zu leisten, kehrte enttäuscht zurück oder ging nach Uruguay und von dort vielleicht nach Caparaó.

Als junger Reporter kannst du dir keine Werturteile leisten und auch keine hochtrabenden Adjektive wie die großen Leitartikler, die eine eigene Kolumne haben. Was du tun kannst, ist, Fakten so präsentieren, daß sie den Gegner verunsichern. Eines Tages sollte ich eine Meldung über General Mourão Filho verfassen, der einen Herzanfall erlitten hatte. Der General wohnte in Copacabana und war inzwischen ins Krankenhaus eingeliefert worden. Damals hatte er, glaube ich, schon den berühmten Ausspruch von sich gegeben: »Ich bin ein Ochse in Uniform.« Ich fuhr in die Südstadt und wurde von der Gattin des Generals empfangen, die mir bereitwillig Auskunft gab. Der General hatte sich am Wochenende zu viel zugemutet, er war am Strand spazieren gegangen und plötzlich zusammengebrochen. Mit glänzenden Augen kehrte ich in die Redaktion zurück und schrieb: »Der Anführer des Revolutionären Marsches von Minas nach Rio, General Olimpio Mourão Filho, erlitt am gestrigen Nachmittag einen Herzinfarkt, weil er am Strand von Copacabana von der Wasserwache 2 zur Wasserwache 6 und bis nach Hause zu Fuß gelaufen ist.« Es war ein harmloser Versuch, innerhalb der Grenzen einer Kurzmeldung sich zur Opposition zu bekennen. Der Spielraum wurde immer enger. Der Druck immer stärker. Vor allem in den Fabriken. Die Regierung Campos-Bulhões hatte den Kampf gegen die Inflation zu ihrem Ziel erklärt, und das sollte vor allem durch Einfrieren der Löhne erreicht werden. Das war eine Möglichkeit, ausländisches Kapital nach Brasilien zu locken. Die Lohnstoppolitik war eine Folge ihres Sieges von 1964. Es war der Regierung gelungen, weite Kreise der Mittelschicht zu überzeugen, daß die horrende Inflation während der Ära Goulart auf die übertriebenen Lohnforderungen der Arbeiter zurückzuführen war.

Da war noch eine andere Frage, die uns beschäftigte: Kann die Machtübernahme auf friedlichem Wege erfolgen oder nicht? Wir waren geradezu besessen von dieser Frage. Ich erinnere mich an eine Diskussion über den Film »Terra em Transe« von Glauber Rocha. Sie fand im Museu de Arte Moderna statt, und ich wagte es, gegen die in diesem Film vertretenen Thesen Stellung zu nehmen. Ich stand auf verlorenem Posten. Da war die Gruppe der hochbegabten Cinema-Nôvo-Regisseure, die den Film wegen seiner ästhetischen Qualitäten verteidigten und auch, weil sie immer unter sich solidarisch sind. Da war das Publikum aus Rios Nobelvierteln, das vom Stoff begeistert war, von seiner formalen Perfektion, und auch vom steilen Aufstieg Glauber Rochas, der damals als einer der führenden Filmemacher Brasiliens galt. Vor so vielen berühmten Leuten fühlte ich mich ziemlich klein. Aber ich fand, daß es im Film zwei Dinge gab, die nicht unwidersprochen bleiben durften. Diese Verachtung gegenüber dem brasilianischen Volk. Und die elitäre Lösung, die der Film anbot. Da sprach einer, der nicht an die organisierte Aktion der Massen glaubte. Jardel Filho, der Hauptdarsteller, geht mit seiner MP auf die Straße und ballert wild in die Gegend, Ausdruck einer fast privaten, verzweifelten Revolte. Elitärer Dünkel und Verherrlichung des Einzelgängers, das paßte wunderbar zusammen. Im Film gab es aber auch eine Figur, Sara, die einen anderen Weg wies: die geduldige, mühsame organisatorische Kleinarbeit. Auch das war ein Weg, die Probleme des imaginären Landes zu lösen, in dem wir alle Brasilien wiedererkannten.

Ich führte also aus, daß der Film mit diesen zwei Figuren zwei verschiedene Wege zur Wahl stellte und daß er der schlechteren Alternative den Vorzug gab. Für mich aber gab es nur einen einzig möglichen Weg: die schrittweise organisierte Aktion der Massen, die der Film als einen Haufen Schwachsinniger darstellte.

Wie gesagt, ich war mit dieser Meinung ziemlich allein. Dennoch versuchte ich standzuhalten, obwohl so viele kluge Leute über mich herfielen, Ironie versprühten. Manchmal diskutiert man nur, um sich selbst zu überreden. Von den beiden Wegen, die der Film zeigte, wählte ich später für mein eigenes Leben den, den ich damals verurteilte. Zum Glück sind die, die mir damals widersprachen, nicht mit Maschinenpistolen auf die Straße gegangen . . .

Die Diskussion über den bewaffneten Kampf erhielt inzwischen neue Nahrung. Die ersten Exemplare von Régis Debrays *Revolution in der Revolution* gelangten nach Brasilien, ich glaube, über Chile, wo das Buch außerordentlichen Erfolg hatte. Auch hier sollte es unter den Studenten ungeheuren Anklang finden.

Kurz nach der Filmdiskussion erlebte ich einen der traurigsten Sonntage in meinem Leben. Ich ging zum chilenischen Konsulat, um mich von Freunden zu verabschieden, die ins Exil reisten: José Maria, Edmur, Teotónio, Guy de Almeida. Sie waren sehr ruhig, liefen schweigend in ihren Pantoffeln auf und ab. Dieses Eingeschlossensein wirkte auf mich noch stärker, als ich hinaustrat, auf die Straße. Die frische Luft bringt dir zu Bewußtsein, daß du trotz allem in Freiheit bist, überall hingehen kannst, wohin du willst. Ich wußte, sie hatten keine Angst vor der Reise nach Chile, Freys Chile. Man kann noch so selbstsicher, noch so gelassen wirken, wenn man ins Exil geht, ist man traurig. Ein zufälliger Blick, wenn einer sich unbeobachtet fühlt, genügt. Ich ging auf den Flamengo hinaus, und wäre ich eine Romanfigur, ich hätte gegen einen Stein getreten und die Faust in der Tasche geballt. Aber das war wirklich Brasilien, ich war keine Romanfigur, und ich hatte genug damit zu tun, mich zusammenzureißen wie sie.

V

Früher schickten die reichen Familien ihre Töchter nach Europa, wenn sie eine große Liebe vergessen sollten. Als ich im Herbst 1966 nach Europa fuhr, hoffte ich, den Sumpf zu vergessen, in den wir hineingeschlittert waren, die beklemmende Dumpfheit, die seit Errichtung der Militärdiktatur das Land erstickte. Schon in Lissabon, der ersten Station, kam die erste Ernüchterung. Juraci Magalhães, der damalige brasilianische Außenminister, war auf Staatsbesuch in Portugal. Ich wollte nach London, aber als Journalist hält man seine Augen offen. So schlug ich dem *Jornal do Brasil* vor, daraus eine Titelgeschichte zu machen, denn ich hatte herausbekommen, daß es bei den Gesprächen um die Schaffung eines Freihafens in Luanda, der Hauptstadt Angolas, ging. Wieder einmal fand unter dem Deckmantel der traditionellen portugiesisch-brasilianischen Freundschaft ein übles Tauschgeschäft statt: Für wirtschaftliche Vorteile in den portugiesischen Kolonien verzichtete Brasilien darauf, bei den Vereinten Nationen gegen Portugal zu stimmen. Bei einer Pressekonferenz sprach ich das ziemlich deutlich an, mit meinem brasilianischen Akzent. Juraci fiel fast vom Stuhl. Er hatte Journalisten seines Vertrauens mitgebracht und war fassungslos, daß von einem Brasilianer eine solche Zwischenfrage kommen konnte. Anschließend ließ er mich zu sich rufen und herrschte mich an: »Sie schädigen das Ansehen Brasiliens im Ausland.« Worauf ich höflich zur Antwort gab: »Herr Minister, was das Ansehen Brasiliens betrifft, sind wir wohl geteilter Meinung.« Von da an bekam ich keinen Zutritt mehr zu den Pressekonferenzen. Ich habe dann nur noch über den Stierkampf berichtet, der zu Ehren von Juraci Magalhães veranstaltet wurde, mit allem drum und dran, Ehrentribüne, typischen Nationalgerichten und viel Staub. Ich stellte mir vor, wie eine Staubwolke alle diese Museumsfiguren auf der Tribüne unter sich begrub.

So reiste ich nach London weiter. Weil ich eine direkte Frage riskiert hatte, durfte ich nicht mehr an Pressekonferenzen teilnehmen. Was war das für ein Land? Kurze Zeit später wurde diese Frage an mich gerichtet. Ein äthiopischer Student sprach mich auf einer Fete in Schottland an, er wollte mehr über den Sturz von Goulart erfahren, Brasilien interessierte ihn, weil Haile Selassie gerade auf Staatsbesuch dort gewesen war und auch fast gestürzt worden wäre. Ich bekam plötzlich Sehnsucht nach Brasilien, und obwohl der Kurs, den ich besuchte, noch lange nicht zu Ende war, befand ich mich eine Woche später auf der Heimreise. Hals über Kopf war ich von Glasgow nach London gefahren und lief jeden Tag zum Büro der brasilianischen Luftfahrtgesellschaft Varig, bis ich mein Ticket hatte. Anfang Dezember war ich wieder zu Hause. Bei der Zwischenlandung in Guararapes wollte ich ein Päckchen Zigaretten und einen Kaffee mit einer Einpfundnote bezahlen. Ich fragte, was es koste. Der Mann hinter der Theke, mit einem Blick auf meine Hand: »Ein Pfund!« Ich mußte lachen, zahlte ohne zu protestieren. Kein Zweifel, ich war wieder in Brasilien. Ein Pfund war etwa drei Dollar wert, und ich hatte so großes Heimweh gehabt.

Der Galeão-Flughafen. Die riesige Menschenschlange. Zuerst zieht man den Mantel aus, dann die Jacke, durch die Paßkontrolle geht man bereits mit nacktem Oberkörper. Damals wurde man noch nicht von der Politischen Polizei mit ihren Computern und Fahndungslisten empfangen. Es muß endlich etwas geschehen. Wie oft hast du diesen Satz nicht schon gehört? Und wie oft war es nicht der Anfang großer Fehler? Man riet mir, doch die ehemaligen Militärs zu unterstützen, die in die Guerilla gehen wollten. Ex-Militärs, das waren für mich Leute, die beim 64er Putsch hochgegangen waren, also Leute, auf die man sich verlassen konnte. Trotzdem verband ich mit Militärs keine sehr angenehmen Erinnerungen, so wie auch sie eine Menge Vorurteile gegenüber Intellektuellen haben, die sich manchmal bestätigen, manchmal auch widerlegt werden.

Ich denke da an die Kandidatur von Marschall Lott. Wie schwer taten sich die Linken, für den Marschall Wahlpropaganda zu machen. Helinhos Mutter, eine kluge Frau, sagte immer: »Junge, Marschall Lott ist unser Kandidat, er steht auf unserer Seite. Man sieht es ihm leider nur nicht an.«

Kurz vor dem Putsch, als wir noch in Minas wohnten, war die Sache mit dem Gefreiten Alfonso. Die Sozialistische Partei PSB hatte José Maria Rabelo für das Amt des Vizepräsidenten aufgestellt. Alfonso war sein Wahlkampfhelfer und eine Art Leibwächter. Bei dem Tumult im Gesundheitsamt von Belo

Horizonte, als die Rechte Miguel Arraes, den Gouverneur von Pernambuco, am Reden hinderte, befanden sich Alfonso und José Maria im Saal. Der Gefreite Alfonso machte nicht viele Worte: Er zertrümmerte ein paar Stühle und stürzte sich ins Getümmel. Nachdem er mehrere Leute niedergeschlagen hatte, stieg er auf einen Tisch und feuerte José Maria an: »Los Zé, zeigen wir's diesen Sozialisten!« Worauf Zé Maria kleinlaut aus seiner Ecke heraus antwortete: »Aber Gefreiter Alfonso, die Sozialisten, das sind doch wir!« Es mußte aber wirklich etwas getan werden, Caparaó bot dazu die erste Gelegenheit. Zum ersten Mal kam ich in Kontakt mit der Bewegung im Süden durch die Witwe des Sergeanten Raimundo, der in Porto Alegre unter der Folter gestorben war. Die Frau war mit ihren Kindern nach Rio gekommen und suchte einen Unterschlupf, weil auch sie um ihr Leben fürchten mußte. Ich lernte sie durch eine gute Freundin kennen. Damals hatte ich nicht die geringste Ahnung, wie man jemandem politisches Asyl verschaffen kann. Das war aber sehr wichtig. In Chile sollte ich einen Japaner kennenlernen, der 1973, kurz vor Allendes Sturz, ein Haus gemietet hatte, das der peruanischen Botschaft gehörte. Die Anschrift stand noch im Telefonverzeichnis, und so wurde das Haus nach dem Putsch von etwa hundertfünfzig Leuten gestürmt. Sie stiegen durch die Fenster, kletterten über die Dächer der Nachbarhäuser. Der Japaner saß beim Abendessen, als er plötzlich einen dumpfen Fall hörte: Ein Mann war durch die Zimmerdecke gebrochen. Das war dem Japaner zuviel, er stürzte aus dem Haus, hin zu seiner eigenen Botschaft, und schrie: »Asyl, Asyl!«

Ende der 60er Jahre war politisches Asyl für uns noch nicht an der Tagesordnung. Ich sollte also die Witwe des Sergeanten zur chilenischen Botschaft begleiten, kannte da aber niemand. Wir versuchten es auch bei der mexikanischen Botschaft, ohne Erfolg. Dann wollten wir uns gewaltsam bei der chilenischen Botschaft Einlaß verschaffen, aber der Beamte stieß die Frau die Treppen hinunter, mitsamt den Kindern. Wir mußten in Zukunft vorsichtiger vorgehen, wenn wir nicht die Aufmerksamkeit der Polizei auf uns lenken wollten.

Wie es der Frau weiter erging, habe ich nicht erfahren. Ich gab die Verantwortung ab, bemühte mich aber weiterhin um Kontakt mit den Ex-Militärs. Vielleicht waren sie schon dabei, sich nach Caparaó durchzuschlagen, zur Guerilla, die ohne einen einzigen Schuß, ohne eine einzige Aktion zusammenbrach.

In der Redaktion wurde ich dann von jemandem kontaktiert, der mir mitteilte, die Zeit sei gekommen, den Guerilleros Hilfe zu leisten. Ich sollte in eine Nachrichtensendung des *Jornal do Brasil* eine Meldung einschmuggeln. Ein Ex-Sergeant war mit einem Auftrag nach Rio gekommen und dabei der Polizei in die Hände gefallen. Es galt nun, die Guerilleros zu warnen, damit sie sich rechtzeitig in Sicherheit brachten. Das alles aber wußte ich nicht. Von mir wurde nur verlangt, die Meldung durchzugeben, eine bestimmte Person sei erkrankt. Untergrundaktivitäten sind für den Außenstehenden das, was für Kinder Erwachsenengespräche sind. Man vergeht vor Neugier, phantasiert sich alles mögliche zusammen, aber man erfährt nie, worum es geht. Damals hieß es immer: »Das verstehst du nicht, dazu bist du noch zu klein.« Jetzt wurde einem gesagt: »Das ist eine Sicherheitsmaßnahme, Companheiro, das mußt du verstehen.«

Ich verstand schon, nur: Wie schaffte man es, mitten in einer Nachrichtensendung zu berichten, daß irgendein Gessy oder Gerdy plötzlich erkrankt sei. Wenn es sich um den Papst gehandelt hätte, um einen Prominenten. Oder um eine Epidemie. Es gab aber noch andere Hinweise für die Bevölkerung. Eine ernste Stimme gab bekannt, daß die Notdienstapotheken erst um neun Uhr öffneten, daß es in Engenho Novo zu einem Stau gekommen war. Aber selbst hier würde die Meldung auffallen. Mit Mühe und Not gelang es mir, einen Redakteur zu überzeugen: die besorgte Familie, die wartende Frau, die Kinder, die nach ihrem Vater fragen. Schließlich ging die Meldung durch den Äther. Nur: Die Guerilleros hatten ihre Transistorradios nicht eingeschaltet, und die wichtige Bekanntmachung, die über Kurz-, Mittel- und Langwelle ausgestrahlt wurde, gelangte gar nicht bis zu ihnen. Vierundzwanzig Stunden später kam die Meldung unverschlüsselt von PRF-4, Radio *Jornal do Brasil*: »Alle Terroristen festgenommen.«

Ich sehe sie vor mir, wie sie den Berg herunterkommen in ihren zerfetzten Uniformen, unrasiert, von Polizisten umstellt. Ich sehe das Foto von Capitani vor mir, der nach Juiz de Fora gebracht wurde, nach Santa Teresinha, wo seine langjährige

Haftstrafe begann, später unterbrochen durch seine Flucht aus Lemos de Brito. An meinem Schreibtisch, vor mir die noch nassen Abzüge, rufe ich ihnen zu: »Hallo Leute, in einigen Jahren treffen wir uns wieder!«

VI

Régis Debray gab später zu, daß das kubanische Modell nicht auf alle lateinamerikanischen Länder gleichzeitig anwendbar sei. Er selbst veröffentlichte einen Brief von Louis Althusser, in dem dieser *Revolution in der Revolution* eher negativ beurteilte. Nach Althusser habe Debray zwar die fehlenden und inadäquaten politischen Alternativen entlarvt, ohne jedoch von der Richtigkeit der eigenen Linie überzeugen zu können. Mit seiner Kritik an der traditionellen Linken liefere Debray eine großartige Anleitung, wie man es nicht machen solle.

In seiner kritischen Analyse äußerte sich Debray ziemlich irritiert über Brasilien, seiner Ansicht nach ein Land, in dem, verglichen mit den anderen lateinamerikanischen Ländern, politische Ideen immer mit Verspätung ankommen.

Nach Debray kam die Guerilla in Brasilien erst auf, als sie in anderen Teilen Lateinamerikas schon im Niedergang begriffen war. Dennoch war Caparaó ein Versuch, der 1967 ausgegebenen Losung zu folgen: eins, zwei, drei, viele Vietnams!

Als Debray in Bolivien verhaftet wurde, scheiterte in Brasilien gerade Caparaó, und in Juiz de Fora, im IV. Militärbezirk, probte man schon für das Ende der 60er Jahre: inszenierte Selbstmorde, Aufhängen mit dem Kopf nach unten, mit Fußtritten zerquetschte Hoden.

Was an Brasilien irritiert: Es läßt sich nicht in ein Klischee pressen. Touristen wundern sich immer wieder, daß wir nicht schnurrbärtig und mit Sombreros herumlaufen und den ganzen Tag lang Gitarre spielen und Cucurucucu Paloma singen. Es fällt ihnen ebenso schwer, sich die brasilianischen Bauern ohne Patronengürtel à la Pancho Villa vorzustellen, ohne das zwischen den Zähnen hervorgestoßene: »Das wirst du bezahlen, Gringo!« Selbst die Kubaner, die mit Che in Bolivien kämpften, also mit Debray, berichteten, wie schwierig es war, in manchen ländlichen Gebieten politische Arbeit zu leisten. Sie hatten ihre Erfahrungen mit der kubanischen Landbevölkerung und fanden sich nun vor einer völlig anderen Realität wieder: Cocablätter kauende Indios, die stundenlang vor sich hinstarren und kein einziges Wort sagen. Du kannst ihnen alle drei Bände des *Kapital* vorlesen, und sie werden immer noch auf den gleichen Punkt starren.

Bei uns läuft es wieder ganz anders. Debrays Buch, das teilweise blinde Gefolgschaft fand, löste in Brasilien heftige Kritik aus. Zielscheibe der Angriffe waren fast immer die Gleichstellung der Guerilla mit der Partei und die Verachtung der Massenarbeit. Die OLAS-Konferenz (Lateinamerikanische Organisation der Solidarität) vom August 1967 wollte allgemeine Richtlinien für den revolutionären Kampf auf dem lateinamerikanischen Kontinent ausarbeiten. Sie spielte eine wichtige Rolle in der Diskussion, die nach dem Putsch von 64 einsetzte. Die Organisationen, die es nach 64 gab – die Kommunistische Partei Brasiliens (PCB), die Arbeiterpartei (POLOP), die Volkspartei (AP) – spalteten sich alle. Die aufsehenerregendste Spaltung fand innerhalb der PCB, der wichtigsten der drei Parteien, statt. Mehrere neue Fraktionen entstanden: eine im ehemaligen Guanabara, eine im Staat Rio und eine in São Paulo, angeführt von Carlos Marighela. Er hatte an der Konferenz von Havanna teilgenommen und brach offen mit der PCB, um die Nationale Befreiungsaktion (ALN)* zu gründen.

Nur mit Mühe ließen sich die Richtlinien der OLAS, Ergebnisse kollektiver Debatten in Havanna, auf Brasilien übertragen. Wie sollte man die Fokustheorie auf Brasilien anwenden, wo die Linke niemals nennenswerte Beziehungen zur Landbevölkerung gehabt hatte? Caparaó war eine überstürzte, blutige Erfahrung, bei der wenig Rücksicht auf die ortsansässige Bevölkerung genommen worden war. Man hatte sich eine militärisch günstige Gegend ausgesucht, und das allein zählte.

Aus diesen Überlegungen heraus kam es zu den ersten bewaffneten Aktionen in Brasilien. Um den Guerillakrieg auszulösen, egal wo, brauchte man Geld, Material, Logistik. Aber weder Geld war vorhanden und noch viel weniger die nötigen Kenntnisse des Landesinneren. Die Linke war damals, und vermutlich ist sie es noch heute, fast ausschließlich in den Städten zu Hause, in Intellektuellen- und Studentenkreisen.

Einige Gruppen planten bewaffnete Aktionen, von denen nicht bekannt werden durfte, daß sie von links kamen. Mari-

* Die ALN entführte zusammen mit der MR-8 (Revolutionäre Bewegung des 8. Oktober, so benannt nach dem 8. Oktober 1967, dem Tag, als bolivianische Regierungstruppen den Guerilla-Helden Che Guevara gefangennahmen) am 4. 9. 1969 den US-Botschafter Charles Burke Elbrick.

ghela* meinte, wie fast alle, daß Brasilien in einer noch nie dagewesenen wirtschaftlichen und politischen Krise steckte. Er glaubte, daß sich die bewaffneten Aktionen, einmal in Gang gesetzt, von selbst ausbreiten würden und nicht im geringsten die Arbeit auf dem Land behindern würden, wo die Kämpfer untertauchen sollten, denen in der Stadt der Boden unter den Füßen zu heiß geworden war. Vermutlich ging er von dieser Auffassung aus, als er sein *Handbuch zur Stadtguerilla* schrieb, das später in Europa in einem völlig anderen Kontext verwendet wurde.

Ich sage: vermutlich, weil es keine Dokumente gibt, die ausführlich über die Entwicklung jener Jahre berichten. Zuverlässige Auskunft könnte nur die Staatssicherheitspolizei geben, in deren Besitz sich das umfangreichste Archiv über jene Zeit befindet, die zahllosen Zeugenaussagen und die Briefe, die ihnen in die Hände fielen, nicht mitgerechnet.

Innerhalb der Linken gab es noch eine andere Strömung, die mit dem Gedanken der Landguerilla spielte, aber sie hatte recht eigenartige Vorstellungen davon. Sie nannte sich Vanguarda Popular Revolucionária. Wenn man ihre Flugblätter liest, die fast immer von Jamil, einem Schriftsteller, unterzeichnet waren, gewinnt man den Eindruck, es kam ihnen gar nicht so sehr darauf an, den bewaffneten Kampf in den Städten auszuweiten. Ein paar gut ausgebildete bewaffnete Gruppen genügten ihrer Ansicht nach, um den Staat dauernd in Atem zu halten. Daß mehr Militante zu ihnen stießen, hielten sie für eine Gefahr, da sie die Sicherheit der Kleingruppen gefährden könnten. Hier trat die große Illusion der damaligen Zeit in theoretischer Reinkultur zutage: daß für den Kampf gegen den Staat einige technisch hervorragend ausgerüstete und ausgebildete todesmutige Einzelne genügten, die ohne das Volk operierten.

Und das alles wurde so abgehandelt, als hätten wir Spezialisten im Kampf gegen den Staat, Allroundmen, die im gegebenen Augenblick, wenn ihre persönliche Sicherheit nicht mehr bedroht war, dem Volk das Signal zur Teilnahme am Kampf geben würden. Es gab eine Unzahl Schattierungen zwischen

* Carlos Marighela begann als erster mit dem bewaffneten Widerstand gegen die Militärdiktatur. Im November 1969 kam er bei einem Feuergefecht mit der Polizei in São Paulo ums Leben.

»Nieder mit der Diktatur!«

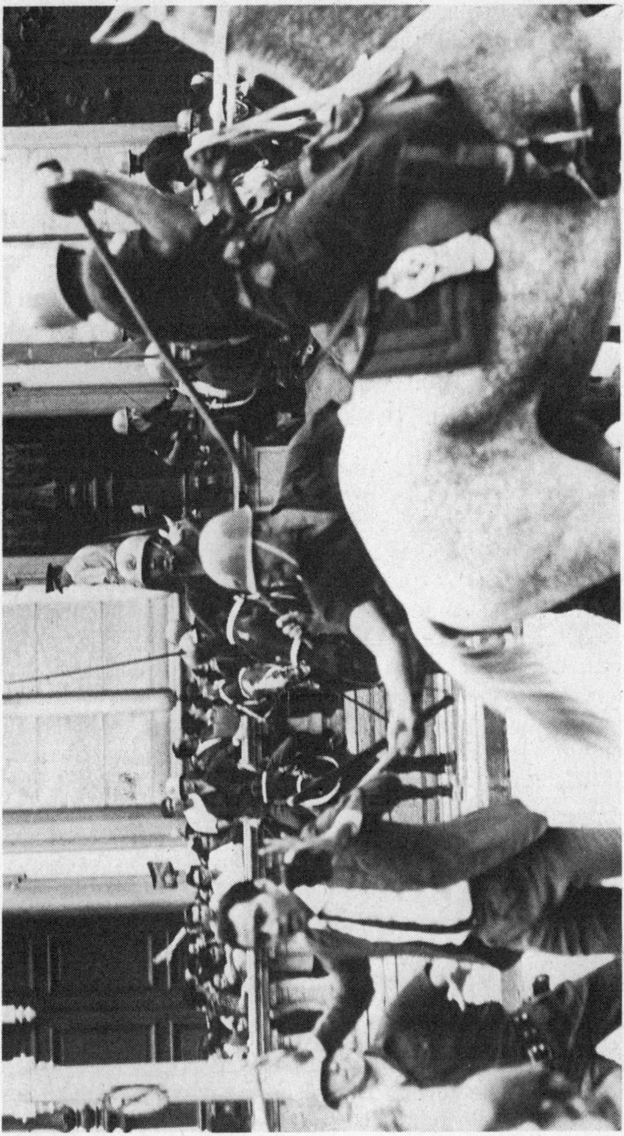

Berittene Polizei geht gegen Demonstranten vor.

diesen beiden Strömungen. Doch liefen sie letztlich auf die gleiche Praxis hinaus: die Durchführung bewaffneter Aktionen in der Stadt. Währenddessen sollten die Guerillas ihre Kräfte für die Arbeit auf dem Land sammeln. Daß man so keine Kräfte sammeln kann, eher das Gegenteil, darauf wäre keiner verfallen. Wer in der Stadt hochging, der mußte eben aufs Land versetzt werden, so einfach war das.

Dann waren da aber auch noch die Studenten. Schon 1966, als sie gegen das repressive Gesetz Suplicy de Lacerda protestierten, hatten sie ihren Teil abbekommen. Die Besetzung der medizinischen Fakultät, bei der die Polizei ein regelrechtes Spießrutenlaufen veranstaltete, hatte uns allen einen Schock versetzt.

Vom Balkon des *Jornal do Brasil* sehe ich ein Häuflein Demonstranten. Sie marschieren selbstsicher, rufen: »Mehr Geld, weniger Panzer!«, aber daraus wird fast immer ein »Nieder mit der Diktatur!« Wenn die Autos nicht so wütend hupen würden, könnte man vielleicht auch vereinzelte Rufe hören: »Hoch die Waffen. Nieder mit der Diktatur!«

Wer waren diese jungen Leute in Jeans, das Hemd über der Hose, die den Verkehr lahmlegten, dabei ständig die Seitenstraßen im Blick, aus denen jederzeit die Polizisten auftauchen konnten? Sie verteilten schlecht abgezogene Flugblätter, die man im Halbdunkel der Avenida Rio Branco kaum entziffern konnte. Vermutlich beachteten auch sie die Sicherheitsregeln. Sie hatten nichts gegessen, damit es bei einem eventuellen Bauchschuß keine Komplikationen gab. Lutschten Redoxonpastillen, um die Wirkung von Tränengas zu verringern, hatten ein zusammengerolltes Tuch um den Hals geschlungen, alles Dinge, die in Wirklichkeit kaum wirksamen Schutz bieten, höchstens gegen Schläge.

Das einzig Vernünftige war zu laufen, bis vor das Parlament. Das erwies sich später als erfolgreich, als wir den noch nicht erkalteten Körper von Edson Luis mit uns schleppten und plötzlich einer fragte: »Und jetzt, wohin mit der Leiche?« Das Vernünftigste war, die Tränengasgranaten mit einem Fußtritt zurückzubefördern, aber im Gedränge der Avenida Rio Branco konnte man nicht so genau zielen.

Man organisierte sich in Fünfergruppen. Man traf sich an der vereinbarten Stelle, man erfuhr dort, wo die Demo stattfinden sollte, und begab sich möglichst unauffällig dorthin. Unauffällig ist vielleicht übertrieben. Es genügte schon, daß man der Militärpolizei nicht auffiel. Die Fünfergruppen wurden später wichtig, als es immer schlimmer wurde. Und es wurde nach und nach schlimmer. Zunächst schossen sie noch in die Luft. Einer von uns, in der Menge, schrie: »Es sind Platzpatronen!« Okay, wir marschierten weiter. Bis zu dem Tag, als sie nicht mehr in die Luft schossen, wo man nicht mehr schreien konnte: »Es sind nur Platzpatronen«, so wie damals vor dem Presseclub, als Márcia plötzlich am Bein blutete. Das Vernünftigste war abhauen.

Aber die Fünfergruppen hatten schon einen Sinn. Man erfuhr so, nach der Demo, wenn man sich wieder an einer festen Stelle traf, wer festgenommen worden war. Wer da nach einer bestimmten Zeit nicht erschien, galt als vermißt. Da hieß es, die Familie verständigen, den Rechtsanwalt anrufen, eine Meldung in die Zeitung setzen. Massenverhaftung im Fußballstadion Botafogo. Man gab mir endlose Listen mit den Namen der Verhafteten, und ich verbrachte den ganzen Nachmittag und fast die ganze Nacht damit, die Angehörigen zu verständigen. Es waren so viele, daß wir nicht behutsam vorgehen, sie nicht schonend darauf vorbereiten konnten.

– »Minha Senhora, ich muß Ihnen leider mitteilen, Ihr Sohn ist verhaftet.«

– »Wie? Mein Gott, was werden sie mit meinem Arnaldo machen?«

– »Minha Senhora, Ihr Sohn ist verhaftet.«

– »Was sagen Sie da? Wo, wie? Wer hat ihn verhaftet?«

– »Minha Senhora, Ihr Sohn ist verhaftet.«

– »Wie? Ich werde sofort den Anwalt verständigen.«

– »Minha Senhora, Ihr Sohn ist verhaftet.«

Pause.

– »Minha Senhora, Ihr Sohn ist verhaftet, haben Sie verstanden?«

Pause. Dann, eine gefaßte Stimme:

– »Das fehlte gerade noch.«

Die Zeit verging, und der Fortschritt hielt Einzug in die Kasernen der Militärpolizei, mit dem aus den USA importierten modernsten Know-how: Sprechfunkgeräte, abgerichtete Hunde, Antitumult-Taktiken, alles Dinge, die durch die Tagesschau und durch die Zeitungen gingen, wie das Foto von den Hunden mit dem weitaufgerissenen Maul. Wozu das alles? Viele dieser neuen Taktiken wurden ausprobiert, viele versagten beim Zusammenstoß mit den Demonstranten. Die größte Schlappe mußten sie mit Brucutu einstecken. Brucutu war ein gepanzerter Wasserwerfer. Um der größeren psychologischen Wirkung willen war die Premiere zuvor in den Zeitungen angekündigt worden. Aber den Demonstranten gelang es, die Polizei völlig durcheinanderzubringen, und als Brucutu nun eingesetzt werden sollte, kam nur ein ganz dünner Wasserstrahl heraus, der dann versiegte. Und Hélio Pelegrino, der Psychoanalytiker, dieser großartige Mensch, brüllte mit seiner mächtigen Stimme über den ganzen Carioca-Platz: »Leute, schaut mal, der Brucutu kriegt keinen hoch!« Die Zeit rast. Fast haben wir es geschafft, über die Mauer der argentinischen Botschaft zu klettern, und noch sind wir nicht bei 1968 angekommen. Und 1968 gärte es bereits in den Fabriken, auf den Straßen, in den Redaktionen.

VII

Meine Begegnung mit der neuen militanten Generation hat vielleicht nicht Brasilien revolutioniert, wie ich es mir vorgestellt habe, aber sie hat mein Leben von Grund auf verändert. Die Demos fanden meist vor dem Redaktionsgebäude statt, und ich gab immer wieder der Versuchung nach, außer an jenem blutigen Freitag. Wann immer es sich machen ließ, schlich ich die Treppe hinunter, von meinen Arbeitskollegen komplizenhaft beschützt, und schon befand ich mich inmitten der Masse, wie wir damals sagten. Nach mehreren Demos war es mir in der Tat gelungen, einige organisierte Gruppen kennenzulernen, die in der Studentenbewegung von Rio aktiv waren. Da war eine Gruppe, die aus der KP ausgetreten war und sich *Dissidência* nannte. Diese Gruppe, die während der Demos zusammengewachsen war, schätzte die Massenarbeit sehr hoch ein und hatte klare Vorstellungen von den Grenzen der Studentenbewegung. In ihren Augen war die Arbeiterklasse die entscheidende Kraft.

Die Arbeiter würden, über kurz oder lang, das Sagen haben. Aber wir waren keine Arbeiter. Eine meiner ersten Aufgaben bestand darin, Kontakt zu den Arbeitern herzustellen. Aber wie? Wir standen um fünf Uhr früh auf, kletterten in meinen VW und fuhren hinaus vor die Fabriken, um Flugblätter zu verteilen und mit den Arbeitern zu diskutieren. Das machten wir bis sieben, bis alle Arbeiter im Werk waren. Dann fuhren wir wieder in die Innenstadt, wo um halb acht mein Dienst im *Jornal do Brasil* begann.

Mein Körper streikte manchmal. Der Wecker mußte schon ganz schön laut schrillen, um einen um halb sechs aus dem Bett zu werfen. Die Nächte schlugen wir uns um die Ohren mit Diskussionen, mit Büchern, manchmal aber auch nur mit verliebten Spaziergängen. Der Wecker schrillte jeden Tag zur gleichen Zeit, aber der Körper gehorchte nicht immer. Ein ideologisches Problem, sagte der Assistent. Das war der Ausdruck, den man damals dafür gebrauchte, ich glaube, auch heute noch dient er dazu, menschliche Schwachheit zu analysieren. Es ging schon recht früh los mit dem Ausdruck »ideologisches Problem« und mit den Diskussionen, die immer um das gleiche Thema kreisten und die unsere ganze gemeinsame

Militanz begleiteten. Geh zeitig schlafen, Companheiro. Karneval ist ein Tag wie jeder andere, Companheiro. Lies keine dekadenten Schriftsteller, Companheiro. Das konnte einem schon den Nerv töten, aber wir achteten einander.

Diese Generation aktiver Genossen war ungefähr zehn Jahre jünger als ich. Meine Revolte hatte im Elternhaus begonnen: Ich kämpfte darum, die Freunde zu haben, die ich wollte, den Beruf zu wählen, der mir zusagte, später nach Hause zu kommen. Die Jungen sahen sich als Heranwachsende mit einer Tatsache konfrontiert, die es zu unserer Zeit noch nicht gab: der Militärdiktatur. Wir hatten zwar auf dem Gymnasium gegen die elitäre Erziehung rebelliert, aber doch innerhalb eines demokratischen Regierungssystems. Diese Unterschiede spielten eine große Rolle bei den Auseinandersetzungen, die jeder gemeinsamen Aktion vorangingen. Für sie war alles Parteipolitik. Einige hatten noch nicht einmal ihre erste Freundin gehabt, waren aber schon Mitglieder einer Organisation. Ich denke da an Dominguinho, der netteste und hellste von allen, der immer mit einer Plastiktüte ankam, manchmal hatte er eine P-38 darin, manchmal Papers zur Guerilla-Fokus-Theorie.

Warum kaufst du dir kein Album, Dominguinho, und sammelst Fotos von Pop-Stars? Warum legst du dir nicht eine kleine Freundin zu und schmust mit ihr auf einer Parkbank? Was soll das, Companheiro? Noch heute versuche ich, die Gründe unseres gegenseitigen Mißtrauens herauszufinden. Meine Altersgenossen standen schon mit beiden Beinen im Beruf, hatten gutdotierte Stellen und verschwendeten einen Großteil ihres Lebens mit Beziehungskisten. Die neue Generation setzte diese Fragen gar nicht auf die Tagesordnung. Sie waren imstande, politische Reden scharfsinnig zu kommentieren, die ökonomischen Ursachen einer historischen Wende aufzuzeigen, aber mit Gefühlen wußten sie nichts anzufangen.

Die ersten Monate meines politischen Lebens waren von Angst besetzt. Meine Altersgenossen in den Redaktionen und anderen Berufen, die ich hinter mir ließ, lebten in einer anderen Welt. Wenn einer sagte: »Ich will diese Frau nie wieder sehen«, so hätten wir den Satz sofort mit einem ironischen Lächeln vervollständigen können, denn wir alle hatten durch eigenen Liebeskummer gelernt, daß Reden und Tun zweierlei sind. Die neue Generation aber schien durchaus fähig, mit diesem »Nie wieder« Ernst zu machen. Daher meine Angst: Auf der einen Seite blieben die, die was vom Menschen verstanden, auf der anderen Seite die, die etwas von Parteipolitik verstehen.

Aber ich mußte mich mit all meinen Fehlern in diesem Boot einrichten, denn die Reise war spannend. Mit der Zeit begriff ich, daß die Kluft sehr viel tiefer war, zugleich fand ich mich damit ab. In manchen Dingen brachte man mir viel Verständnis entgegen, bei anderen Themen, die damit zusammenhingen, wie Gefühle, Gewohnheiten, Psychologie, verspürte ich Widerstände. Gab es damals eine marxistische Psychologie oder gibt es sie heute? Sie hatten das richtige theoretische Rüstzeug mitbekommen. Ich mit meiner »dekadenten« Bildung hätte vielleicht einen Finger ins Räderwerk stecken können. So wie Karel Kosik, der so treffend sagt: Kafka ist ein Kleinbürger, aber nicht jeder Kleinbürger ist Kafka. Unser theoretisches Rüstzeug befähigte lediglich, die gesellschaftlichen Bedingtheiten zu erfassen, denen das Individuum unterworfen ist. Aber wir hatten nicht die geringste Ahnung von den komplexen persönlichen Umständen im Leben jedes einzelnen, die wiederum seine Wahrnehmung der gesellschaftlichen Bedingtheiten bestimmen. Die Kluft innerhalb der Bewegung blieb nicht ohne Folgen. Sie hatten recht: alles ist Politik. Aber die Politik des Körpers in seinen wahren Dimensionen vermochten sie nicht zu fassen. So wie unsere Tanten fest überzeugt waren, die gesamte abendländische Kultur würde zusammenbrechen, wenn wir Hintern und Beine im Rock'n Roll werfen, so glaubten auch viele der jungen Genossen ganz im Ernst, daß das marxistisch-leninistische Gebäude einstürzen würde, wenn wir anfingen, die Klitoris einer Frau zu streicheln.

Diese indirekten Diskussionen haben vermutlich eine ganze Reihe späterer Entscheidungen beeinflußt. Für die Frauenbewegung gab es 1968 und auch später, in den Jahren des bewaffneten Kampfes, keine Möglichkeit, sich durchzusetzen. Selbst das Problem der Folter wurde falsch angegangen. So empfahlen die Handbücher, »den Folterknechten ein verächtliches Lächeln« zu zeigen. Wer meint, er sei dazu wirklich imstande, der überschätzt sich. Wichtig unter der Folter ist vor allem die Fähigkeit, einen Schrittbreit Boden aufzugeben, um ihn dann wiederzugewinnen, in entscheidenden Augenblicken simulieren zu können, um wieder Kräfte zu sammeln, also das genaue Gegenteil einer Einmal-Eins-Politik, die nur von alten Kämpfern beherrscht wurde, die ihre Widerstandsfähigkeit genau kannten.

Manchmal protestierte ich, daß ich um halb sechs aufstehen sollte, um Flugblätter zu verteilen, meist fuhren wir danach ziemlich frustriert über die Avenida Presidente Vargas in die Stadt. Die politische Aktivität mit Arbeitern der mittleren und kleinen Betriebe von Rio war so wie Fischen an bestimmten Stellen des Paraibuna-Flusses, wo man immer mit leeren Händen zurückkommt. Ich kam also im *Jornal do Brasil* an, erledigte meine Arbeit so rasch ich konnte und schlief dann ein bißchen, die Hände vor den Augen. Fast immer wurde ich von der Sekretärin oder von einem Boten geweckt, der mich sanft antippte. Mit meiner Karriere ging es bergab, um so besser. Mein Doppelleben wirkte sich auf mein ganzes Sein aus. Um halb sechs vor den Fabriktoren, Flugblätter gegen den Lohnstopp verteilen, so wie zu Anfang des Jahrhunderts in Rußland. Um halb acht Umschalten auf die Arbeit in einer führenden konservativen Zeitung, die mit Erfolg eine Reihe amerikanischer Techniken in Brasilien einführte.

Warum begegneten uns die Arbeiter so unfreundlich, mit so viel Mißtrauen? Was machten wir falsch mit unserer Propaganda gegen Lohneinfrierung und für eine autonome Arbeiterorganisation? Diese Fragen gingen mir dauernd im Kopf herum, aber ich fand keine Antwort. Ich hatte Angst vor meinen eigenen Zweifeln, davor, daß ich das rein Technische überschätzte. Ich sagte mir: Nach und nach werden Tausende von Arbeitern diese Flugblätter lesen, verstehen und weitergeben. Heute morgen haben wir eine Niederlage erlitten, aber die Zukunft ist unser. Das sollten wir später, unter anderen Umständen, auch sagen. Wir haben eine Schlacht verloren, aber den Krieg werden wir gewinnen, daran gibt es keinen Zweifel. Diese immer wieder unterdrückten Fragen verfolgten uns unaufhörlich. Sie anzureißen war immer gefährlich und endete jedesmal mit Selbstbestätigungsritualen. Damit, daß wir uns gegenseitig versicherten, der Sieg des Proletariats sei unaufhaltsam, der Kapitalismus stecke in einer weltweiten Krise. Wie konnten wir es wagen, daran zu zweifeln. Das erinnert mich an einen Nachbarn aus meinem Viertel, der fast jeden Samstag eine Fete veranstaltete. Immer wieder unterbrach er das Fest und sagte: »Jetzt müssen wir ›Happy birthday to you‹ singen, damit die Nachbarn nicht mißtrauisch werden.«

Zu entdecken, wie konservativ die Linke war, wenn es um ihre eigenen Mythen ging, wie rigide ihre Kulturpolitik war, das hat meine militante Entwicklung entscheidend geprägt. Immer wenn sich etwas Neues, Verstörendes ankündigt, muß man erst ›Happy birthday to you‹ singen, damit die Nachbarn nicht mißtrauisch werden.

Viele hatten schon sehr früh erfaßt, wo es langging. Kurz nach der Entführung des amerikanischen Botschafters traf ich mich in Leme mit Zé Roberto. Er wußte alles und fragte, was so lief. Ich sagte, man schlägt sich eben so durch, es sei alles okay. Er nahm seine Pfeife langsam aus dem Mund und erzählte dann: »Auf dem Weg hierher sagt da so ein Typ im Bus zu mir, die Entführer des amerikanischen Botschafters, die sind in Ordnung. Die bewundert er am meisten, die und die Astronauten.« Zé Roberto blickte mich voll an, fragte dann: »Wir sind doch Astronauten, oder?« »Nein«, sagte ich. Wir beide, er und ich, wir seien bestimmt keine Astronauten.

Zé Roberto wurde im Januar 1970 getötet. Die Polizei hatte ihn umstellt, er bekam einen Kopfschuß. Ich zog mit seiner Gefährtin Vera zusammen, als wir aus dem Gefängnis herauskamen. Obwohl uns einige Genossen vorwarfen, wir hätten die Trauerzeit nicht eingehalten, wurden wir sehr glücklich, in den Grenzen des Möglichen.

VIII

Eine sehr gute Freundin von mir hier in Schweden liest niemals Zeitung. Sie hat sich in ihrer Wohnung eine winzige Nähecke eingerichtet und verbringt einen Teil des Winters damit, Kleider aus der Zeit um die Jahrhundertwende herzurichten. Manchmal geht sie aus dem Haus, um einen Blick ins Museum Moderner Kunst zu werfen, ein anderes Mal bäckt sie Brot nach einem Rezept ihrer Großmutter. Immer, wenn etwas in der Welt passiert, fragt sie: »Wie erklärst du dir, daß das so plötzlich geschehen konnte?« Alles geschah für sie so plötzlich, aus heiterem Himmel. Das Ende des Vietnamkrieges, der Sturz des Obristenregimes in Griechenland, die Revolution der Nelken in Portugal, die Verurteilung der jungen Männer in Spanien zur Erdrosselung mit der Garotte. Mit ihren abstehenden dünnen Zöpfen, ihren Omakleidern in vielen Lilatönen, ihrer Art, sich über die Wasserpfeife zu beugen, als wiege sie ein Kind, die blauen Augen lebhaft auf mich geheftet, fragt sie mich über das Brasilien von 1968 aus. Noch zwei, drei Züge von den Pflänzchen, die sie selbst züchtet, und sie ist schon drauf, so high baby, und ich bin allein, versuche im Selbstgespräch die Zeit wieder in den Griff zu bekommen, die uns damals durch die Finger rann, so wie der Rauch, der seinen Duft in der Luft hinterläßt. Verrückt. Zehn Jahre sind nicht zehn Tage. Die Avenida Rio Branco beginnt im Meer und endet im Meer. Wenn du mit tränengasroten Augen durch die Seitenstraßen läufst, schnappen sie dich. Wenn du weiterläufst . . . Waren die Polizeiautos eigentlich schwarzweiß oder gelbgrau? Und: Wie lange braucht eine Tränengasgranate, bis sie explodiert? Leute, hier geht's lang. Sie haben einen Studenten umgebracht. Er könnte dein Sohn sein. He, Ausgebeuteter, steh nicht so rum! Das organisierte Volk stürzt die Diktatur. Nein: Nur der bewaffnete Kampf stürzt die Diktatur. Nein: Das organisierte Volk stürzt die Diktatur.

Der Tod von Edson Luis in Calabouço gab der Massenbewegung neuen Auftrieb. Der Zusammenprall zwischen der Militärpolizei und den Schülern und Studenten, die gegen die Erhöhung der Mensapreise und gegen den Fraß protestierten, der ihnen vorgesetzt wurde, ließ sich an wie eine normale Demo: Tränengas, Geschrei, und dann würde der Tag normal weitergehen, alles seinen gewohnten Lauf nehmen. Die Kugel, die Edson traf, löste einen Prozeß aus, der der Leitung der Bewegung entglitt. Zuerst der Schock, der Aufschrei der Menge. Dann das Gerenne, das Stimmengewirr, das Durcheinander, als man noch nicht wußte, was tun. Den Körper vor das Parlament zu tragen, auf den Cinelândia-Platz, war ein ungeheurer Einfall. Keiner konnte dann mehr diesen Mord dementieren, während sich die Nachricht wie ein Lauffeuer durch die Stadt verbreitete. Von überall strömten Menschen herbei.

Es wurde ein Ausschuß gebildet, der den Trauerzug organisieren sollte, ganz spontan, aus Leuten, die in den ersten Stock des Parlaments hinaufgingen. Der Anwalt Marcelo de Alencar war unter ihnen. Ich begegnete ihm auf der Treppe, er sagte zu mir: »Wir gründen da oben einen Ausschuß, wo willst du hin?«

Ich war hingerissen von den Reden, die vor dem Aufgang des Parlaments gehalten wurden. Jeder, der etwas zu sagen hatte, ergriff das Wort, Studentenführer, Arbeiterführer, Politiker. Im Mittelpunkt stand der Tod von Edson Luis, aber oft gipfelten die Reden in den abenteuerlichsten Zielsetzungen. »Die Steppe wird zum Meer, das Meer zur Steppe«, auch so was konnte man hören auf dem Cinelândia-Platz, wo wir 1964 warteten, daß die goularttreuen Militärs eingreifen. Die Berufspolitiker traten in Anzug und Krawatte auf, und ihre Argumente waren dementsprechend. Manche sprachen die Sprache längst vergangener Zeiten. Etwas legerer in ihrem ganzen Aufzug waren die Studentenvertreter. Vladimir betonte diese Haltung, nicht nur durch seinen politischen Standpunkt, der übrigens dem der Mehrheit entsprach, sondern auch durch seine direkte, kumpelhafte Ausdrucksweise: »Hört mal, Leute, es geht um folgendes.« Was für ein Unterschied zu »Meine Damen und Herren«.

Aber es gab noch einen interessanteren Unterschied. Die Reden der Studentenführer hatten Anfang, Mitte und Schluß. Edson Luis war von der Polizei ermordet worden, die im Dienst der Diktatur stand, die ihrerseits im Dienst des Kapitalismus stand. Es handelte sich folglich nicht nur darum, gegen die Polizei zu kämpfen, sondern um einen viel größeren Kampf, um den Kampf für den Sozialismus.

Die Studentenführer gehörten keiner politischen Organisation an, obwohl die Polizei dies immer behauptete. In ihren Reden spiegelten sich aber die inneren Kämpfe wider, die schon über die geheimen, internen Diskussionen hinausgegangen waren. Es ging um den Kampf für den Sozialismus und um den bewaffneten Kampf.

Völlig verloren standen die Leute da, die gekommen waren, ihre Solidarität zu bekunden. Viele bekamen auch Gelegenheit, eine Rede zu halten, in der ihre ganze Verwirrung zum Ausdruck kam. Sie brachten die unterschiedlichsten Ursachen für das Vorgefallene vor, schlugen die unterschiedlichsten Wege vor. Könnten wir in die Vergangenheit zurückkehren und noch einmal alle Reden anhören, die damals gehalten wurden, vielleicht würde uns aufgehen, daß zwei verschiedene Sprachen gesprochen wurden. Die eine war die Sprache der Parteien, die genau wußten, wo es langging, die ihre Taktik und Strategie hatten und die den Vorfall in einem Zusammenhang sahen. Die andere Sprache war die Sprache der Leute, die gerade vorbeikamen, die kein umfassendes Rettungsprogramm für das Land anboten, die von ungezählten Alltagssorgen erdrückt wurden, von der Angst, von der Armut. Menschen voller Lebenskraft, fähig, die Treppe zum Parlament hinaufzugehen und klar und deutlich zu sagen, daß es so nicht mehr weiterging, daß die Mieten zu hoch waren und daß die Lebenshaltungskosten nicht weiter steigen durften. Zwei Sprachen wurden gesprochen, keiner verstand den anderen. Das Begräbnis, am folgenden Tag, bewies diese Gemeinsamkeit. Tausende kamen, und die Fenster an der Praia do Flamengo waren schwarz verhängt anläßlich des Todes von Edson Luis, der unser Sohn hätte sein können.

Die Demonstrationen, die auf den Tod von Edson Luis folgten, warfen für uns eine Menge Fragen auf, zeigten uns aber auch Lösungen. Es war nun klar geworden, daß die Studentenbewegung nicht allein dastand. Der Radikalisierungsprozeß griff über, vor allem auf die Intellektuellen und Lehrlinge und die im Verkehrs- und Transportwesen Beschäftigten. Bankangestellte und kaufmännische Angestellte gründeten kleine Solidaritätskomitees. Das Begräbnis von Edson Luis war nicht mehr nur eine Angelegenheit der Studenten und jungen Büroangestellten.

Es entstand eine Bewegung der Mittelschicht, deren Avantgarde die Studenten waren. Es ging zunächst darum, eine gemeinsame Plattform zu schaffen, um die allgemeine Unzufriedenheit aufzufangen und in die richtigen Bahnen zu lenken. Der Volksausschuß, auf die Schnelle gegründet von den Leuten, die in den ersten Stock des Parlaments hinaufgegangen waren, stellte einen Anfang dar. Es ging sogar so weit, daß während des Zuges der Hunderttausend ein Ausschuß ins Leben gerufen wurde, der mit dem Präsidenten Costa e Silva diskutieren sollte.

Aber die Schaffung einer gemeinsamen Plattform ließ bereits die Schwierigkeiten deutlich werden, die später hervorbrachen. Da war zunächst einmal die unterschiedliche Entwicklungsstufe. Während die Studentenbewegung schon Erfahrung gesammelt hatte, über komplexere Organisationsformen verfügte, immer radikalere Kampfformen praktizierte, wie die Demos, waren die anderen erst im Begriff, sich zu formieren. Man war also versucht, die studentische Erfahrung zu verallgemeinern, die Radikalisierung der anderen voranzutreiben, sie ebenfalls zu Demonstrationen auszunutzen. Die Initiative der einzelnen Gruppierungen wurde kaum stimuliert, dafür trat immer stärker die Tendenz hervor, die Studentenbewegung zu kopieren.

Daneben tauchten auch noch andere Schwierigkeiten auf, eher theoretischer Art. Die Grenzen der in Entstehung begriffenen Bewegung zeichneten sich immer klarer ab. Ginge es um eine sozialistische Revolution, so würde dieser Prozeß von der Arbeiterschaft angeführt und gelenkt. Die Bewegung der Mittelschicht aber konnte nicht sehr weit kommen, sie mußte den Zeitpunkt abwarten, da kampferprobte Gruppen in den Vordergrund traten und die revolutionären Massen zum Angriff führten.

Übernahmen aber die revolutionären Klassen die Führung der Bewegung, so tauchte ein anderes, noch viel schwierigeres Problem auf: Der Kampf der Massen mußte nicht notwendigerweise zum Umsturz führen. Für viele war die Vorbereitung der Massenbewegung, selbst mit der Arbeiterklasse an der Spitze, eine Vorbereitung aufs Massaker, falls nicht Maßnahmen zur eigenen Verteidigung getroffen wurden und diese Massenbewegung nicht mit der Planung des bewaffneten Kampfes einherging. Der Kampf der Massen setzte die gewaltsame Durchführung der Revolution und die Schaffung eines Machtinstruments – des Volksheeres – voraus. Nur, wir wissen, daß ein solches Schema nicht immer genau eingehalten wird. Es gibt verschiedene Schattierungen, und, ehrlich gesagt, es gab auch noch radikalere Theorien, denen zufolge der Massenkampf zu jenem Zeitpunkt nur ein Hindernis darstellte.

Aber die Reden, die damals gehalten wurden, machten auch etwas anderes deutlich: Die Studenten rebellieren und verausgaben sich. Mit dem Abebben der Studentenbewegung treten die Arbeiter in den Vordergrund und geben der Massenbewegung neuen Auftrieb, und die Revolution lebt von den Gruppen und den einzelnen, die zu ihr stoßen. Mit diesen Hoffnungen zogen wir am 1. Mai nach São Cristovão. Die Menge strömte zum Fußballstadion Maracanã, während wir, alleingelassen, den Lauf der Weltereignisse zu ändern versuchten. Fünftausend Metallarbeiter hatten ihr Kommen angesagt. Wir glaubten das. Wir blickten die leere Straße hinunter und fragten uns: Wann kommen sie endlich, mit ihren roten Fahnen, die Internationale singend, wie in Filmen und Romanen? Die Arbeiter haben an unserem 1. Mai nicht teilgenommen. Die überwältigende Mehrheit zog das Fußballstadion unseren Ansprachen vor. So richteten wir unsere Aufmerksamkeit wieder nach São Paulo, wo, wie man uns mitteilte, angeblich eine sehr viel machtvollere Demonstration als unsere stattgefunden hatte. Mit Arbeitern und allem.

Als wir von São Cristovão nach Hause gingen, sagte ich zu Zé Roberto: »Die Kumpel von den anderen Organisationen haben uns auf den Arm genommen. Fünftausend Arbeiter haben sie uns versprochen, und gekommen ist keiner.«

Roberto erwiderte: »Man glaubt immer das, was man glauben will, nicht?« Ja, so war das. Aber in São Paulo sah es doch viel besser aus.

IX

Die Nachrichten aus São Paulo tröpfelten nur spärlich. Die erste hieß Krawalle. Wir hatten noch das Geschrei aus dem Maracanã-Stadion im Ohr. Eine Aktionsgruppe hatte auf den Tribünen ein Transparent entrollt: »Nieder mit der Diktatur.« Es gab Applaus, Polizei tauchte auf, die Sportberichterstatter waren wütend über die Provokation, aber das Spiel ging weiter und zog alle Aufmerksamkeit auf sich. »Eines Tages werden sie uns verstehen«, sagte ein Teilnehmer der Maikundgebung 1968. Die Massen hatten aber ganz offensichtlich das Fußballspiel vorgezogen. Wie oft sollten wir später noch diesen Satz hören: »Eines Tages werden sie uns verstehen.« Die schwedischen Maoisten, mit ihren Nullkomma ich weiß nicht wieviel Prozent, die über dem dampfenden Kaffee im Buchladen »Oktober« sitzen, meinen auch: »Eines Tages werden sie uns verstehen, wenn sich die Krise zuspitzt, werden sie uns verstehen.«

Die zweite Nachricht aus São Paulo: Sie haben Abreu Sodré, dem Gouverneur, den Schädel eingeschlagen. Hier in Rio gingen die Arbeiter zum Fußballspiel. In São Paulo waren sie inzwischen so radikal geworden, daß sie dem Gouverneur den Schädel einschlugen und auf Plakaten zur Unterstützung der Vietkong aufriefen. Waren wir wirklich in Brasilien, und wenn ja, wo war Brasilien?

Erst später, als alles sich allmählich klärte, begriff ich, was damals am 1. Mai vorgefallen war. Der radikale Flügel der Arbeiter, der vor allem in Osasco vertreten war, hatte das Fest bis ins kleinste vorbereitet. Sie hatten beschlossen, die Tribüne auf dem Platz vor der Kathedrale zu besetzen und eine Kundgebung an einem anderen Platz anzukündigen. Die Teilnehmer waren in Sonderbussen angereist, die in Clóvis Bevilaqua hielten, wo sie ausstiegen und zum Platz weitergingen. José Ibrahim sollte die Ansprache halten. Er selbst erzählt, daß die Leute sehr überrascht waren, als sie Arbeiterkolonnen in Militärformationen aufziehen sahen, mit Plakaten gegen die Lohneinfrierung und für den Volkskrieg in Vietnam. Vietnam hieß der Weg. Wohin er führte, wußten wir nicht so genau. Vietnam bedeutete bewaffneter Kampf, und das war das Ziel. Der Soziologe Francisco Weffort kommentierte später in einer Studie über Osasco und Contagem die Rolle dieser Vietnam-

Losungen. Seiner Meinung nach handelte es sich um eine Übertragung der Studentenproblematik auf die Arbeiterbewegung, in der die Vietnamproblematik nicht so ausführlich diskutiert wurde.

Denen, die resigniert hatten in Gedanken an eine ferne Zukunft (eines Tages werden sie uns verstehen), gaben die Nachrichten aus São Paulo ungeheuren Auftrieb. Also, da hatten die Arbeiter die Kundgebung dem Fußballspiel vorgezogen. Die Arbeiter prangerten den Lohnstopp an und stellten den Bezug zur Militärdiktatur her. Sie wollten nicht einfach Lohnforderungen durchsetzen, sondern sie führten einen politisch-ökonomischen Kampf, in dem das Gewicht auf dem politischen Moment lag – genauso, wie es Lenin in seinen Büchern predigte. Und, mehr noch: Die Arbeiter waren Internationalisten, denn sie machten die Sache der Vietnamesen zu ihrer eigenen Sache.

Es tat gut, an erfreuliche Dinge zu denken auf dem Heimweg, über den Aterro do Flamengo. Zur Linken das Meer, die Brise, die durchs offene Busfenster zieht, verlockt zum Träumen am späten Nachmittag. Wir hatten an jenem 1. Mai in São Cristovão eine Schlacht verloren, aber der Sieg war unser. Man verliert nur dann, wenn man sich ein Bein bricht, pflegte António zu sagen, ein Jockey aus meiner Stadt. Wo mochte António sein, fragte ich mich, während der Bus die Uferpromenade entlangfuhr, die Brise durch die offenen Fenster wehte, vor meinen Augen die Massen auf die Straßen strömten, fahnenschwenkend, miteinander schmusend, ein Ärgernis für die Genossen, die für die Sicherheit verantwortlich waren.

Eine Niederlage kam gar nicht in Frage. Entweder Freiheit oder Sterben für Brasilien – wie auf der Kundgebung Indio Robledo rief, der sich umsonst auf den Weg nach São Cristovão gemacht hatte. Indio Robledo hieß in Wirklichkeit Cláudio Marzo und sollte eine Rede im Namen der Künstler halten. Das Vaterland war noch nicht befreit, und ich war auch nicht gestorben. An die Fehler, die wir begingen, die wir noch begehen würden, daran dachte ich nicht auf der Heimfahrt.

Wir haben eine Schlacht verloren, aber wir werden den Krieg gewinnen. Nicht sonderlich originell. Später merkte ich, daß fast alle so redeten, wenn die Lage sich verschlimmerte. Nach Gramsci greift die Linke auf gleiche Mechanismen zurück wie die Religion. Die Erde ist ein Jammertal, aber unser ist das Himmelreich. Nur hatten die Christen auch eine Erklärung parat, wie man in den Himmel kommt. Für uns aber war es ziemlich schwierig zu begreifen, wie wir den Krieg gewinnen sollten, wenn wir alle Schlachten verloren.

Eine der letzten Diskussionen dieser Art hatte ich Mitte der 70er Jahre in einem Café im Quartier Latin. Jemand behauptete, eine unserer linken Organisationen hätte eine große Schlappe erlitten. Und er schloß daraus, wie jeder dialektisch denkende Mensch: So ist es halt, mal bist du oben, mal unten. Ich war an jenem Nachmittag nicht in der richtigen Stimmung, um mich auf eine dieser endlosen Diskussionen einzulassen, wo keiner den anderen überzeugt. Ich sagte also: Wenn das so ist, cher ami, mal oben, mal unten, dann wäre es doch interessant zu wissen, wohin unser Weg führt – bergan oder bergab?

Das Jahr 1968 verging rasend schnell, selbst für einen, der im Bus vor sich hinträumt. In diesem Café Danton in Paris fing es im Mai 1968 an. Wir im Archivdienst mußten genauestens auf dem laufenden sein, damit Kommentare verfaßt werden konnten. Die Parolen auf den Mauern, Sartres »Die Phantasie an die Macht«, die Interviews von Cohn-Bendit, alles gab Stoff zu endlosen Diskussionen. Die Meinungen über den Mai 1968 waren geteilt. Und zwar ging diese Spaltung mitten durch die Position der Partei. Die der Partei am nächsten standen, beobachteten alles mit großem Mißtrauen und atmeten erleichtert auf, als die Arbeiter auf den Plan traten. Nun konnten sie die Ereignisse endlich einordnen. Die Mutigsten verwiesen auf die positiven Aspekte der Ereignisse, wobei sich allerdings zeigte, daß die PCB zu all den Fragen recht wenig zu sagen hatte. Die Bewegung war eine europäische Variante des Kampfes gegen Verknöcherung und Unterdrückung. Später brach in Deutschland die antiautoritäre Bewegung aus, die an den Universitäten viel in Gang brachte, und da wurde noch klarer, daß es dabei um vieles ging, was die traditionellen linken Parteien vernachlässigt hatten.

Innerhalb der brasilianischen Studentenbewgung schien das Echo des französischen Mai nicht sehr groß gewesen zu sein. Unter den Journalisten verstärkte er noch mehr das gegenseitige Mißtrauen. Einige parteitreue Genossen warfen uns allen Ernstes vor, unser geistiger Vater sei Marcuse: »Ihr lest diese

Frankfurter Typen, diesen Marcuse.« So war es. Zum Teil beeindruckte uns die Fülle neuer Probleme, die die europäische Bewegung zu uns herüberbrachte. Im großen und ganzen aber sperrte sich die brasilianische Linke dagegen. Zu viele rote und schwarze Fahnen für unseren Geschmack. Und manche Parolen – Verbieten verboten – hatten einen zu anarchistischen Klang für die, die sich auf den bewaffneten Kampf vorbereiteten und dabei ein Organisationsschema im Kopf hatten, das noch starrer war als das der PCB.

Wenn der Mai 68 in Brasilien folgenlos blieb, so galt das nicht für den Einmarsch in die Tschechoslowakei im August desselben Jahres. Ich machte Ferien in Ouro Preto und fuhr sofort zurück nach Rio. Das war ein Schlag. Die Rechte verlangte von uns, daß wir den Einmarsch aufs schärfste verurteilten. Die meisten linken Organisationen protestierten sofort mit Flugblättern gegen die Anwesenheit der Warschauer-Pakt-Truppen in Prag. Aber unsere Verurteilung fiel recht zurückhaltend aus. Das war keine Grundsatzerklärung von der Art: »Niemand hat das Recht, ein anderes Land zu besetzen.« Es gab Nuancen, dieses »Ja aber«, »allerdings«, »gewiß auch«. Wir fühlten uns daher verpflichtet, eine Diskussion darüber in Gang zu bringen. Da erfuhren wir, daß die Intellektuellen der PCB den Einmarsch verurteilt hatten. In diesem Augenblick waren wir der ideale Partner, auf den man sich stützen konnte. Hätten sie sich an eine Zeitung der Rechten gewandt, so könnte man ihnen vorwerfen, daß sie in die gleiche Kerbe hauen wie die Amerikaner, wie die internationale Reaktion, die üblichen Anwürfe also.

Wir veranstalteten unsere Diskussion auf der Praia Vermelha, aber es wurde ein Reinfall. Dabei lief die Diskussion selbst sehr gut. Auf der einen Seite die unabhängigen Intellektuellen, die den Einmarsch in einem offenen Brief verurteilt hatten. Einige von ihnen bezichtigten die Sowjetunion des Imperialismus und stützten ihre Analyse des Einmarsches auf ökonomische Daten. Auf der anderen Seite die Intellektuellen der PCB, deren Beiträge die Zwistigkeiten innerhalb der Partei erkennen ließen, und schließlich waren noch wir da, die die Vermittlerrolle in einer Diskussion spielten, bei der eine grundsätzliche Übereinstimmung vorausgesetzt wurde: Wir sind alle gegen den Einmarsch. Da nur wenig Leute gekommen waren und wir uns im Grunde alle einig waren, begannen wir, die Sache zu komplizieren. Die Sowjetunion, ein imperialistisches Land? Was ist dann Imperialismus? Hat Lenin nicht den Imperialismus definiert?

Im Grunde trugen wir wenig dazu bei, daß der Einmarsch in die Tschechoslowakei begriffen und verurteilt wurde. Wir waren kaum dreißig Leute, und die meisten von uns hatten Angst, sich in den führenden Zeitungen zu exponieren. In diesem Augenblick diskutierten Tausende in allen Teilen der Welt das gleiche Thema und gebrauchten vielleicht dabei die gleichen Argumente. Aber wir wollten kein Debattierclub sein, wir wollten viel mehr. Immer wieder tauchte die Frage nach dem Standpunkt Brasiliens, der Brasilianer auf. Brasilien und die Brasilianer interessierten sich vielleicht an jenem Augustabend für den Einmarsch in die Tschechoslowakei, aber nicht für uns, die wir an jenem Augustabend auf der Praia Vermelha zusammenstanden.

X

Die Sinnlosigkeit der politischen Debatten um uns herum half uns, die Panzer aus dem Gedächtnis zu verdrängen. »Die Ratten nagen an den Fundamenten«, wie der Dichter sagt, aber wir redeten uns ein, das sei das normale Geräusch, das Bauarbeiten begleitet.

Manchmal gehe ich ins La Coupole auf dem Montparnasse, Fisch essen und Leute treffen. In diesem Café pflegte Lenin seine Johannisbeermilch zu trinken. Das habe ich nie getan, aber 1968 trat ich einer leninistischen Organisation bei. Manchmal macht es mir Spaß, daran zu denken, daß ich für das Glas Weißwein vor mir auf dem Tisch mehrere Stunden als U-Bahn-Fahrer in Stockholm arbeiten muß.

Mein offizieller Beitritt vollzog sich an einem wunderschönen Nachmittag, auf der Praça Antero de Quental. Die Organisation war die *Dissidência Comunista*, eine Splittergruppe der PCB, Mitte der 60er Jahre entstanden. Der Genosse, der beauftragt war, mir meine Aufnahme mitzuteilen, hielt eine kurze Rede, in der er meine Vorzüge würdigte, meine Schwächen erwähnte und die neuen Aufgaben anriß, die auf mich warteten. Von nun an war, wie es in einem Gedicht von Lorca heißt, mein Name nicht mehr mein Name und mein Haus nicht mehr mein Haus. Einige hochtrabende Anspielungen auf den unausbleiblichen Sieg und den unaufhaltsamen Gang der Geschichte in Richtung Fortschritt beschlossen das kurze Einweihungsritual. Sowohl er als auch ich waren schlechte Schauspieler und mußten uns während dieser Feierstunde immer wieder ein Lächeln verkneifen, so kamen wir uns nicht völlig lächerlich vor.

Ich blickte um mich, aber nichts in der Welt hatte sich verändert. Kindermädchen gingen in der Maisonne mit den Kindern über den Platz spazieren, Eisverkäufer fuhren auf ihrem Dreirad die Delfim Moreira hinunter, die ersten Gäste strebten Antónios Restaurant zu. Da nun mein ganzes Leben sich in einigen Tagen radikal ändern sollte, warum nicht vorher ein letztes Steak im Degrau?

1968 unterschieden sich die Cafés in Leblon sehr stark von La Coupole. In Paris ist alles viel feierlicher. Die Gegenwart der Toten und der Ruhm lasten schwer. Du blickst auf und siehst eine Touristengruppe, die Lenins Café fotografiert. Ein amerikanischer Student sucht den Tisch, an dem Beckett mit dem Übersetzer von *Warten auf Godot* saß. In Rio konnte man mit einem Blick sehen, ob die Freunde schon da sind oder nicht. Man konnte den Ober fragen: »Sind die Leute schon da?«, und er verstand, daß damit die engsten Freunde gemeint waren. Die Leute steckten alle in endlosen Debatten, die schließlich zum Zug der Hunderttausend führten.

In diesen Monaten veränderte sich die Atmosphäre in unseren Cafés. Man müßte einen Kellner bitten, seine Darstellung von 1968 zu geben. Fast an allen Tischen wurde die Politik zum Tagesgericht. Einige Unterhaltungen wurden lautstark geführt, andere leise und verschwörerisch, was damals noch nicht nötig war, aber sehr reizvoll. Manchmal schneiten Gäste herein, die nicht dazugehörten. Das waren die Beamten der Geheimen Staatspolizei. Immer wieder leerten sich die Cafés, wenn drüben, an der Copacabana, im Teatro da Praça, eine Versammlung stattfand. Später tauchten dann alle wieder auf, noch ganz erhitzt, und brachten Diskussionsfetzen und einige linke Studenten mit. Die linken Studenten erkannte man daran, daß sie nach dem Preis fragten, ehe sie etwas bestellten, und daß sie ihr Geld in der Tasche zählten – sie waren arm und sparsam. Sie spielten den Part der leidenden Arbeiterklasse, während die Cafébesucher das progressive Kleinbürgertum abgaben, und manchmal liefen da ganz interessante Geschichten ab.

Selbst der Kehricht am Ende der Nacht würde vielleicht qualitativ anders aussehen. Entwürfe von Vorschlägen, die auf den Versammlungen nicht unterbreitet wurden, zerknitterte Flugblätter. Die Kellner verfolgten den ganzen Entwicklungsprozeß: Leute, die plötzlich nicht mehr ins Café kamen, weil sie in den Untergrund gegangen waren, Studenten, die plötzlich über Nacht zu Studentenführern aufgerückt waren, selbst die Beamten hatten nun andere Gesichter und einen anderen Lebensstil. Manchmal hingen sie hier tagelang herum und warteten auf jemand, der nicht kam. Es waren längst nicht mehr die schnurrbärtigen Mulatten im dunkelblauen Anzug. Inzwischen fielen sie weniger auf. Aber ein Kellner hat einen geübten Blick, läßt sich nichts vormachen.

Als ich in den Untergrund ging, habe ich auch das Café

gewechselt. Ich bestellte das Tagesmenu und trank vor dem Essen eine Caipirinha, mit Wasser verdünnten Zuckerrohrschnaps mit Zitrone und Zucker. Das konnte ich mir gerade noch leisten. Die Revolution forderte die Extras, die ich für Steaks verschwendet hatte. Arme Revolution. Aber ich fühlte mich einig mit ihr, war glücklich, und schließlich entdeckte ich auch Kneipen mit ausgezeichneten Tagesmenus. Es begann unser Doppelleben, das aus Geheimniskrämerei und Komplizentum bestand. Als die Hunderttausend die Avenida Rio Branco hinunterzogen, riefen einige: »Nur das organisierte Volk stürzt die Diktatur.« Andere riefen: »Nur das bewaffnete Volk stürzt die Diktatur.« Die Wahl des Adjektivs war Gegenstand eines stummen inneren Kampfes zwischen den politischen Strömungen, die einander die Führungsrolle streitig machten.

Noch in der letzten Versammlung der Intellektuellen, unmittelbar vor der Demo, war die Diskussion ein wahrer Horror. Zwei Stunden lang schlugen wir uns mit einer unwesentlichen Einzelheit herum: Sollten wir die Route bekanntgeben oder nicht? Die Polizei verlangte, darüber genauestens unterrichtet zu werden, und die PCB fand, daß wir dies tun sollten. Die PCB hatte Wind bekommen, daß wir die Demo mit einer Kundgebung vor dem Denkmal des unbekannten Soldaten auf dem Aterro beenden wollten. Sie befürchtete eine Provokation, die die Flügelkämpfe innerhalb der Regierung selbst zum Ausbruch bringen und mit dem Sieg des harten Flügels enden könnte. Diese Überlegung war richtig, aber die Information war falsch. Wir gaben die Marschrichtung nicht bekannt, weil wir uns für so stark hielten, daß man uns nicht einschüchtern konnte. Niemand hatte jedoch vorgeschlagen, daß die Demo vor dem Denkmal zu Ende sein sollte. Ein Mißverständnis jagte das andere, und so lernt man die Leute und ihre Denkweise besser kennen. Es gibt Scharfmacher und solche, die zu vermitteln suchen, und dabei entstehen Freundschaften unter denen, die dazwischen stehen und den kleinsten gemeinsamen Nenner suchen, um die Barke wieder flott zu machen. Es gab viele solcher Leute in der PCB. Selbst in den Organisationen, die noch weiter links standen als wir, gab es Gruppen, die die verschiedenen Richtungen miteinander zu versöhnen suchten. Ich denke da an die sogenannten Front-

Treffen, auf denen gemeinsame Probleme erörtert wurden. Da war der »Musterschüler«, der einer sehr radikalen Gruppe angehörte, aber mit dem man diskutieren konnte. Später, als ich bereits untergetaucht war, traf ich ihn in einer Kneipe an der Copacabana wieder. Der »Musterschüler« war zum Hippie geworden und lief mit eindeutig geröteten Augen herum. Das war noch 1969, und es gehörte schon etwas dazu, damals als Hippie aufzutreten und zu kiffen. Ich freute mich, ihn wiederzusehen. Er war high wie immer und zu einer Diskussion aufgelegt.

»Schade, daß keiner von euch raucht. Sonst würdet ihr sehen, daß es mit dieser Revolution nur schieflaufen kann. Aber, Respekt, wem Respekt gebührt.« Ich fahre die Copacabana entlang und sehe immer noch den »Musterschüler« vor mir, wie er sich mit Hippiegruß an der Tür des Cafés vor mir verabschiedet. Liebe und Friede – das erwartete uns nicht Ende der 60er Jahre.

Ich sprach vom Doppelleben, von konspirativen Ritualen. In Wirklichkeit wollte ich auf etwas anderes hinaus. Ich wollte die Sprache auf Dominguinho bringen. Beim Zug der Hunderttausend war er noch keine sechzehn Jahre alt und schon Mitglied einer politischen Organistion. Kannte alle Leitsätze auswendig, hatte immer die passende Kritik parat, wenn einer zum Beispiel meinte, daß die Revolution in ihrem ersten Stadium keine sozialistische Revolution sein würde.

Am Tag der Hunderttausend war Dominguinho euphorisch. Er kletterte auf alle Masten, selbst auf die Zeitungskioske, die an jenem Tag geschlossen hatten. Er hielt flammende Reden, verkündete Apokalypsen, ein, zwei, drei, viele Vietnams. Und immer, wenn er wieder eine blutige Revolution in Aussicht gestellt hatte, zwinkerte er mir zu. Was ist das für ein Land . . . Wir waren in derselben Arbeitsgruppe. Dominguinho ging noch zur Schule, ich war Intellektueller. So wurden wir etikettiert, und es war in Ordnung so. Wir bereiteten den bewaffneten Kampf vor und betrachteten Demos als etwas Zweitrangiges im Vergleich zu dem, was noch kommen sollte. Dominguinho kannte jemand, der ihm beibrachte, wie man einen Sprengsatz fabriziert. Er hatte in seiner Plastiktüte immer Säure dabei, und die Säure fraß sich durch die Tüte und ätzte Löcher in den Fußboden. Ich habe mehrere konspirative

Wohnungen kennengelernt, und an den Löchern im Fußboden erkannte ich sofort, daß Dominguinho hier gewesen war. Eines Tages fanden wir in Santa Teresa eine Villa, in der wir unsere Treffen abhalten wollten. Dominguinho kam mit seiner Plastiktüte an, mit seiner Gebrauchsanweisung zur Bombenherstellung, und natürlich lief die Säure aus und fraß sich in den Bodenbelag am Haupteingang. Ein Erkennungszeichen, das wir vor dem Eigentümer nicht verheimlichen konnten.

Ich war so wütend, daß ich tagelang nur das Nötigste mit ihm sprach. Ich nannte ihn nur noch Dr. Seltsam Junior, aber das hat er nicht verstanden. Dann begann ich, ihm Pornoheftchen auszuleihen. Jetzt hatte er in seiner Plastiktüte, in der er die Säure herumschleppte, nicht nur die Schriften von Debray oder Caio Prado Junior, sondern immer auch noch einen Porno versteckt, den er zwischen zwei Versammlungen lesen sollte. Dominguinho begann sich allmählich fürs andere Geschlecht zu interessieren. Beinahe wäre er uns für den Untergrundkampf verlorengegangen. Wenn er jetzt in knallengen Jeans seine Freundin zu Mac Donalds ausführte, seine Zeit am Strand totschlug, dann wären wir um einen Fulltime-Revolutionär ärmer. Aber dazu war er zu intelligent und zu sensibel. Je mehr wir uns dem *Jornal do Brasil* näherten, desto feurigere Reden schwang Dominguinho. Mich beschlich immer ein merkwürdiges Gefühl, wenn wir vor meiner Redaktion demonstrierten. Der Zug machte halt, jemand hielt eine Rede gegen die bürgerliche Presse im allgemeinen, und die Menge stieß Buhrufe aus gegen das graue Gebäude, die Redakteure und die Boten, die von den Balkons herunterblickten. Es war ein merkwürdiges Gefühl, so als ob ich mich selber ausbuhte. Auch ich hatte vom Balkon aus so vieles mitbekommen. Die Trauerfeier für Edson Luis, Pferde, die über die leergefegte Avenida Rio Branco galoppierten, Menschen, die sich gelähmt vor Angst an die Hauswände drückten. Ab und zu beugte sich einer vom Pferd herunter, um auf die Leute einzudreschen.

Der blutige Freitag: Studenten und Büroangestellte hatten eine Barrikade errichtet. Zusammenstoß zwischen Polizei und Angestellten. Ein Polizist verliert seinen Helm, und sie ziehen sich vor das Portal des *Jornal do Brasil* zurück. Vom Balkon aus sehe ich, wie die Jungs im Triumph die Avenida herunterkommen, den erbeuteten Helm wie einen Fußball vor sich her dribbeln.

Halblaute Befehle, die ersten Schüsse. Einige Jungs fallen um. Wahrscheinlich tun sie nur als ob, veräppeln die Polizei. Einige stehen wieder auf, aber zwei bleiben liegen. Die Polizisten kommen näher, aber sie fliehen noch immer nicht. Jetzt müssen sie rennen, sonst schaffen sie es nicht mehr. Die Polizisten sind auf fünf Meter herangekommen, aber sie rühren sich noch immer nicht. Jetzt stehen die Polizisten vor ihnen. Die Polizisten drehen die Körper um.

Wie oft wollte ich vom Balkon hinunterspringen, um zur Hilfe zu eilen. Wie oft wollte ich wieder hinauf, um zusammen mit meinen Freunden in der Redaktion den Verlauf der Demonstration zu kommentieren. Beim Zug der Fünfundzwanzigtausend gehe ich einen Augenblick lang in die Redaktion hinauf. Die üblichen Ansprachen, die üblichen Buhrufe. Eine Schülerin nähert sich mit einer Sprühdose dem Haupteingang. Sie trägt Jeans und ein weißes T-Shirt. Wie ein Kind, das Himmel-und-Hölle spielt, hüpft sie herum und beginnt zu sprühen, und von oben lese ich: »Condessa hahaha!«, eine Anspielung auf die Gräfin Pereira Careira, Eigentümerin des *Jornal do Brasil.*

XI

Wenn man die Geschichte des Jahres 1968 aus der Sicht eines Redaktionsboten erzählen könnte, der immer dabei war, auf dem Balkon des *Jornal do Brasil*, wäre das wie eine Filmaufzeichnung. Ein Mannschaftswagen der Militärpolizei fährt die Avenida hinunter, sie sitzen auf ihren Bänken. Einer ist umgeknickt, neben ihm eine alte Schreibmaschine, die jemand von einem Hochhaus heruntergeworfen hat.

Oder vielleicht sollte man doch besser dem Kellner und dem Boten das Wort abschneiden, die das Jahr 1968 im Café oder vom Balkon des *Jornal do Brasil* aus beobachten. Nach dem Aufmarsch der Hunderttausend veranstalteten wir, wie gesagt, einen Zug der 25 000, das war in Wirklichkeit der Anfang vom Ende. Wenig Leute, viel Polizei. Wie Stars, die in der Großstadt ihren Abstieg kommen sahen und eine Tournee in die Provinz unternehmen, so gingen wir in die Vorstädte.

Besser als den Kellner oder Boten zu befragen wäre es, die Comissão Popular, den Volksausschuß, zu begleiten, den wir beim Aufmarsch der Hunderttausend gegründet hatten. Er bestand aus einem Lehrer, einem Intellektuellen, zwei Studenten und der Mutter. Die Mutter hieß Irene. Als die Bewegung ihren Höhepunkt erlebte, wurde der Ausschuß von Präsident Costa e Silva empfangen. Der Ausschuß wollte die Forderungen der Demonstranten vorbringen. Die Begegnung ließ sich übel an und nahm ein entsprechend übles Ende. Man hinderte Studenten ohne Krawatte am Betreten des Regierungspalastes. Was der Ausschuß vorzubringen hatte, das zählte nicht. Was zählte, war die Krawatte. Der Ausschuß hat uns ein gutes Stück auf dem langen Weg unseres Niederganges als Massenbewegung getreu begleitet. Sie streuten Konfetti auf unsere Köpfe, aber es hagelte Tränengasbomben. Die Demos wurden nun nicht mehr öffentlich in der Presse bekanntgegeben. Wir waren gezwungen, einen falschen Ort anzugeben und an anderer Stelle aufzutreten.

Mehrmals sah ich die Mutter, kurz vor Beginn einer Kundgebung, vor einem Schaufenster stehen. Immer, wenn ich nicht ganz sicher war, wo die Demo stattfinden sollte, zerstreute ihre Gegenwart in irgendeiner Straße von Rio de Janeiro meine Zweifel.

Eine Rede zu halten, wenn man weiß, daß man viel Zeit zur Verfügung hat und sich voll auf die Zuhörer konzentrieren kann, ist etwas anderes, als rasch auf eine Kiste zu steigen und sich beim Reden auf die Straßenecken konzentrieren zu müssen, wo die Polizei auftauchen könnte – und sie tauchte immer auf.

Eine Demo, die friedlich auseinandergeht, Leute, die sich umarmen, Gruppen von Freunden, die sich zusammen auf den Nachhauseweg machen, Fahnen und Transparente einrollen, die soeben gehaltenen Reden kommentieren, ist etwas anderes als eine Kundgebung, die von der Polizei beendet wird. Eine Konditorei zu betreten und ein Eis zu bestellen, ist etwas anderes, als in einen Laden zu stürzen und durchs Schaufenster zu sehen, wie ein Polizist mit seinem Schlagstock auf dich zeigt und zu seinem Kollegen nur sagt: »Die Mutter!« »Entschuldigen Sie bitte, hat Ihr Laden vielleicht zufällig einen Hinterausgang? Wissen Sie, da draußen ist eine Schlägerei im Gange, und ich möchte da nicht hineingeraten.« Ja, die Polizei machte Fortschritte. Die Uniformen waren besser geschnitten, die Waffen moderner. Sie kamen nicht mehr auf Lastwagen an, sie patrouillierten in kleinen taktischen Gruppen durch die Straßen, alle mit Sprechfunk ausgerüstet. Das ist zwar nicht so amüsant wie ein Transistorradio am Sonntag, aber es macht die Arbeit in der Innenstadt doch sehr viel effizienter. Seit du, liebe Mutter, und die anderen von der Comissão Popular uns verlassen haben, ging es mit uns bergab. Aber wir kapierten das nicht. Wir fanden, das hätte so seine Richtigkeit. Die Polizei machte Fortschritte, denn so verlangte es der Krieg, die Menschen verschwanden, denn es gab eine Säuberungsaktion. Gewalt war nun das Losungswort. Und sie prägte von nun an unsere kurzen, traurigen und oft blutigen Demonstrationen. Ich erinnere mich an zwei, wo die Gewalt eskalierte. Die eine fand statt anläßlich des Besuchs von General Westmoreland, dem Oberbefehlshaber der amerikanischen Streitkräfte in Vietnam. Wir waren ungefähr fünfhundert und zogen von der Rua do Ouvidor durch die Avenida Rio Branco. Wir hatten bereits die Avenida Presidente Vargas in Richtung Praça Mauá überquert, als ein Polizeiwagen auftauchte und in die Menge hineinfuhr. Sie wußten nicht, daß es sich um eine politische Demonstration handelte, und sie waren allein. Der

Wagen wurde sofort von Demonstranten umstellt, und die Polizisten ergriffen die Flucht. Ziemlich bestürzt verfolgten die Leute von den Gehsteigen der Avenida und aus einigen Bürofenstern den Vorgang. Brito hielt eine Rede, in der er den General »Vestemorelano« angriff, den niemand kannte. Einer stieg auf das Dach des Polizeiwagens und sprach von Gewalt. Die Polizei sei ein Symbol der Gewalt und der Herrschenden. Wir sollten den Polizeiwagen in Brand stecken und so Gewalt von seiten der Arbeiterklasse ausüben. Alles sehr einfach, wenn wir nur Streichhölzer gehabt hätten. Das Benzin war schon ausgeflossen, aber es gab immer noch keine Streichhölzer. Erst Minuten später, als wir den Platz bereits verlasen hatten, ging der Wagen in Flammen auf. Irgend jemand, der vermutlich weder Ausgebeuteter noch Arbeiter war, hatte die Gelegenheit ergriffen, ein Polizeiauto zu flambieren, das ihm auf dem Tablett überreicht worden war.

Das andere Mal war während des Besuchs von Rockefeller. So ein Besuch, der im voraus angekündigt wird, machte unheimlich viel Arbeit, für die Polizei wie auch für uns. Ich wohnte noch am Ende von Leblon, und die Vorbereitungen zur Rockefellers Besuch beanspruchten ganze Tage und ließen mich sogar nachts im Schlaf hochschrecken. Und zwar deshalb, weil ich damals die Wohnung mit einer Frau teilte, die von der Polizei gesucht wurde. Sie ging nur selten aus dem Haus, wollte aber unbedingt bei unseren Aktionen mitmachen. Tagelang nähte sie an riesigen Uncle-Sam-Puppen, die dann auf der Straße verbrannt werden sollten. Mit der ersten begann sie abends, als ich bereits schlafen gegangen war. Als ich morgens aufwachte, lag eine riesige Puppe neben mir. Sie wollte sie nicht im Wohnzimmer lassen, weil ich dort keine Vorhänge hatte und die Nachbarn sie hätten sehen können. Ich bekam einen fürchterlichen Schreck, obwohl ich später mit noch ganz anderen, aufregenderen Gestalten neben mir aufwachen sollte.

Damals gab es für alles ein Kommando. Das Kommando, das Rockefellers Empfang vorbereiten sollte, spiegelte schon die neue Zeit wider. Intellektuelle, Studenten, Gymnasiasten. Die Intellektuellen waren praktisch von der Straße verschwunden, die Gymnasiasten hatten keinen Elan mehr, die Studenten hatten genug mit anderen Problemen zu tun. Aber gerade unter solchen Umständen setzt sich ein Kommando voller Hoffnung an den Tisch. Es sah aber so aus, als ob die Gymnasiasten diesmal den Mund zu voll genommen hätten. Die wichtigsten Veranstaltungen sollten im Süden, im Nobelviertel, stattfinden, als Hauptziel hatte man das Kaufhaus Sears in Botafogo und die Banco Lar Brasileiro in Copacabana bestimmt. Wenn wir uns diese Ziele vornahmen, so meinten wir, würde allen klar, daß es sich eindeutig um etwas Politisches handelte, eine Kundgebung gegen Rockefeller. Die Gymnasiasten versprachen, die Polizei in Botafogo aufzuhalten, während wir die Aktion bei Sears durchführten. Sie hatten einen phantastischen Plan: Mehrere hundert Reifen sollten in Brand gesetzt werden, die Feuerwand würde die Mannschaftswagen an der Ausfahrt hindern, so daß ein Verkehrschaos entstand, und die Fahrzeuge steckenblieben.

Demopläne sind meist bis in alle Einzelheiten ausgearbeitet, und es sind so viele Einzelheiten zu beachten, daß es gar nicht klappen kann. Daran muß ich immer denken, wenn ich vor der Polizei davonlaufe. Wir hatten vor Sears unser Möglichstes getan. Eine kurze Rede, in der erklärt wurde, was das Ganze solle, eine Rede, die keiner so richtig mitbekam, einige eingeworfene Schaufenster. Ein Schaufenster ging durch Zufall zu Bruch. Ich sah ein junges Pärchen mit einer Spraydose näherkommen. Sie wollten irgendeine Parole draufsprühen, aber die Polizei rückte schon an. Die Sprühdose funktionierte nicht, und da haben sie sie wütend gegen die Scheibe geschleudert. Viele hatten Mollys in der Hand, waren aber darauf bedacht, sie nicht aufs Geratewohl zu verwenden. Ein Brand könnte schlimme Folgen haben. Viele wußten nicht einmal, wer Rockefeller war. Es paßte alles so gut zusammen. Wieder einmal haben wir uns nur selbst geschadet. Und von Mal zu Mal ging die Polizei brutaler vor. Sie wußten, daß wir isoliert operierten und daß wir militärisch gut ausgerüstet waren. Oft kamen sie schon schießend an. Die Gruppen, die sich um die Aktion beim Lar Brasileiro kümmern sollten, hatten noch größere Schwierigkeiten. Niemand verstand so recht, was das sollte. Ich traf einige an der Wasserwache 6, als ich von Sears kam. Dominguinho stand mit einem Pflasterstein in der Hand da und wartete, daß von irgendwoher die Polizei auftauchte. Dominguinho und ich, die Copacabana überquerend, in jeder

Hand einen Stein. Zum Glück wurden wir die Plastiktüten mit Mollys los, die Jungs warfen ihre Steine weg, und wir gingen ganz ruhig einen Kaffee im »Bico« trinken, gegenüber dem Polizeirevier. Jemand sagte leise: »Da haben wir Rockefeller aber eine Lektion erteilt! Zwei eingeworfene Fensterscheiben bei Sears und eine beim Lar Brasileiro!«

Vor zehn Jahren, am Tresen des »Bico« Kaffee trinkend, schien mir dieser Satz völlig in Ordnung. Das gebe ich offen zu. Ich antwortete: »Genau. Er wird es sich in Zukunft überlegen, ob er in ein Land reisen darf, das die Amis auspowern. Das Volk läßt das nicht zu.«

Dann gingen wir, mein Gesprächspartner, Dominguinho und ich, die Straße nach Ipanema hinauf. Das Volk war müde, und es war fast Mitternacht.

XII

Ibiuna ist aufgeflogen. Mit dieser Nachricht kam jemand an einem Samstagnachmittag ins Archiv. Wir rannten zum Fernschreiber: keine Bestätigung. Rauch ohne Feuer. Wenn es aber bereits hieß, Ibiuna sei aufgeflogen, wollte das schon was bedeuten. Der Ort des Kongresses der UNE, der Nationalen Studentenvereinigung, sollte geheimgehalten werden, selbst vor den Teilnehmern.

Nach einigen Minuten traf aus São Paolo die endgültige Bestätigung ein. Ibiuna war aufgeflogen. Beim Kongreß waren fast alle brasilianischen Studentenführer anwesend. Man hatte einen neuen Vorstand gewählt, aber auch dieser war nun im Gefängnis. Die Zeitungen bereiteten Extraausgaben vor, *Veja* wollte eine Titelgeschichte darüber bringen.

Und nun? Nur noch wenige waren auf freiem Fuß. Wie sie zusammenbringen, Anwälte verständigen, Spuren beseitigen, die Familien benachrichtigen, und das alles an einem Samstagnachmittag? Und möglichst unauffällig. Wir waren einige linke Journalisten im Archiv. Und da wir gerade die Nachricht erhalten hatten, mußten wir mit größter Umsicht handeln. Beim *Jornal do Brasil* waren fast alle politischen Organisationen und fast alle Sicherheitsorgane vertreten. An jenem Samstagnachmittag mußten alle unterrichtet werden. Dabei galt es, sich nichts anmerken zu lassen, dem Reporter, der für *Cenimar*, die Marinepolizei, arbeitete, harmlos zuzulächeln, vielleicht nicht einmal um ihn auf den Holzweg zu locken, als um ihm keinen Anlaß zur Schadenfreude zu geben. Die Polizei in São Paulo wollte wieder einmal eine Show abziehen. Eine Ausstellung von beschlagnahmten Waffen und von Verhütungsmitteln sollte eine direkte Beziehung zwischen Sex und politischem Widerstand herstellen und so die Eltern in Angst versetzen: »Wenn Ihre Tochter sich erst mit Politik einläßt, nimmt sie auch die Pille und fährt zu Kongressen, die, wie man weiß, in Wirklichkeit Sexorgien sind.«

In den 60er Jahren war das die Lieblingsnummer der Polizei. Sex, der nicht der Fortpflanzung diente, und Subversion – Lust und Revolution, waren für sie eins. Aber vielleicht nicht unbedingt für uns. Immer wieder luden sie die Presse zu einer Vorstellung ein, bauten Tischchen auf, die sie mit alten Revolvern Marke Taurus, Molotowcocktails, Antibabypillen und manchmal sogar mit Drogen bestückten.

Mit den wenigen Kräften, über die wir noch in Rio verfügten, gingen wir zum Gegenangriff über, wie eine Verlierermannschaft, die in letzter Minute noch ein Tor zu schießen versucht. Wir planten eine Kundgebung im Gebäude der UNE, Praia do Flamengo 132. Das Gebäude war seit langem geschlossen, aber wir hatten vor, es zu besetzen. Carlos Alberto Muniz, der Präsident der União Metropolitana de Estudantes, der Studentenbewegung von Rio, hatte über halblegale Kanäle alle Studentenführer einberufen. Nach knapp zwei Stunden stand er bereits auf dem Balkon der Praia do Flamengo und hielt eine Rede vor rund fünfhundert Leuten. Der Verkehr brach zusammen. Diesmal war es den Gymnasiasten wirklich gelungen, den ganzen Betrieb zum Stillstand zu bringen. Während Muniz seine Rede hielt, schrien die Leute unten: »Die UNE geht weiter, die UNE sind wir!« Die Verabschiedung des AI-5, des Ato Institucional, Nummer 5*, stand uns bevor und damit die totale politische Abschottung. Wir mußten die Mittelschicht und die Arbeiter organisieren und aufs Land gehen, in die Guerilla. Die Aktionen in der Stadt, zur Beschaffung von Geld und Waffen, nicht mitgezählt. An jenem Dienstagnachmittag, auf der Praia do Flamengo, als der größte Teil der Linken sich bereits im Gefängnis befand, schien uns die Lage trotzdem nicht aussichtslos. Ganz im Gegenteil. Es war bereits zu bewaffneten Aktionen gekommen. Anschläge auf Geldtransporte, Überfälle auf Polizeiwachen, denen die MPs abgenommen wurden. Das Gewicht verlagerte sich zunehmend auf solche Operationen. So gefährlich unsere Demos auch waren, sie reichten nicht an diese Taten heran. Jedesmal, wenn die Zeitungen über einen Überfall berichteten, blickten wir uns bedeutungsvoll an.

Viele von uns träumten davon, in eine bewaffnete Gruppe zu gehen. Das war unsere Privatmythologie. Aus der Massenbewegung in einen Guerilla-Trupp überwechseln, das war wie aus der Provinz in die Großstadt kommen, von einem drittklassigen Fußballclub in die Nationalmannschaft aufsteigen. Natürlich behaupteten wir nach wie vor, daß jede Arbeit,

* AI-5 vom 13. 12. 1968 verfügte die Abschaffung des Kongresses und beseitigte die letzten Reste der Rechtsstaatlichkeit.

selbst die niedrigste, wichtig sei. Aber das stimmte nicht ganz. Die Zeitungen regten unsere Phantasie an. Es gab hinreißende Berichte über junge Männer mit stählernen Nerven. Damals kamen noch Polizeiberichte über blonde Schönheiten, die auf Illustrierten ihre MP in Anschlag brachten. Das findest du wohl komisch, was? Wir sind jetzt in den 80er Jahren, und stählerne Nerven und blonde Schönheiten sind nicht mehr in. Aber die Phantasie geht Wege, die sich der Kontrolle entziehen, und das erging jedem so. Versetz dich mal zehn Jahre zurück: Du, der Typ mit den stählernen Nerven, machst einen Überfall, legst lässig den Revolver Marke Taurus auf das Nachtkästchen und sagst zu der Blonden im Bett, die vorhin mit einer MG-Salve den Streifenwagen gestoppt hat: »Schlaf schön, mein Engel, bald ist Brasilien sozialistisch.« Wir begannen mit einem harten militärischen Training. Der AI-5 hatte uns noch tiefer in die Illegalität gesteuert. Am Wochenende fuhren wir an einen menschenleeren Strand hinaus, so als wollten wir Picknick machen. In unseren Körben hatten wir Revolver und Munition, in den Flaschen Benzin. Wir schossen auf Zielscheiben in den Sand, vor uns in das Meer. Die Revolver waren alt, Kaliber 22, das Ziel ganz nah und unbeweglich. Voll Vertrauen in unsere militärischen Fähigkeiten fuhren wir dann nach Hause. Was hatten wir gelernt? Mit einem alten Revolver 22 zu schießen, Molotowcocktails zu fabrizieren, die zwischen den Felsen explodierten. Wer das alles beherrschte, durfte sich Ausbilder nennen. Auch ich fungierte manchmal als Trainer und blickte etwas verlegen aufs Meer. Dieses blaue, flutende, mütterliche Element, in das ich immer am Wochenende tauchte, war jetzt Opfer unserer fehlenden Treffsicherheit. Der Limonadenverkäufer am Strand hieß Galvão, und ich hatte Schulden bei ihm. Ich sehe ihn vor mir, wie er durch den Sand von Ipanema tappt, schnell noch die letzte Limonade an den Mann bringt, in der Visconde de Piraja abrechnet und zur Trabrennbahn von Gavea hetzt, wo er den fünften Parcours mitzubekommen hofft. Und wir packen unsere Picknickkörbe zusammen, unsere Taurus und Caramurus, unsere Benzinflaschen. Manchmal kam ich auch mit Leuten zusammen, die die richtigen Dinge machten, Überfälle und Finanzoperationen. Einer erzählte mir davon, abenteuerlich, ich durfte aber nichts weitererzählen, zahllose Einzelheiten wurden mir unterschlagen. Ich kam mir vor wie der kleine Junge, der seinen älteren Bruder über sein erstes Erlebnis ausfragt. Er hatte bei einem Überfall auf einen Supermarkt mitgemacht, stand mit dem Maschinengewehr am Eingang. Die Leute gingen verschreckt weiter. Nur ein altes Ehepaar kam näher. Die Frau blieb stehen, stieß ihren Mann mit dem Ellbogen an. Der, vorsichtiger, sagte nur: »Komm, laß uns weitergehen.« Die alte Frau ging aber noch näher heran. Mein Freund setzte ein drohendes Gesicht auf, aber es gelang ihm nicht, ihr Angst einzuflößen. Schließlich standen die beiden Alten vor ihm und versperrten ihm praktisch die Sicht, und die Frau fragte: »Junger Mann, das ist doch ein Überfall, nicht wahr?«

Die Frage kam so überraschend, daß mein Freund ebenso direkt antwortete: »Stimmt genau, das ist ein Überfall.« Die alte Frau drehte sich zu ihrem Mann um und sagte ganz laut: »Siehst du, Décio, sag ich doch. Aber du glaubst mir ja nie.«

Mein Freund mußte lachen, mit dem Maschinengewehr im Anschlag. Aber so was kam nicht oft vor, fügte er hinzu. Meist gerieten die Leute in Panik, und zu Recht. Wer möchte schon wegen der Tageseinnahme eines Supermarktes oder wegen der in einem Banksafe deponierten Wertsachen sterben? Damals wurden die Angestellten immer in die Toilette gesperrt. Als die ersten Reportagen darüber erschienen, vereinfachte das die Sache. Die Leute gingen von selbst, unaufgefordert, in den Waschraum. Die Initiation war ein langwieriger Prozeß. Man begann damit, daß man ein Nummernschild abmontierte, sprühte dann, bewaffnet, Parolen auf die Mauern, schließlich überfiel man nachts die Streife, um ihr den Revolver abzunehmen. Das waren die ersten Mutproben. Das heißt nicht, daß der erste Banküberfall ein Ausflug war.

– »Wie fühlst du dich vor einem Überfall?«

– »Weiß nicht.«

– »Wieso, weiß nicht?«

– »Verdammt, ich weiß es wirklich nicht.«

– »Kein bißchen Schiß?«

– »Ein bißchen. Aber das haben wir alles vorher ausdiskutiert. Wer in die Bank geht, wer draußen bleibt, wer das Zeichen gibt. Auch die Angst ist ausdiskutiert.«

– »Kann man sie wirklich ausdiskutieren?«

– »Im Kopf schon. Sie rutscht dann in den Magen, ich bekomme immer einen trockenen Mund. Der Kopf sagt: Alles klar. Der Magen und der trockene Mund sagen: Alles beschissen. Warum ist das nicht schon vorbei?«

Bei mir jedenfalls ist es so. Manchmal steigt die Angst in den Kopf. Aber es ist nicht die gleiche wie im Magen. Diese Angst sagt dir: Der Typ dort ist von der Polizei. Wir sollten die Aktion aufschieben. Alles klar: Du hast keine Angst. Das ist nur eine Sicherheitsmaßnahme. Es gibt keine Gruppe, die ihre erste Aktion nicht ein paarmal verschoben hat.«

Mein Freund strahlt Sicherheit aus. Magen und Mund okay. Später fiel er ihnen in die Hände. Von neuem, denn auch in Ibiuna hatten sie ihn geschnappt, aber damals war er noch Student. Das war während der Operação Bandeirantes. Der Wärter schloß die Tür auf und rief mich nach oben. Ich protestierte: »Verdammt, ich hab doch schon ausgesagt. Ich hab nichts zu sagen.« Der Wärter, ich glaub, es war Marechalo, sagte bloß: »Wird anscheinend nur gequatscht. Ohne Senge.« Ich stieg die Treppe hinauf, das Herz rutschte mir in die Hose. Im Armeegefängnis war es genau umgekehrt, da gingen wir die Treppe hinunter. Es war Nacht, und die Schläger von Hauptmann Albernaz hatten Dienst. Sie legten mir ein Fotoalbum vor mit Leuten, die in Ibiuna hochgegangen waren, fragten, ob ich jemand kenne. Lange starrte ich die Fotos an. Wie mager war Soninha, wie erschöpft sahen sie alle aus. Der Protokollant wurde ungeduldig. »Los, Junge, kennst du sie oder nicht? Wenn nicht, dann ab in deine Zelle, stiehl uns nicht die Zeit.« Vielleicht gibt es das Album noch. Mein Freund war auch darunter. Mit weit aufgerissenen Augen und wahrscheinlich trockenem Mund. Ich habe ihn nie wiedergesehen.

XIII

Der Institutionelle Akt Nr. 5, AI-5, der am 13. Dezember 1968 erlassen wurde, war ein Staatsstreich innerhalb des Staatsstreichs, er gab der Karikatur einer Demokratie den Gnadenstoß. Wir gingen in den Untergrund. Manche stellten sich das so vor, daß man von nun an in einem grauen Mantel herumlief, eine dunkle Sonnenbrille trug, erst bei Einbruch der Dunkelheit aus dem Haus ging. Also, bei uns war es nicht ganz so. Die Pressefreiheit war endgültig abgeschafft, und das hieß für uns, daß wir uns voll auf unsere Zeitung *Resistência* konzentrieren mußten. Die ganze Zeit vom 15. Dezember bis zum Jahresende war ausgefüllt mit Nachrichtenschreiben, Verfassen von Meldungen, Hektographieren und Verteilen. Die bescheidene Struktur, die wir aufgebaut hatten, damit die *Resistência* überhaupt funktionierte, kam allen zugute, die wild waren auf unterdrückte Nachrichten und sie rasch weiterverbreiten wollten.

Redaktionen und Druckerei, wenn man sie so nennen kann, befanden sich in Lúcios Wohnung, in der Paula Freitas 19. Ein Hochhaus mit lauter Zwei-Zimmer-Appartements. Im Schlafzimmer schrieben wir, im Wohnzimmer stand das Vervielfältigungsgerät. Im Wohnzimmer schlief man auch miteinander, den Kaffee trank man im Schlafzimmer. Lúcio hatte kein Geld für Gardinen, die Nachbarn hatten so jederzeit Einblick ins Schlafzimmer.

Kurz nach dem Erlaß des AI-5 bekamen wir Besuch von Maurílio Ferreira, dem Abgeordneten von Pernambuco. Er hatte im Abgeordnetenhaus *Parasar* verurteilt und fürchtete nun, daß ihm widerfahren könnte, was er angeprangert hatte; daß man ihn verhaftete, in ein Flugzeug setzte und über dem Meer abwarf – die Operation 200 Meilen. Es klopfte an der Tür. Wir fragten, wer da sei. Er rief: Maurílio. Wir blickten durch den Spion und durch einen Spalt im Fenster, das auf den Korridor hinausging. Er war allein und wir ließen ihn herein. Maurílio wollte bei uns übernachten, aber als er den heißgelaufenen Vervielfältigungsapparat sah, machte er kehrt: »Nein, das ist auch nicht das Wahre. Ich brauche einen Unterschlupf, wo ich ein paar Nächte schlafen kann. Aber es scheint, daß ihr auch bald schon so was suchen müßt.« Vom 15. Dezember bis

Jahresende kümmerten wir uns praktisch nur um die *Resistência*. Wir machten alles selbst, sogar den Vertrieb. Dazu diente mein alter VW, den die Organisation auch für Flugblattaktionen und als Fahrschule verwendete. Er war schon bald schrottreif, lief aber immer noch.

Die Organisation, das war für uns die »O«. Wir hatten wöchentlich ein Treffen mit der O. Es kam ein bewährter Genosse aus der Arbeiterbewegung. Er trug eine weite Hose und ein weißes Hemd, hatte einen dünnen Schnurrbart, ganz so wie die Mittelschicht sich einen Arbeiter vorstellt: ärmlich, aber sauber. Die O gab uns den Mut, mit der *Resistência* weiterzumachen, sie könnte zum Zentralblatt des Widerstandes in ganz Brasilien werden.

Zu Weihnachten 68 planten wir eine Flugblattgroßaktion. Wir druckten eine Sonderausgabe zum AI-5, mit einem Leitartikel, der die Hintergründe dieses Erlasses erläuterte. Ich tat mich mit einer Gymnasiastengruppe zusammen, und wir legten die Blätter vor den Kirchentüren aus. Viel Leute kannten die Zeitung nicht und warfen sie weg, ohne sie überhaupt zu lesen. Weihnachten 68, das war eine schlimme Zeit. So viele waren im Gefängnis, es herrschte eine allgemeine Konfusion, kaum Anzeichen eines Widerstandes. Sie hatten im richtigen Augenblick zugeschlagen, als alle völlig demoralisiert waren. Und noch dazu am Jahresende, im Festtrubel, Weihnachtseinkäufe, Ferien. Eine Technik, die sie gern anwendeten – an einem Freitag zuzuschlagen, um so den Samstag und Sonntag auszunutzen. Das Volk selbst schien vom AI-5 nicht sonderlich tangiert. Das Leben ging seinen gewohnen Lauf. Wir beobachteten es durch die Scheiben meines VW, während wir unsere *Resistência* verteilten. Die Avenida Copacabana verstopft von Leuten, die ihre Weihnachtseinkäufe machten. Hunderte Menschen drängelten sich auf den Gehsteigen, viele hübsche Mädchen darunter, und manche schauten sogar in unser auseinanderfallendes Vehikel hinein. So, als liefen da zwei Handlungsstränge nebeneinander. Wir drinnen, im Stau eingekeilt mit einer Ladung verbotener Drucksachen, Leute, die ständig auf der Hut sein müssen, die ihre Regale von verdächtigen Büchern säubern, und draußen auf der Straße Leute, vollbepackt mit Einkäufen, flirten und schmusen, wo kriege ich den schönsten Festtagsbraten, wie geht's den lieben

Kleinen, paß auf deine Handtasche auf. Die beiden Lebensstränge glitten zäh dahin, denn der Verkehr stockte, und es war mörderisch schwül im Wagen.

– »Soll ich das Mädchen dort zu einer Stadtrundfahrt einladen?«

– »Was soll das, Companheiro. Weißt du nicht, daß wir eine Untergrundzeitung dabeihaben?«

– »Also, die wird kaum von der Polizei sein. Schau, sie bleibt vor dem Schaufenster stehen und lacht uns im Spiegel zu. Ich steige kurz aus, wartet auf mich.«

– »Was soll das, Companheiro? Außerdem ist die Ampel jetzt grün. Gib Gas.«

Die wunschgemäße Begegnung dieser beiden parallelen Welten fand sicher einmal in der Zukunft statt, wenn die Stadtguerilla genügend Waffen und Geld erbeutet hatte, um eine Landguerilla aufzuziehen. Wenn die Landguerilla die Bauern aufgerüttelt hatte, die die Arbeiter aufrütteln würden, die das Volk aufrütteln würden. Wir verteilten unsere *Resistência*, aber das war, fanden wir, nicht unsere Hauptaufgabe. Wenn das Jahr 1969 anbrach, dann würde sich zeigen, welche Vorarbeit wir da im stillen geleistet hatten. Dann kam die Revolution: keine Phrasen mehr, keine faulen Kompromisse. Wie Marighela sagt: Nur die Aktion eint, nur die bewaffnete Aktion vermag die Unzufriedenheit des Volkes mit der Diktatur auf einen gemeinsamen Nenner zu bringen. Und die Diktatur befand sich in einer Dauerkrise, die wiederum eine Folgeerscheinung des brasilianischen Kapitalismus war. Wir, die wir uns in der Mittelschicht bewegten, wo nichts lief, wir hinkten ein bißchen nach. Also hieß es Gas geben und auf bessere Tage im Januar warten. Doch bald würde man unsere Verdienste zu würdigen wissen und uns in die bewaffneten Gruppen berufen. Bis dahin blieb noch allerhand Kleinkram zu erledigen. Nummernschilder klauen, Nachrichten übermitteln, und so. Doch als die bewaffneten Aktionen zunahmen, änderte sich auch unser Leben von Grund auf. Immer wieder tauchte einer von uns unter. Immer mal wieder wurde ich zu Spezialaufträgen herangezogen. Der schwierigste war, einen Ort ausfindig zu machen, wo man Dollars aufbewahren konnte. Wir hatten 1969 ja plötzlich eine Dollarinflation. Aus dem Safe von Adhemar de Barros in Santa Teresa waren fast zwei Millionen Dollar verschwunden. Die Dollars waren da, aber keiner wollte damit zu tun haben. Ich lehnte ab, denn die Sache war eine Nummer zu groß für mich. Immerhin brachte die erste Operation der O einige Dollars ein. Sie fand in der Villa eines Abgeordneten in Copacabana statt, von dem man wußte, er hätte Dollars gehortet. Er war Abgeordneter der Opposition, möglicherweise ein Liberaler. Wir hatten damals wenig Achtung für solche Typen. Unsere Genossin Márcia bat ihn um ein Interview, sie sei Journalistin und wolle eine Serie über brasilianische Wohnkultur schreiben. Der Abgeordnete willigte ein, nach sorgfältigen Vorbereitungen wurde die Operation gestartet. Márcia kam mit einem Fotografen und einem Kunstkritiker an, als solcher zu erkennen an seinem seidenen Halstuch und seiner Pfeife. Den Kostümbildnern des Boulevardtheaters der Avenida Atlântica gilt unser innigster Dank. Weder sie noch die linken Militanten hatten vielleicht jemals einen Vertreter der Haute Volée in Fleisch und Blut gesehen. Aber sie schufen, ganz auf sich und ihre Phantasie angewiesen, eine recht überzeugende Figur.

Während Márcia mit dem Abgeordneten über seine Villa, seine Antiquitäten plauderte, betrachtete der Kunstkritiker die Bilder an den Wänden, und der Fotograf machte seine Geräte klar. Dann bat Márcia um ein Familienfoto. Der Fotograf holte aus seiner Tasche eine MP hervor und richtete sie auf die unter einem Gemälde versammelte Familie und sagte: »Das ist ein Überfall.«

Selbst ohne Sekundeneinstellung hätte es kein verwackeltes Bild gegeben, denn die Familie war vor Panik erstarrt. In dem Augenblick geschah etwas Unvorhergesehenes: Die beiden Kinder, die nicht aufs Gruppenbild wollten, als man sie rief, kamen ins Zimmer gesprungen. Sie merkten, daß etwas in der Luft lag, und blieben mit offenem Mund vor der MP stehen. Geistesgegenwärtig sagte Márcia: »Wir spielen Räuber und Gendarm. Wenn ihr mitspielen wollt, müßt ihr euch auf eine Seite schlagen.« Die Kinder blickten zu den Eltern, dann auf die MP und riefen: »Wir sind lieber auf der Seite von Papi und Mami.« Und sie stellten sich unter das Gemälde zu den Eltern, rückten ganz dicht an sie heran und nahmen die Arme hoch. Es war Nacht an der Copacabana. Márcia, der Fotograf und der Kunstkritiker verließen das Haus mit rund zwanzigtausend

Dollar. Theoretisch gesehen lief die Sache gut. Das Geld würde für Waffenkäufe und für den Aufbau der Guerilla verwendet werden. Außerdem würde ein Teil zum monatlichen Unterhalt der O dienen. Die O war eine kostspielige Familie, und nicht nur wegen der Inflation.

Unser größtes Problem war aber die Sicherheit. Immer wieder mußten wir eine längerfristig gemietete konspirative Wohnung aufgeben, Vervielfältigungsgeräte, Schreibmaschine, Möbel, Kaution im Stich lassen. Um rasch eine Wohnung mieten zu können, brauchte man Geld. Wenn wir genügend Geld hatten, um die Miete im voraus zu bezahlen, ging alles viel glatter. Jeder unserer unfreiwilligen Umzüge verschlang ein Vermögen, verglichen mit dem, was ein Genosse für seinen Lebensunterhalt zur Verfügung hatte. Wir alle bewegten uns am Rande des Existenzminimums. Ein großer Teil des für die O bestimmten Geldes ging für Mieten und für die »Fassade« drauf. Eine Wohnung muß doch eine »Fassade« haben. Man kann nicht eine Dreizimmerwohnung anmieten und kein einziges Möbelstück hineinstellen. Noch war nichts Außergewöhnliches geschehen. Die meisten unserer Umzüge waren reine Vorsichtsmaßnahmen gewesen. Doch die Sache mit der MR-8 im Staat Rio war uns in die Knochen gefahren. Sie waren in Paraná hochgegangen, und dann, plötzlich, war die ganze Bewegung von der Bildfläche verschwunden. Die MR-8, sie war ebenfalls aus der PC hervorgegangen, hatte sich vorgenommen, die Landguerilla zu organisieren.

Alle anderen Aufgaben waren daneben zweitrangig. Die Art, wie wir die Ursache dieser Niederlage analysierten, ließ viel zu wünschen übrig. So entsprach es in allem unserem Bedürfnis, uns zu beruhigen, wenn wir das Scheitern der MR-8 ihrer Isolation zuschrieben. Die MR-8 hatte keine Basisarbeit geleistet, verließ sich nur auf einzelne Könner. Profiarbeit allein, und mag sie noch so gut organisiert sein, kann aber keinem repressiven Schlag standhalten. Die MR-8 war gescheitert, nicht weil die politische Polizei so tüchtig gewesen wäre, sondern durch ihr eigenes Verschulden. Sie war an ihren eigenen Fehlern gescheitert. Heldenhafte Fehler, aber Fehler. Von nun an nannten wir uns MR-8. Wir waren die MR-8. Nichts war zu Ende. Alles ging weiter mit uns, und wir leugneten auf diese Weise unseren eigenen schrittweisen, allmählichen Niedergang. Wir waren die UNE, die Ibiuna überlebt hatte. Wir waren die MR-8, die den neuen Schlag überstanden hatte. Wenn der PC zum Scherzen zumute war, nannten sie uns die irregeleiteten Patrioten. Wir selbst nannten die MR-8 die irregeleiteten Helden und machten weiter. Der Weg zur Hölle wurde immer dichter mit guten Vorsätzen gepflastert. Die Zeitung *O Globo* bezeichnete uns als Extremisten-Minderheit, aber in der Vorstellung dieser Minderheit standen die Dinge zum besten. Das Jahr 1969 hatte begonnen, aber von der Landguerilla war immer noch keine Rede. Wie mein Freund Luis Cavalo sagt: Es gab keinen Nachwuchs mehr. Neue Militante anzuwerben war fast aussichtslos in jener Zeit, als die Massenbasis fehlte.

Márcia war das blonde Cover-Girl der Überfälle. Später lernte ich noch eine andere, dann viele kennen, und immer waren sie blond. Sagen wir es mal so: Márcia war die Blonde, die mir in meiner Phantasie zur Verfügung stand. Ich kannte sie nicht persönlich. Als sie meine Wohnung betrat, bat mich ihr Freund, mich umzudrehen, was ich auch tat. Es genügte, um ihre Silhouette wahrzunehmen, sie aber nie zu erkennen.

Márcia lief ohne BH herum, aber dort, wo ich lebte, mußte sie einen tragen, um nicht die Blicke der Nachbarn auf sich zu ziehen. Immer wenn sie das Wochenende in meiner Wohnung verbrachte, ließ sie einen BH herumliegen. Ich rekonstruierte ihren Weg anhand der liegengelassenen BHs. Vielleicht verleitet das Alleinsein im Untergrund zum erhöhten Konsum von Süßigkeiten, jedenfalls bewiesen die BHs, die sie in einer Ecke des Kleiderschranks zurückließ, daß sie zugenommen hatte. Oder waren es verschiedene Frauen, die in meiner Wohnung nächtigten? Ich weiß es nicht.

Montag. Hallo, Companheira, du hast schon wieder deinen BH vergessen. Sie liegen alle unten im Schrank. Was soll ich damit anfangen? Dona Luisa, die die Wohnung putzen kommt, hat mich schon darauf angesprochen. Also nichts für ungut, aber du weißt, es geht um die Sicherheit.

Die bewaffneten Aktionen wurden immer zahlreicher. Nicht alle waren offen politisch. Marighela hatte gesagt, man müsse im Dreieck Rio-Minas-São Paulo operieren. Marighela war der neue Ritter der Hoffnung. So nannten wir ihn im Archiv, als wir einen Artikel über die KP Brasiliens zusammenstoppelten. Es war eine Serie von Reportagen unter dem Titel: *Die 50 Roten Jahre, Erinnerungen an die Sowjetunion.* Damit traten wir in alle Fettnäpfchen. Die PCB fand die Serie hundsmiserabel, die Sowjets schickten einen Funktionär, der beim *Jornal do Brasil* Protest einlegte, und die Regierung stellte den Herausgeber zur Rede. Von Marighela besaßen wir ein einziges Foto. Es zeigt ihn mit nacktem Oberkörper, wie er auf den Schuß deutet, den er abbekommen hatte, als sie ihn beim Verlassen eines Kinos in Rio de Janeiro festnehmen wollten. Für Marighela war Aktion der einzige Weg zur Einheit der Linken.

Das Dreieck Rio-Minas-São Paulo. Eine Achse kann man sich vorstellen. Minas, Rio, São Paulo bildeten eine Achse, und ich fuhr nach Ricardo de Albuquerque hinaus, um meinen Freund Elias zu besuchen, der verhaftet worden war, weil er auf einer Straße in Madureira Flugblätter gegen den AI-5 verteilt hatte.

Samstag. Hallo, Companheira.

Alles okay mit den BHs. Ich nehme sie mit, so nach und nach. Wie ist das mit dem schwarz-grau gemusterten Seidenhemd? Kann ich das haben? Ich gehe nämlich morgen ins Theater. Und etwas zum Lesen hätte ich auch gern, im Bus oder an der Haltestelle, wenn ich so lange warten muß. Tschau.

Im Untersuchungsgefängnis von Ricardo de Albuquerque müssen die Besucher draußen bleiben, weit weg von den Zellen und Korridoren. Während ich so warte, überlege ich, was ich sagen soll. Was sagt man zu einem Gefangenen? Mach's gut? Halt die Ohren steif? Es gibt Leute, die den richtigen Ton treffen, das sind die, die sich um ihre Angelegenheiten draußen kümmern: Dein Gesuch habe ich weitergeleitet, der Anwalt hat schon Rekurs eingelegt, auch das Buch habe ich gekauft, X sagt, die Schulden kannst du vergessen. Der Gefängnisvorraum hat etwas mit einem abfahrenden Zug gemeinsam: Man kann nichts Neues anfangen, nichts Altes zu Ende bringen.

Ich hatte dir so vieles zu erzählen, Elias. Dir Neuigkeiten zu überbringen. Du weißt, man beginnt mit der internationalen Lage: Der Kapitalismus pfeift auf dem letzten Loch, der Sozialismus schreitet siegreich voran, auf der ganzen Welt. Oder wenigstens ein Gemeinplatz: Die Realität hat wieder einmal die Richtigkeit unserer Analysen bestätigt. Nie hat mir einer unter diesen Umständen mitgeteilt, der Kapitalismus befände sich allenthalben im Vormarsch, die Wirklichkeit hätte wieder einmal gezeigt, daß wir auf dem Holzweg sind und daß es Essig ist mit der Machtübernahme der siegreichen Massen. Hätte ich dir gesagt: Halt die Ohren steif, Alter, die Massen werden uns eines Tages befreien, so wäre es das Dümmste, was ich hätte tun können. Die Massen scheinen an einem schönen Sonntagnachmittag zu allem fähig zu sein, nur nicht dazu, das Gefängnis Ricardo de Albuquerque zu stürmen und meinen Freund zu befreien. Die Massen kleben an ihrem Transistorradio. Sie lauschen verzückt der heiseren Stimme des Sportreporters, sie kleben am Fernsehschirm, wo das Endspiel übertragen wird. Ein Jammer, daß sich die Massen keinen Farbfernseher leisten können. Trotzdem will ich dich auf dem laufenden halten, Alter, dir erzählen, wie es den Leuten in Rio so geht, während du hier im Knast hockst. Einigen unter ihnen geht's prima, und von denen will ich dir erzählen. Ich glaube, wenn man so allein in seinem Loch ist, dann tut es gut zu wissen, daß es, soweit das auf diesem verrückten Planeten möglich ist, glückliche Menschen gibt. An diesem Punkt der Revolution sind wir nicht auf die Massen angewiesen. Rechne mit der Militärjustiz, denn dein Fall ist sonnenklar. Hier, eine Zigarette, eine Birne, ein Stück Schokolade. Nein, du darfst nicht in dein dreckiges Loch zurück, uns an diesem Vorstadtsonntag allein zurücklassen. Wie kommt man hier raus, aus Ricardo de Albuquerque? Wer war eigentlich Ricardo de Albuquerque? Was zum Teufel stellen sie im DOPS, der Politischen Polizei, an? Du müßtest Márcia kennenlernen. Nein, ich kenne sie auch nicht, sie ist anders als wir. Was ich so mache? Ich drucke Flugblätter. Und du hast Flugblätter verteilt, auf den ungepflasterten Straßen von Madureira. Sie hat eine MP in ihrer Handtasche, einen Revolver im Strumpf und möglicherweise ein Klappmesser im BH. Blond, braun. Hängt ganz vom Licht ab, das durch den Eingang meiner Wohnung in Leblon fällt, von den Augen der Autofahrer, die sie nackt stoppt, indem sie ihren schwarzen Umhang zur Seite schlägt. Hängt ganz davon ab, in welcher Stimmung Octávio, unser Polizeireporter, ist. Wenn Octávio gut geschlafen hat, dann liefert er tolle Beschreibungen, wie sie an der Straßenecke steht, den schwarzen Mantel offen, die MP über der linken Hüfte baumelnd, die Beine gekreuzt, wie ein Fotomodell. Bist du sicher, daß du wirklich keinen Lesestoff willst? Kein Buch? Vielleicht gelingt es uns, dir jeden Tag Essen zu schicken. Ich weiß, daß es weit ist, aber das ließe sich schon machen. Eine Bleibe hast du auch schon, wenn du hier rauskommst. Am Wochenende stelle ich manchmal meine Wohnung zur Verfügung. Dann müssen wir uns eben kurzfristig woanders hin verziehen.

Meine Gruppe hat die Aktion gestartet, als wir das Zeichen bekamen, daß wir durch den Hintereingang reinkönnen, erzählt José Ronaldo de Lira e Silva. Wir sind direkt zum Haupteingang des Militärhospitals Cambucci, keiner hat uns Scherereien gemacht. Dort haben wir angehalten. Die Wache reißt sofort das Tor auf, wenn sie den Dienstwagen eines Offiziers kommen sieht. Der falsche Offizier zitiert den Soldaten herbei und fragt streng: »Hast du etwa deine Dienstwaffe abgefeuert?« »Nein, zu Befehl, Herr Leutnant.« »Gib die Waffe mal her, zur Kontrolle.« Der Soldat gehorcht. Mit einem so simplen Trick haben wir die Wache entwaffnet.

Wenn sie wollten, könnten sie dich laufen lassen. Es gibt unzählige Soldaten, die auf unsere Seite übergewechselt sind. Verläßlich, diszipliniert, an straffe Führung gewöhnt. Okay. Die sind zu allem fähig. Wenn einer z. B. Márcia bumsen wollte, würde er einen Zettel hinterlassen: Genossin. Betr.: Privatgespräch mit mir, Ort: Forte da Saudade, Zeit: vier Uhr nachmittag. Kürzester Weg nach Copacabana: in deinem Fall, per Taxi. Ob sie kommen würde? Und ob sie kommt, selbstverständlich kommt sie, und ich, ich schnuppere an ihrem Kopfkissen, ich wechsle die Bettlaken mit den Spuren von allen erdenklichen menschlichen Sekretionen. Ob das gut riecht? Natürlich riecht das gut. Und wenn es ihr Freund war? Na wenn schon. Gnädige Frau, ich verehre Sie so sehr, daß ich auch für Ihren Gatten Zuneigung empfinde.

So ist es richtig, Alter, ich möchte, daß du lachst, wenn der Wärter kommt, um euch wieder einzuschließen. Ich möchte guten Gewissens nach Leblon zurückfahren, mir vorstellen, daß du die Geschichten wiederkäust in deiner Zelle, wenn du dich auf deiner Pritsche wälzt.

Schade, Companheira, daß dir Godot nicht gefallen hat. Der Autor ist Ire, hat den Zweiten Weltkrieg mitgemacht und ist sehr klug. Ich stimme dir zu, daß sein Stück pessimistisch ist. Aber es gibt so viele optimistische Stücke, die so schlecht geschrieben sind, nicht? Und noch was. Die Sache mit dem Badezimmer. Es wäre schön, wenn die Leute vorher den Sand von den Füßen abstreifen würden. Das Badezeug solltest du vielleicht auch mit nach Hause nehmen. Dona Luisa könnte sonst mißtrauisch werden. Nein, mich hat niemand aus Minas besucht. Nächste Woche sollte auch besser keiner kommen. Die Familie hat beschlossen, daß ich umziehe. Ich weiß nicht wohin, ich weiß nicht wozu. Schön, dich kennengelernt zu haben. Vielleicht laufen wir uns noch mal übern Weg. Tschau.

XV

Es kommt der Augenblick, wo der Erzähler auf Abschweifungen und billige Effekthascherei verzichten und statt dessen die Spannung geschickt steigern sollte. Das erwartet man so von ihm. Aber der Erzähler hat inzwischen festgestellt, daß ein Bericht seine eigene Dynamik entwickelt. Die kürzeste Meldung über den Vorfall lautete:

ap 161
eilt
rio de janeiro, 4 (ap) – botschafter der vereinigten staaten in brasilien, charles burke elbrick, heute in rio de janeiro entführt. ein sprecher der botschaft hat associated press die meldung bestätigt.

Es war Donnerstag, Frühlingsanfang*. Ich weiß nicht mehr, ob das Grün noch leuchtender war als sonst, ob ein besonderer Duft in der Luft lag. Ich weiß nur noch, daß es ein diesiger Tag war, wie sie es zu tausenden gibt und die man nicht mehr vergißt. Eine Schande ist das. Etwas so Bedeutendes, Wichtiges im Leben von uns allen, die wir im bewaffneten Kampf standen, und der Erzähler denkt immer nur in Episoden, hat ständig einen einzigen Satz im Kopf. Den Satz, den Richard Nixon zu seinem Staatssekretär W. Rogers sprach, als er im Morgengrauen die Nachricht erhielt, daß der Botschafter der Vereinigten Staaten in einer Straße an der Copacabana in Rio gekidnappt worden war: »Rogers, was soll diese Scheiße?« Vielleicht lautete der Satz gar nicht so, vielleicht hat ihn Daniel erfunden, als er sich den Dialog vorzustellen suchte, über den die Nachrichtenagenturen an jenem Morgen berichten würden. Tatsache ist, daß mir dieser Satz nie aus dem Kopf gegangen ist. Immer, wenn ich mich an den Vorfall erinnere, fällt mir dieser Satz ein und stößt die Tür auf zu unzähligen Einzelheiten, die im Gedächtnis gespeichert sind. Noch heute frage ich mich, wenn ich hier in Stockholm von meinem Fenster im sechsten Stock aus auf der Straße eine Schlägerei zwischen Punks beobachte: »Rogers, was soll diese Scheiße?«

* Die Entführung von US-Botschafter Charles Burke Elbrick am 4. September 1969 war die erste Entführung eines ausländischen Diplomaten in Brasilien. Elbrick befand sich 77 Stunden in der Gewalt der Entführer; gegen ihn wurden 15 politische Häftlinge ausgetauscht.

Der Satz wurde für mich zu einem Schlüssel für alles, was ganz plötzlich, aus heiterem Himmel, ohne Vorankündigung, passiert.

Ich sehe mich noch, wie ich durchs Treppenhaus hinunterrenne, das Garagentor öffne, das Garagentor schließe, in den Fond des grüngespritzten Kombi starre. Ein Mann liegt dort, halb in einen Sack gewickelt. Die Leute im Kombi lächelten stolz bescheiden. Ich muß mich an die Mauer lehnen und höre mich sagen: »Mein Gott, wir haben den Botschafter der Vereinigten Staaten entführt.« Von da an lief alles in einem anderen Tempo. Unser Atem ging stoßweise, unsere Augenlider flatterten, wir waren high. Wir brachten den schwarzen Diplomatenkoffer in die Wohnung hinauf, es war erst Nachmittag, und der Mann mußte bis zum Einbruch der Dunkelheit in der Garage bleiben. Die Garage hatte keinen eigenen Aufgang zum Haus in der Barão de Petrópolis.

Den Diplomatenkoffer stellten wir mitten im Wohnzimmer auf den Boden. Das Wohnzimmer war der feste Punkt während meiner Untergrundzeit. Darin standen alle Möbel, die ich bei den vielen Umzügen mitschleppen konnte: der runde weiße Tisch, die Bücherborde auf Ziegelsteinen, der Lehnsessel, in dem ich einschlief, während ich die Klassiker las, und in dem ich schweißüberströmt aufwachte. Das Köfferchen stand auf dem Teppich, und wir davor. Ich weiß nicht, ob du als Kind schon einmal eine Schlange getötet hast und Angst vor ihren Zuckungen hattest, wenn sie schon tot ist. Wir standen vor dem Köfferchen wie vor einer toten Schlange. Und wenn darin ein Sender eingebaut war, der unweigerlich auf unsere Fährte wies, wenn es mit unsichtbarer Tinte präpariert war, die uns überführen würde? Das schwarze Köfferchen war ein schwarzes Köfferchen und sonst nichts. Es enthielt die normalen Utensilien eines Diplomaten: Terminkalender, Briefe, die nicht sonderlich geheim waren, aber von wichtigen Leuten handelten. Da war z. B. ein kurzer Lebenslauf unseres damaligen Planungsministers Hélio Beltrão. Vermutlich wollte er Elbrick empfangen, und Elbrick hatte sich auf die Unterredung vorbereitet.

Alles in Ordnung. Beltrão war den USA genehm. Es ist schwierig, sich kein Feindbild zusammenzuphantasieren, nein: über den Feind zu phantasieren. Vera hatte ausgezeichnete

Vorarbeit geleistet. Der Botschafter fuhr zweimal am Tag vorbei: einmal am Vormittag, dann noch einmal nach dem Mittagessen. Wir warteten den ganzen Vormittag, aber niemand kam. Wie war das zu erklären, dachte ich, in meinem Ledersessel zusammengesunken, während Toledo die Zeitung las. Wir machten das Diplomatenköfferchen zu. Zwei Wochen, schlaflose Nächte, voll Spannung und Hektik, waren von der Planung bis zur Durchführung der Aktion vergangen. Nur sehr wenige hatten wir eingeweiht. Alles hatte mit einem Satz von Zé Roberto begonnen:

»Heute, als ich durch Botafogo fuhr, da habe ich den Wagen des amerikanischen Botschafters gesehen, wie er in die Rua Marques einbog. Vermutlich kommt er jeden Tag vorbei, die Botschaft ist ja ganz in der Nähe. Warum eigentlich entführen wir nicht den Botschafter?« Der Satz stand im Raum. In unserer Untergrundzeit, seit wir aus der täglichen Routine ausgeklinkt waren, hatten wir etwas Wichtiges dazugelernt: Der Spielraum des Möglichen ist sehr viel größer, als man es sich vorstellt. Früher tat ich mich schwer, eine Wohnung zu mieten, selbst wenn ich Geld hatte. Jetzt, da unsere Sicherheit es erforderte, mietete ich zwei in der Woche. Manchmal brauchten wir Papiere, die selbst ein erfahrener Zollbeamter erst in Monaten als falsch erkannt hätte. Unsere Fälscher mußten sie in wenigen Stunden fertigstellen. Es stimmt schon, an die falschen Papiere und an die Wohnungen kamen wir nur ran, weil wir Geld hatten, um im voraus zu bezahlen. Aber selbst mit diesem Vorteil waren wir sehr viel flexibler als Leute, die sich nur innerhalb der von den Gesetzen gesteckten Grenzen bewegen. Wir waren gezwungen, erfinderisch zu sein, zu improvisieren. Das erlaubte uns aber auch andererseits, in großartigen Begriffen zu denken, selbst wenn wir uns manchmal überschätzten.

Wenn einer nun eine solche Frage stellt wie Zé Roberto, würde keiner denken, daß er spinnt. Die spontane Reaktion darauf war, sich über die Einzelheiten der Durchführung Gedanken zu machen: Zeit- und Lageplan, Anzahl der Wagen, Zusammenarbeit mit anderen Gruppen oder nicht. Okay, die Aktion kann losgehen. Am 8. Oktober oder 7. September wird der amerikanische Botschafter gekidnappt. Aber wie?

Zuerst mußten möglichst viele Daten gecheckt werden. Wo er

wohnte, welche Art von Begleitschutz er hatte, ob er im Funkkontakt mit der Botschaft stand. Vera war von uns am besten für diese Aufgabe geeignet. Sie wollte die Hausangestellte spielen, die auf Arbeitssuche ist. Sie kriegte das sehr gut hin. Frauen sind immer die besten Kundschafterinnen. Denn obwohl wiederholt über die Teilnahme von Frauen an bewaffneten Aktionen berichtet wurde, vermag das patriarchalische Denken Frau und Mut, geschweige denn Frau und Gewalt, nicht zu assoziieren.

Sobald wir das Haus festgestellt hatten, machte Vera sich sofort an den für die persönliche Sicherheit des Botschafters verantwortlichen Beamten heran. Er hieß António Jamir und fand das stellungslose Hausmädchen sehr attraktiv.

»So zarte Hände? Ach so, nur Zimmermädchen. Nun, vielleicht brauchen wir eines.« Und er führte sie in der Villa herum. Vera flirtete auf Teufel komm raus und verabredete sich mit ihm. Dabei stellte sie eine Menge Fragen. António hielt sich für den idealen Sicherheitsbeamten, denn nachdem er gelesen hatte, was die Zeitungen so über Terroristenaktionen schrieben, hatte er einen glänzenden Einfall gehabt, wie man diesem Unwesen zuvorkommen könne. »Und wie?«, fragte Vera. Er blickte sie an, wie Männer, die sich für klug halten, Frauen anblicken, die sie für dumm halten, und sagte:

»Es hat nicht viel Sinn, daß ich dir das erkläre, Kindchen, denn davon verstehst du ja nichts. Also: Wenn einer an einem Wagen einen amerikanischen Stander sieht, dann weiß er sofort, daß das mit den USA zu tun hat. Deshalb fährt unser Wagen jetzt ohne Stander.«

Während Vera sich nun im Haus des Botschafters in Botafogo umsah, suchten wir in Santa Teresa das Haus, wo wir ihn nach der Entführung versteckt halten wollten. Dem Vermieter war ich verdächtig. Er hieß Vladimir und erwähnte mehrmals den Führer der Studentenbewegung, der ebenfalls Vladimir hieß, wobei er meine Reaktionen beobachtete. Ich versuchte, völlig cool zu bleiben. Dann kam er auf das Geschäftliche zurück. Er wollte einen Bürgen, anderenfalls würde er uns das Haus nicht überlassen. Ich sagte, das wäre nicht so einfach, so auf die Schnelle einen Bürgen zu beschaffen, aber wenn er darauf bestehe, bliebe mir ja keine andere Wahl. Ich bat um eine Frist von 48 Stunden, um jemanden zu finden. Da legte

Senhor Vladimir die Karten auf den Tisch: »Ich habe im Fernsehen einen Bericht über die Terroristen von MR-8 gesehen. Sie mieten Häuser an und machen konspirative Wohnungen daraus.«

Darauf antwortete ich, daß Terroristen nicht ausgerechnet eine Villa mieten würden. Und dazu noch zu diesem Preis. Senhor Vladimir schien überrascht durch mein Ablenkungsmanöver. Er hatte das Thema Terrorismus angeschnitten, weil es ihn wirklich beschäftigte. Nun brachte ich aber das gleiche Argument aus rein finanzieller Sicht, um den Preis zu drücken, den ich anfangs ohne weiteres akzeptiert hatte. Wahrscheinlich hatte er jetzt nur noch Verachtung für mich übrig. Ein ganz gewöhnlicher Mieter, dem jeder Vorwand recht ist, selbst der des Terrorismus, um die Miete herunterzuhandeln.

Das Haus war nicht nur wegen der Entführung wichtig. Wir hatten eine kleine Offsetmaschine gekauft, die wir im Keller aufstellen wollten. Die *Resistência* sollte zu einer überregionalen Zeitung werden, wir wollten sie landesweit verbreiten und auch andere Gruppen zur redaktionellen Arbeit heranziehen. Vielleicht würde sie irgendwann nicht mehr *Resistência* heißen, aber eine Zeitung für das ganze Land sein. Leichter gesagt als getan . . . Wir zogen also aus der kleinen Wohnung in der Rua Paula Freitas, wo das alte Vervielfältigungsgerät stand, in eine Villa in der Barão de Petrópolis, wo es eine fachmännisch installierte Offsetmaschine gab, in einem mit Lärmschutzplatten ausgekleideten Raum. Eine derartige Aktion verlangte eine militärisch gut ausgebildete kleine Gruppe. Man mußte eine Connection Rio–São Paulo herstellen. Zwei Leute fuhren nach São Paulo, um mit der ALN von Carlos Marighela Kontakt aufzunehmen. Unsere Beziehungen zur ALN waren sehr gut, trotz einiger ideologischer Differenzen. Marighela selbst kam zum Treffen und nahm den Vorschlag begeistert auf. Alles würde blitzschnell durchgeführt werden. Es mußte nur der Tag vereinbart werden, an dem von São Paulo eine mit allem ausgerüstete Equipe kam – mit Revolvern, Gewehren, MPs, also ›todos los hierros‹, wie die Kubaner sagen.

Der 8. Oktober lag in weiter Ferne, und wir hatten es eilig. Also mußten wir um den 7. September herum losschlagen. Wir einigten uns auf den 4. September, einen Donnerstag. Auf einem letzten Treff wurde alles noch einmal durchgesprochen.

Eine Menge Einzelheiten übersahen wir dabei, die uns später teuer zu stehen kommen sollten.

Der geeignete Ort für die Aktion war die Rua Marques, eine enge und ruhige Straße, wo man mit einem einfachen Manöver jeden Wagen blockieren konnte. Der einzige Nachteil: Die Straße war zu ruhig, und das wartende Auto würde vielleicht auffallen. Das kam dann auch so, genau, wie wir befürchtet hatten. Unsere Rettung war »Marta Rocha«. So nannten wir eine Technik, Nummernschilder abzumontieren und die Ziffern unkenntlich zu machen. Aus einer 3 eine 8 zu machen, ist wirklich nicht schwer.

Das zweite Problem: Die Straße war zu nahe dran an der Botschaftsvilla, die wiederum viel zu nahe an einer Polizeikaserne lag. Wir erörterten auch diesen Punkt und fanden, daß es eine Weile dauern würde, bis die Polizei schaltete. Verglichen mit unserem blitzschnellen Operieren wirkten die damaligen Methoden, eine Stadt abzuriegeln, geradezu behäbig. Der Rebouças-Tunnel gehört zu den längsten in Lateinamerika. Ob er wirklich der längste ist, kann ich nicht sagen. Es gibt in Brasilien so viele Superlative. Erst allmählich erkennt man, was man uns alles vorgemacht hat. Aber der Rebouças war wirklich ein langer Tunnel, der uns erlaubte, in fünfzehn, höchstens zwanzig Minuten durch den dichten Verkehr von Botafogo, wo die Entführung stattfinden sollte, zum Haus zu gelangen, wo der Botschafter festgehalten werden sollte.

Wir stellten drei Dreiergruppen auf. Die eine würde den Wagen des Botschafters stoppen und ihn kidnappen. Die beiden anderen würden in São Clemente und Voluntários da Pátria für den Begleitschutz sorgen. Und dann brauchten wir noch einen Mann, der beim Kombi bleiben mußte, um das »Verladen« zu beaufsichtigen. Und einer mußte Schmiere stehen. Wir mußten drei Wagen und drei Nummernschilder klauen, und die gestohlenen Nummernschilder an den gestohlenen Wagen befestigen.

In der Nacht vor der Aktion kamen die drei aus São Paulo. Toledo, der am Spanischen Bürgerkrieg teilgenommen hatte – daher sein Name –, war schon früher gekommen, wegen der »Fassade«. Er spielte den Vater aus der Provinz, der seinen Sohn in Rio de Janeiro besuchen kommt. Wir gingen zusammen aus dem Haus, unterhielten uns angeregt auf der Barão de

Petrópolis, und alles schien bestens. Toledo erregte nicht die geringste Aufmerksamkeit: ein bescheiden gekleideter Mann, der nicht gestikulierte. Nur die Hosenträger fielen auf, aber die brauchte er, um seine Pistole zu befestigen.

Dona Luisa war das Mißtrauen in Person. Als die drei ankamen, mit ihren schweren Taschen, die sie nicht anfassen durfte, begriff sie alles. Das heißt, nicht auf einmal, sondern nach und nach. Meine Umzüge waren ihr auch schon seltsam vorgekommen. Ich zog aus einer teuren Wohnung in eine billige und von dort wieder in eine teure, ohne daß sich inzwischen etwas an meiner finanziellen Lage geändert hätte. Aber Dona Luisa war nicht auf so eindeutige Fakten angewiesen, um sich ihren Reim zu machen. Sie kannte mich gut genug, um zu merken, wie nervös ich reagierte, wenn es klingelte, wie ich am Telefon fast nur noch flüsterte, ständig verstohlen aus dem Fenster blickte. Eine innere Stimme sagt einem, daß etwas in der Luft liegt, daß etwas anders läuft als gewohnt. Alles, selbst das Alltägliche, erscheint in einem neuen Licht. Auch Dona Luisa selbst war verändert. Jedesmal, wenn an die Tür geklopft wurde, blickte sie durch den Spion und gab ausweichende Antworten. Einmal ging sie sogar soweit, daß sie einige Poster von den Wänden abnahm, später jedoch wieder anbrachte. Aber die schweren Taschen, die Typen in Jeans, ihre Gesten, das war zuviel für ihr feines Gespür. Sie begriff, daß sich eine neue Phase anbahnte, und rücksichtsvoll, wie sie nun mal war, verließ sie das Schiff.

Von dem Augenblick an, wo wir in die neue Wohnung zogen, machte Dona Luisa sich Gedanken. Der Grund war einfach: der Gärtner. Wozu ein neuer Hausangestellter, wo sie doch alles allein machen konnte, selbst in einer größeren Wohnung? So groß war der Garten nun auch wieder nicht, daß ich einen Gärtner brauchte, und Gehaltserhöhung hatte ich nicht bekommen. Mit zwei, drei Bemerkungen machte sie Baiano klar, wer im Haus das Sagen hatte. Das war seit vielen Jahren ihr Platz, und sie würde auch nicht einen Fingerbreit davon aufgeben. Ohne ein einziges Wort zu sagen, fand sich Dona Luisa in dieses neue Leben, paßte sich an, während wir uns beide vormachten, nichts hätte sich geändert.

Kurz, wie soll man mit Worten erzählen, was praktisch wortlos ablief? Dona Luisa wußte Bescheid. Ich wußte, daß sie wußte, und das Schweigen war nur eine Art Höflichkeit zwischen uns. Daß ihr Wissen ihr ungeheure Macht gab, bedeutete ihr nichts. Als wir einen Telefonanschluß bekamen, klebten wir sogar eine falsche Nummer auf den Apparat. Dona Luisa kannte alle diese Tricks. Alles veränderte sich. Aber sie war immer dagewesen, sie und ich und die alten Wohnzimmermöbel, die wir mitnahmen bei allen unseren Umzügen.

Am Vorabend der Entführung kam sie plötzlich mit ihrem kleinen Köfferchen die Treppe herunter und sagte: »Eines Tages werden wir uns vielleicht wieder über den Weg laufen.«

Ich muß gestehen, ich hatte ein Gefühl wie ein Boxer, der zum ersten Mal im Ring steht. Ein leichtes Zittern in den Beinen, ein flaues Gefühl im Magen, etwas, was sofort vorbeigeht, wenn man seine Haltung ändert, ein paar Worte wechselt. Wir hatten noch so viel zu erledigen. Die Wagen hatten wir schon, auch die Nummernschilder. Nur den Kombi für die »Verladung« hatten wir nicht aufgetrieben. Wir mußten unseren eigenen Kombi verwenden. Wir hatten ihn auf den Namen von Chico Nelson gekauft, um unsere *Resistência* zu vertreiben. Er hat nie erfahren, wozu der Kombi noch dienen sollte. Chico Nelson war Journalist, gehörte zur Journalistenbewegung, und als die Lage immer brenzliger wurde, schickte man ihn in das Amazonasgebiet, damit er eine Reportage für *O Cruzeiro* schrieb. Danach tauchte er unter, und wir nannten ihn nur noch Amazonas. Wir haben ihn nie bewegen können, zu einem Treff zu kommen. Er hatte ein unglaubliches Geschick, sich zu entziehen. Wir fragten: Wo steckt denn Amazonas? Keiner wußte Antwort. Falls wir hochgingen, würde der Kombi jemanden hereinziehen, der mit der ganzen Sache nichts zu tun hatte.

Neben diesen rein praktischen Problemen tauchten auch einige politische Problemchen auf. Das Manifest war schon fertig. Unsere Aktion hatte das Ziel, alle bisher unternommenen bewaffneten Aktionen auf einen Nenner zu bringen. Wir wollten alles rechtfertigen und so, in gewisser Hinsicht, eine Avantpremiere der zeitgenössischen brasilianischen Geschichte herausbringen. Das inzwischen erbeutete Geld und die Waffen waren für die Landguerilla bestimmt, die in Kürze in Brasilien auf die Beine gestellt werden sollte. Ein Absatz des Manifests brachte dies zum Ausdruck:

»Revolutionäre Gruppen haben heute den US-Botschafter, Herrn Elbrick, entführt und an einen Ort in Brasilien gebracht, wo er sich zur Zeit befindet. Hierbei handelt es sich nicht um eine isolierte Aktion. Es handelt sich um eine weitere der bereits zahlreich durchgeführten revolutionären Aktionen: Banküberfälle zur Beschaffung von Geldmitteln für die Revolution, zur Wiedergewinnung dessen, was die Bankiers dem Volk und ihren Angestellten wegnehmen; Anschläge auf Kasernen und Polizeistationen zur Beschaffung von Waffen und Munition für den Kampf, dessen Ziel der Sturz der Diktatur ist; Überfälle auf Gefängnisse, wo Revolutionäre festgehalten werden, mit dem Ziel ihrer Befreiung; Bombenanschläge auf Gebäude, die der Unterdrückung dienen: Exekution von Henkern und Folterern. Die Entführung des Botschafters ist ein weiterer Akt des revolutionären Krieges, der Tag für Tag an Boden gewinnt und der dieses Jahr in die Phase der Landguerilla eingetreten ist.«

Anschließend konnten wir erklären, wer der amerikanische Botschafter war, wie wir uns das Vorgehen bei den Verhandlungen vorstellten. Die ALN sollte den Flugblattext genehmigen. Wir nahmen an, daß es zu langen Diskussionen, zu einem zähen Hin und Her in letzter Minute kommen würde. Das war der große Unterschied zwischen den beiden Organisationen. Die MR-8 trat für den Sozialismus ein, die ALN für eine Revolution der nationalen Befreiung. Dieser Unterschied führte damals zu völlig unterschiedlichen Organisationsstrukturen, Sichtweisen und Zielen. Toledo und seine Genossen billigten aber den Text ohne die geringste Änderung. Selbst die Abschnitte, die die fröhliche Respektlosigkeit von 68 spiegelten, ließen sie durchgehen. Da hieß es z. B.:

»Die 15 revolutionären Führer müssen auf freien Fuß gesetzt werden, ob sie nun Gefängnisstrafen verbüßen oder nicht. Das ist eine Ausnahmesituation. Und in Ausnahmesituationen haben die Juristen der Diktatur immer eine Lösung gefunden, wie die Machtergreifung durch die Junta erst jüngst bewiesen hat.«

Das war eine Anspielung auf alle Erlasse, die den Ausnahmezustand über Brasilien verhängten, vor allem aber auf die Ausbootung von Vizepräsident Pedro Aleixo, der normalerweise bei Erkrankung des Präsidenten General Costa e Silva als Staatsoberhaupt hätte vereidigt werden müssen. Das war ein weiterer Verfassungsbruch in einem Land, in dem die Militärs die von ihnen selbst erlassenen Gesetze täglich mit Füßen traten. Und noch etwas bezweckten wir mit diesem

Manifest: Wir wollten endlich wegkommen vom alten linken Blabla, dem hochgestochenen Gymnasiastengeschwätz, das keinen Hund mehr hinter dem Ofen hervorlockte. Den Verfassern kam dabei die tägliche Erfahrung mit Flugblättern in der Arbeiterbewegung zugute. Wendungen wie »vom Regen in die Traufe« oder »den Ausgebeuteten Sand in die Augen streuen« machten sich gut. Sie waren prägnant, bildhaft, und sie entstammten dem Sprachgebrauch der Leute, die wir erreichen wollten.

Zwei Forderungen mußte die Regierung erfüllen, wenn sie den im Kofferraum unseres Kombi in einen Sack gewickelten Menschen lebendig wiederhaben wollte. Diese beiden Forderungen waren:

a) Die Freilassung von 15 politischen Gefangenen, die in Gefängnissen in ganz Brasilien gefoltert werden, die geschlagen, mißhandelt und von den Militärs erniedrigt werden. Wir fordern nichts Unmögliches: Wir verlangen nicht, daß die zahllosen im Gefängnis ermordeten Kämpfer wieder lebendig werden. Diejenigen, die heute nicht freikommen, werden selbstverständlich ein anderes Mal herausgeholt.
b) Die Veröffentlichung und Verlesung des vollständigen Textes in den wichtigsten Zeitungen und Rundfunk- und Fernsehanstalten des Landes.

Wir hatten nichts Unmögliches gefordert. Als wir abends das Radio anstellten, verlas der Nachrichtensprecher gerade unseren Text. Er hatte hörbar einen trockenen Mund und stolperte manchmal über unsere aggressiven Sätze. Aber er verlas den Text bis zum Schluß.

Liebe Elviry,
Es geht mir gut und ich hoffe, bald freizukommen und Dich wiederzusehen. Bitte, mach Dir keine Sorgen. Auch ich versuche, mir keine Sorgen zu machen. Die brasilianischen Behörden sind von den Forderungen unterrichtet, die von denen gestellt werden, in deren Gewalt ich mich befinde. Man soll keine Versuche unternehmen, mich zu finden, das könnte gefährlich sein. Sie sollen sich beeilen, die für meine Freilassung gestellten Bedingungen zu erfüllen.
Diese Leute machen einen sehr entschlossenen Eindruck.
Alles Liebe, in der Hoffnung, daß wir bald wieder zusammen sind. *Burke*

Das war die erste Nachricht des Botschafters an seine Frau. Wir legten sie in den Opferstock einer Kirche im Stadtteil Glória und unterrichteten sofort das *Jornal do Brasil* davon. Schon im Kombi hatten wir ihn gefragt, ob wir jemand eine Mitteilung zukommen lassen sollten. Elbrick bat uns nur, den Botschaftsrat zu benachrichtigen. Ich rief die amerikanische Botschaft an, aber man verstand mich, glaube ich, nicht richtig. Die Telefonistinnen reagierten zu bürokratisch in einer solchen Situation, und ich verlor unnötig Zeit. Als ich zum ersten Mal auf der Straße stand, das Haus in der Barão de Petropólis hinter mir, war ich von unserer Aktion hingerissen. Zugleich war mir nicht mehr ganz wohl dabei. Ein Mann, der mit einem bestimmten Ziel das Haus verläßt und nicht zurückkehrt, das fand ich immer ungeheuer aufregend. Da gibt es einen Film von Hitchcock, Henry Fonda spielt darin einen drittklassigen Barmusiker, der jeden Tag mit der U-Bahn zur Arbeit fährt und dabei Tips fürs Pferderennen studiert. Eines Tages wird er verhaftet, weil man ihn mit einem Gewaltverbrecher verwechselt. Er muß nun seine Unschuld beweisen, und das ist schwierig, denn er weiß gar nicht, was man ihm zur Last legt. Ich wollte nicht, daß man zu Hause auf ihn wartete und sich Sorgen um ihn machte. Ob die Frau des Botschafters sich Sorgen machte? Trug dieser Vorfall dazu bei, ihre Bindung noch mehr zu vertiefen, oder hatten die Jahre ihre Gefühle füreinander abgestumpft?

Aber ich hatte nicht das Recht, mich Spekulationen hinzugeben über das Privatleben von Leuten, die gekidnappt in meinem Haus lagen. Und außerdem hatte ich vergessen, für unsere erste Nacht etwas zu essen einzukaufen. Anscheinend war ich überfordert. Die Befreiung Brasiliens aber verlangte praktisch veranlagte, zuverlässige, disziplinierte Kämpfer. Ingenieur- und Chemiestudenten. Wir brauchten Techniker, Leute, die einen Geburtstagskuchen in eine Bombe verwandelten und so das ganze Parlament in die Luft sprengten. Ich dagegen war Brillenträger, vergaß die einfachsten Aufträge und fragte mich in einem solchen Augenblick, ob Burke seine Elviry wirklich liebte.

Wenn man sich mit Essen nicht zu viele Umstände machen will, geht man in die nächste Pizzeria. Ich nehme ein Taxi nach Leblon und kaufe Pizza für alle. Der Verkäufer fragt, ob ich

Anchovis auf der Pizza will, auf allen Portionen. Langes Überlegen. Und wenn er nun keine Anchovis mag? Also, die Hälfte der Pizza nur mit Mozzarella. Na, mach schon, wir sind halb verhungert, und es ist schon neun Uhr abends. Wie bekomme ich jetzt ein Taxi, mit dem fetttriefenden Paket in den Händen?

Ich hatte einen Treff mit Zé Roberto abgemacht. Er sollte den Kontakt zwischen uns und der O herstellen. Er erwartete mich, an seiner Pfeife ziehend, in einer ruhigen Straße in Leme. Wir unterhielten uns prächtig, lachten, und auch er wollte ein Stück Pizza. Stell dir das bloß vor. Und dann schnell wieder in ein anderes Taxi. Elbricks Brief an seine Frau hatte nicht nur den Zweck, sie zu beruhigen oder unser Gewissen zu beruhigen. Der Brief war vom Botschafter eigenhändig geschrieben, und das sollte den Militärs beweisen, daß wir ihn tatsächlich in unserer Gewalt hatten. In einem Augenblick wie diesem geschehen tausend unvorhergesehene Dinge. Plötzlich tauchen Tierschutz- und Mars-Befreiungskommandos auf, die alle behaupten, sie hätten den Botschafter entführt, und stellen ihre Forderungen. In fast allen Polizeirevieren gehen Anrufe ein, schadenfrohe Drohungen, Forderungen, Anspielungen. Wir mußten rasch und entschlossen handeln. In wenigen Stunden würde die Polizei keine Zweifel mehr über den wahren Gesprächspartner haben. Elviry würde den Brief lesen und die Schrift ihres Mannes erkennen. Was nun die Forderungen betrifft, so verlangten wir ziemlich viel. Wir verlangten die Veröffentlichung unseres Manifestes und die Freilassung der Gefangenen. Welche Forderungen könnte man sonst noch stellen? Glück? Die Regierung kann einem nicht dazu verhelfen. Allerhöchstens kann sie abdanken, sich vom Schauplatz zurückziehen und sich eingestehen, daß sie ein großes Hindernis für das Glück der Bevölkerung ist. Solche Dinge gingen uns durch den Kopf, während wir Wache hielten. Sie waren nicht völlig sinnlos. Bei anderen Entführungen hatte man den Nulltarif im Verkehrswesen verlangt, in anderen Ländern waren Medikamente und Nahrungsmittel verteilt worden. Das entsprach nicht unserer Vorstellung vom Glück.

Hätten wir uns aber in die Diskussion über das Glück vertieft, inmitten der verstaubten Bücher, die wir aus Minas mitgeschleppt hatten, so wären die unterschiedlichsten Auffassungen deutlich geworden. Der Taxifahrer war ganz hingerissen von der Entführung. Ich saß auf dem Rücksitz, balancierte das Paket mit den Anchovis-Pizzas und schien ihm gar nicht zuzuhören. Plötzlich sagte er: »Wäre ich dabei gewesen, ich wüßte schon, was für Forderungen ich stellen würde ...« Er drehte sich zu mir um, stellte fest, daß mich das gar nicht interessierte, zuckte die Achseln und wünschte sich vermutlich, daß die Fahrt bald zu Ende sei und der nächste Fahrgast mehr Interesse für dieses Thema aufbrächte.

Als ich nach Hause kam, war es schon spät, und alle waren sehr hungrig und verärgert über mich. Okay, wir würden gemeinsam draufgehen, wenn nötig, wie kann man sich dann darüber aufregen, daß das Abendessen nicht pünktlich auf dem Tisch steht? Der Botschafter hatte sich in einem Zimmer im ersten Stock etwas erholt, und sie hatten auch schon seinen Kopf sorgfältig verbunden.

Was war eigentlich geschehen? Die Entführung selbst war sehr rasch abgelaufen. Am Vormittag, nichts. Am Nachmittag tauchte der Wagen auf die Minute pünktlich auf. Davor kam noch eine andere schwarze Diplomatenlimousine. Unser Posten hätte fast das Startzeichen gegeben. Und dann hätte nichts mehr den Ablauf der Operation stoppen können. Zum Glück merkte unser Mann, daß der Wagen einen Stander hatte, während der Dienstwagen des Botschafters ohne Stander fuhr, wenigstens hatte António dies behauptet, als er mit Vera flirtete. Unser Wachposten zögerte und wartete noch eine Sekunde ab. Er stellte fest: Es war der Wagen des portugiesischen Botschafters. Die Pizza fiel mir fast aus der Hand. Wir hätten uns beinahe im Jahrhundert geirrt.

Der Fahrer des Botschafters begriff nicht gleich, was da vorging. Er sah nur, daß in der Rua Marques ihm ein Wagen den Weg versperrte. Er hielt und schon spürte er eine Pistole an der Schläfe, während zwei Männer die Tür aufrissen und den Botschafter auf dem Rücksitz überwältigten. Der Fahrer wurde auf den Beifahrersitz gestoßen, seine Mütze stülpte sich der junge Mann auf den Kopf, der sich hinter das Steuer des Cadillac klemmte und losraste. Wohin? Alles war so schnell gegangen, daß fast niemand den ganzen Hergang verfolgen konnte. Nicht einmal Dona Elba Sotomayor, die Gattin eines Marineoffiziers, der die Hektik in der Straße aufgefallen war. Sie rief die Polizei an – der Preis der Freiheit ist ununterbrochene Wachsamkeit – und sagte, es sähe so aus, als ob ein Wagen gestohlen würde. Die Polizei fragte nach der Nummer, Dona Elba gab sie durch und bekam die Antwort: »Alles in Ordnung. Das Fahrzeug ist angemeldet.«

Den leichten Schlag auf den Kopf hatte der Botschafter bei der »Verladung« erhalten. Als er zum Kombi geschleppt wurde, meinte er wohl, man würde ihn umbringen, und sträubte sich. Einer der Genossen, die ihn festhielten, hielt das für einen Fluchtversuch und versetzte ihm einen Schlag auf den Kopf. Das war schlimm, vor allem für den Genossen, der es getan hatte. Eine solche Reaktion ist aber in einem solchen Augenblick verständlich, wenn man das größte Hindernis noch vor sich hat: den Rebouças-Tunnel. In den Tunnel einfahren ist nicht schwierig, aber dann kamen viele Kilometer Angst vor dem, was einen am anderen Ende des Tunnels erwartete.

Das Verteidigungssystem des Hauses war halbkreisförmig angelegt. Im Klo beobachtete einer ständig den Garten, in den man sehr leicht vom Abhang her eindringen konnte. Vom Wohnzimmer aus konnte man die Straße in beide Richtungen überblicken, und schließlich hatte man vom Zimmer des Botschafters aus ein Fenster im Auge, durch das sie ebenfalls einsteigen konnten.

Wir lösten einander ab, mit militärischer Präzision. Nur ich war freigestellt, wegen der Ausfahrten, aber wenn ich drei Stunden hintereinander im Haus war, kam auch ich an die Reihe. Im Klo war es am unbequemsten, angenehmer war es im Wohnzimmer, weil man sich dort unterhalten konnte. Die paar Male, als ich den Botschafter bewachen mußte, merkte ich, daß wir nicht das richtige Zimmer für ihn ausgewählt hatten. Schon das geringste Geräusch am Fenster versetzte uns in Spannung, und damit auch ihn. Wir unterhielten uns über die Beziehungen zwischen den Vereinigten Staaten und Brasilien. Gleich zu Beginn informierten wir ihn über die Folterungen in brasilianischen Gefängnissen. Er war sichtlich erschüttert über das, was er erfuhr. Wir berichteten über Folterungen in Rio, Minas und São Paulo. Wir erwähnten auch Namen von Ermordeten, unter ihnen den Gefreiten Lucas.

Der Botschafter versuchte die ganze Zeit, eine Fassade aus Neugier und Überraschung aufrechtzuerhalten, um sich seine

Unruhe nicht anmerken zu lassen. Sie wurde hervorgerufen nicht nur durch die Berichte, die er hörte, sondern auch dadurch, daß er alle Einzelheiten unserer Verhandlungen mitbekam. Die erste Forderung war erfüllt worden, und unsere Erfolgschancen standen sehr gut. Doch selbst so, glaube ich, wünschte er sich manchmal, er wäre an jenem Donnerstag nicht aus dem Haus gegangen.

Am Anfang gelang es ihm recht gut, Kopfschmerzen vorzutäuschen als Folge seiner Verletzung. Es ist nur zu verständlich, daß man dem Gegner nicht die Genugtuung verschaffen will, einen mutlos und deprimiert zu sehen. Allmählich ging er mehr aus sich heraus und ließ sich auf Diskussionen ein. Einmal unterhielt ich mich mit ihm über die Black-Panther-Bewegung. Ich sagte, daß ich mit ihnen sympathisiere und daß sie in meinen Augen sehr viel zur Demokratisierung Amerikas, zur Humanisierung Babylons beitrugen. Er widersprach mir. Die Schwarzen Panther seien Radikale, und sie hätten nicht die geringste Chance. Plötzlich merkte ich, wie ich dasaß, den Revolver auf ihn gerichtet, wegen des Fensters links von ihm. Sofort ließ ich den Revolver sinken, um mit der Diskussion fortzufahren. Schließlich waren meine Argumente gut genug, um sie ohne Waffe durchzusetzen. Er merkte, daß wir kein rechtes Verhältnis zu Waffen hatten. Wir waren Intellektuelle und hatten etwas zu sagen, aber in Brasilien waren Panzer auf uns gerichtet.

Eine gewisse Übereinstimmung gab es über Vietnam. Er glaubte nicht, daß die amerikanische Intervention zu einer Lösung des Problems führen könnte. Auch wenn er es bewußt vermied, unseren Wortschatz zu verwenden – Völkermord, Barbarei usw. –, verurteilte er ebenfalls diese Politik und bedauerte, daß er nichts Konkretes unternehmen konnte. Er war nur ein Berufsdiplomat und hatte keinen Zugang zu den Schaltstellen der amerikanischen Politik.

Einmal, als ich wieder in seinem Zimmer Wache hielt, war die Stimmung ziemlich gespannt. Der Freitag, es war der 5. September, war ruhig verlaufen. Die Manifeste waren veröffentlicht und über den Rundfunk verlesen worden, und Toledo hatte an diesem Morgen eingekauft. Er wollte für uns und den Botschafter Reis auf Fuhrmannsart zubereiten, eine seiner Spezialitäten, die er möglicherweise in den Jahren gelernt hatte, als er sich vor der Polizei versteckt halten mußte.

Die Nachrichten waren an sich nicht beunruhigend. Die Polizei schien völlig im dunkeln zu tappen und hatte begonnen, ein Haus nach dem anderen, einen Stadtteil nach dem anderen durchzukämmen, was technisch unmöglich war. Es hieß, es seien zwei Flugzeuge mit FBI-Agenten gelandet. Aber was konnten Amerikaner in einer Riesenstadt wie Rio de Janeiro ausrichten, noch dazu in so kurzer Zeit? Es hieß auch, daß das Militär sich gegen die Freilassung der Häftlinge und die Verlesung des Manifests ausgesprochen hätte. Eine Gruppe hätte sogar versucht, einen Sender zu besetzen, um gegen das, was sie als Schwäche der Militärregierung bezeichneten, zu protestieren.

Wichtig für uns war, möglichst rasch die Liste der Häftlinge durchzugeben. Alle warteten auf die Liste, auch ich, denn ich kannte nur einige Namen, und ich wußte nicht, wen die ALN darauf setzen würde. Toledo hatte ein Problem: Es gab da einen Genossen, einen hervorragenden Kämpfer, aber er wußte seinen wahren Namen nicht. Ob ich ihn herausfinden könnte, ehe die Liste an die Presse ging?

Das war ein Ding der Unmöglichkeit. Den einzigen Hinweis bot eine Zeitungsmeldung über seine Verhaftung. Wenn ich sie fand, würde ich vielleicht einen Hinweis auf seinen richtigen Namen finden. Das Beste war, es bleiben zu lassen, denn die Zeit war zu kurz. So entschied sich, in diesem Augenblick, in der Ecke unseres Wohnzimmers, das Schicksal eines Menschen. Die Liste wurde ohne den Namen des Genossen aufgesetzt. Bei späteren Entführungen scherte sich kein Mensch mehr darum, die genauen Namen anzugeben. Das überließ man der Polizei, sie würde sie schon herausbekommen.

Ich hinterlegte die Liste mit den fünfzehn Mann in Leblon, in einem Kasten, in dem Toto-Scheine eingeworfen wurden, fuhr in die Barão da Torre in Ipanema und rief von dort die Zeitungsredaktionen an. Schon am späten Nachmittag wurden die Namen im Rundfunk durchgegeben. Alles lief wie geplant. Der Botschafter erholte sich von seiner Kopfverletzung, ganz Brasilien kannte inzwischen die Namen der Häftlinge, die befreit werden sollten.

Mit dem Gefühl, meine Pflicht getan zu haben, kehrte ich in die Barão de Petrópolis zurück. Nur etwas beunruhigte mich:

Warum hatte ich die Liste nur knapp 500 Meter von meiner alten Wohnung in den Briefkasten eingesteckt? Wollte ich meinen Freunden mitteilen, daß auch ich mit der Aktion zu tun hatte und daß ich stolz darauf war?

Der aufregendste Augenblick trat am Freitag ein, als an der Haustür geklingelt wurde. Ich war der Hauptmieter und mußte öffnen. Ein Genosse nahm meinen Platz im Zimmer des Botschafters ein, die Waffe auf seinen Kopf gerichtet, während ich mit bleiernen Beinen die Treppe hinunterging. Den Revolver hatte ich im Hemd versteckt. Am Fuß der Treppe, aber von draußen nicht zu sehen, standen drei Genossen, die schußbereite Waffe auf die Haustür gerichtet. Ich öffnete die Tür und sah zwei Männer vor mir. Dem Gesichtsausdruck nach mußten es Heeresoffiziere oder etwas Ähnliches sein. Sie sahen aus wie auf Fotos von Raumfahrtkandidaten: Kurze Haare, Freizeithemd, den obersten Knopf offen, um Lässigkeit anzudeuten, Leute um die 30, die jeden Tag Frühsport treiben, um fit zu bleiben. Was für eine Situation: Vor mir zwei Offiziere, hinter mir drei Guerilleros der ALN, Maschinenpistole und Gewehre mit abgesägtem Lauf im Anschlag.

– »Guten Abend«, sagte der eine. »Sie wohnen hier?«

– »Guten Abend. Ja, ich wohne hier.«

– »Wir sind nämlich zum Abendessen bei Freunden eingeladen, und da hat man uns diese Adresse gegeben. Wohnen Sie allein hier?«

– »Das muß ein Irrtum sein«, sagte ich. »Natürlich sind Sie auch mir zum Abendessen willkommen. Aber ich habe heute niemand eingeladen, und die Adresse muß falsch sein.«

– »Haben Sie Telefon?«

– »Nein.«

– »Dann entschuldigen Sie bitte die Störung. Bis zum nächsten Mal.«

Ich schloß die Haustür und hörte noch die sich entfernenden Schritte der Männer. Hinter mir begannen die Genossen aufgeregt zu diskutieren. Es galt, eine rasche Entscheidung zu treffen. Den Männern nachgehen. Die Augen richteten sich auf mich. Ich war der Hauptmieter, ich konnte als einziger kommen und gehen, wann es mir beliebte. Toledo hätte es auch tun können, aber es kam nicht in Frage, daß er für einen Kundschaftergang seine Haut riskierte. Ich verließ etwas nervös das Haus. Wenn die Polizei dir auf den Fersen ist, so ist das kein angenehmes Gefühl. Noch weniger angenehm ist es, der Polizei auf den Fersen zu sein.

Zum Glück betraten sie ein Café, um zu telefonieren. Da war mir alles klar. Ich kehrte sofort um und teilte den Genossen mit, daß es tatsächlich Polizei war und daß es sich vermutlich um einen reinen Routinebesuch in einem der zahllosen verdächtigen Häuser von Rio gehandelt hatte.

Ich ging zurück ins Zimmer des Botschafters und übernahm wieder meine Wache. Seine Augen unter den buschigen Augenbrauen waren so lebhaft wie nie zuvor. Er hatte die Spannung, die in der Luft lag, mitbekommen und fragte sich wahrscheinlich, was los war. Ich nahm unser Gespräch über Politik wieder auf und versuchte, ihn abzulenken, indem ich das Thema wechselte. Das falscheste Beruhigungsmittel ist, jemandem zu sagen: »Nur mit der Ruhe, alles ist in Ordnung.«

Der Botschafter wußte nicht viel von der brasilianischen Wirklichkeit. Er verkehrte nur in Prominentenkreisen und bekam immer nur ein bonbonfarbenes Bild zu sehen. Cocktailparties, Empfänge, Preisverleihungen, das sind Rituale, die keinerlei aufklärende Funktion haben. Das andere Brasilien trat in diesen Sälen kaum je in Erscheinung. Was kann man mit eingefrorenem Lächeln zwischen zwei Martinis schon dazulernen?

Seine persönliche Meinung war, daß die Vereinigten Staaten keine Militärdiktatur unterstützen dürften, denn diese Regimes garantierten nur auf kurze Sicht Stabilität, weckten dafür aber unversöhnlichen Haß, der sich auch gegen ihre Verbündeten richten könnte. Seiner Ansicht nach, und er betonte dies oft, war es wichtig, sich mit den Führern von Volksbewegungen zu verbünden, die eine Alternative zum Kommunismus boten.

»Kann man Dom Helder Câmara als Kommunisten bezeichnen?« fragte er. Elbrick meinte das ehrlich. Er redete nicht nur so, weil er sich in unserer Gewalt befand. Noch heute, wenn er mit Bart und langem Haar im Washingtoner Botschafter-Club seinen Gin Tonic schlürft, erinnert er sich an unsere Gespräche. Das erzählte mir ein amerikanischer Journalist, der mit ihm an einem Buch arbeitete, und betonte:

»Burke ist sehr sympathisch, sehr ausgeglichen. Die Erfahrung seiner Entführung muß seine Persönlichkeit sehr positiv geprägt haben.«

Die Militärs wollten ihn danach nicht mehr als Botschafter in Brasilien haben. Damit wurde er auch die Cocktails mit Generälen los. In jener Nacht überlegten wir ernsthaft, wieder umzuziehen. Wir hatten ein Ausweichquartier ganz in der Nähe, in Santa Teresa. Aber es war ein sehr kleines Haus mit hellhörigen Wänden, das weit weniger Sicherheit bot. Also blieben wir doch lieber hier, trotz der Gewißheit, daß die Polizei ihre Wachsamkeit verschärfen würde.

Der Samstag ließ sich gut an. Die Regierung hatte unsere Forderungen akzeptiert. Darüber sprachen wir beim Frühstück. Elbrick sollte nun einen zweiten Brief schreiben und würde dann freigelassen. Wir waren ziemlich aufgedreht.

– »Vielleicht gehen wir mit dieser Aktion sogar in die Geschichte ein.«

– »Schon gut möglich.«

– »Immer vorausgesetzt, daß du nicht noch bei deinen nächsten Ausfahrten hochgehst.«

– »Das immer vorausgesetzt«, antwortete ich. »Die Vorstellung, daß wir in die Geschichte eingehen würden, bringt mich noch ganz durcheinander. Und falls ich doch hochgehe, dann würdet ihr doch noch einen sechzehnten Namen auf die Liste setzen.«

Allgemeines Gelächter. Eines war sicher, der Botschafter würde nicht lebend hier herauskommen, falls einer von uns der Polizei in die Hände fiel und nicht auch nach Mexiko ausgeflogen würde.

Als ich den Brief an Elviry in die Tasche steckte, beschäftigte mich noch etwas anderes. Baiano, der Gärtner, war schon ganz am Anfang ausgezogen, hatte über die Anzeigenseite im *Jornal do Brasil* ein Zimmer gemietet. Ich mußte an Helena denken, die sich großzügig bereiterklärt hatte, für uns zu bürgen. Früher oder später flog das Haus auf. Helena mußte verständigt werden. Während wir letzte Hand an die Entführung legten, mußten noch eine ganze Menge anderer Dinge erledigt werden. Falls das Haus entdeckt wurde, brauchten wir alle am Sonntag einen Ort zum Übernachten. Ich hatte noch gar keine Vorstellung, wo ich mich in Sicherheit bringen konnte.

Wann beginnt man, Spitzel auf uns anzusetzen? Wann wird man das Haus fotografieren? Schwer zu sagen. Die Grenze zwischen Verfolgungswahn und gesundem Menschenverstand verwischt sich. Der Mann im Overall, der an dir vorbeigeht, kann ebensogut ein Arbeiter sein wie ein Polizist. Der Lieferwagen, der vor der Bäckerei hält, kann mit Brot beladen sein oder mit Männern, die uns observieren. Und die Leute, die einen so unfreundlich ansehen, sind sie wirklich so schlecht aufgelegt? Und die zufälligen Begegnungen auf der Straße? Und der Verkehrspolizist, will er wirklich nur wissen, ob ich auch meinen Sehtest habe? Und das Zuschlagen der Tür hinter dir? Und die Vorstellung, daß durch das offenstehende Fenster ein Augenpaar jeden deiner Schritte verfolgt? Und der dunkle Fleck, der sich im hohen Gras bewegt hat, war das nicht ein Teleobjektiv?

Mit dem Brief in der Tasche ging ich Helena besuchen. Sie wohnte bei ihrer Mutter. Ich sah ziemlich ungepflegt aus, und die Hausangestellte ließ mich nicht vor. Dabei hatte ich Dona Helena eine sehr wichtige Mitteilung zu machen. Ich mußte also später anrufen.

Wer wirklich ausgezeichneter Stimmung war an jenem Samstagmorgen, das war Burke Elbrick.

Liebe Elfie,
man hat mir mitgeteilt, daß die Regierung die Forderungen meiner Entführer erfüllt hat. Das ist eine gute Nachricht, denn sie bedeutet, daß ich auf freien Fuß gesetzt werde, sobald die Ankunft der 15 freigelassenen Häftlinge in Mexiko bestätigt wird.
Ich hoffe, bald bei Dir zu sein.

Burke.

Im ersten Brief nannte er seine Frau Elviry – der vollständige Name eines Menschen, den man vielleicht nie wiedersieht. Diesmal hieß sie Elfie, so nennt man jemand, den man sehr bald wieder in den Armen hält.

Diese Einzelheiten entgingen mir nicht, so wie sie vermutlich auch Elbricks Frau nicht entgingen. Wenn man jahrelang zusammenlebt, entwickelt man einen Privatcode, der selbst Worte überflüssig macht. Elviry muß anhand der beiden

Nachrichten die Lage ihres Mannes vollkommen begriffen haben, sie hatte bestimmt tausend geheime Einzelheiten herausgelesen.

Liebe Helena: Wenn Du nur ahnen könntest, daß das Haus in absehbarer Zeit hochgehen wird, wenn Du so schnell wie möglich untertauchen könntest. Wenn Du, ohne viel zu fragen, einfach so, rein intuitiv, alle Deine Habseligkeiten in den gelben VW-Käfer werfen und losfahren würdest . . .

Ich hinterlegte die Nachricht für Elbrick auf der Praça Demétrio Ribeiro, an der Copacabana. Dann rief ich bei einigen Zeitungen an. Ich fing mit der *Última Hora* an, aber der Redakteur nervte mich mit seinen Fragen. Ich sagte nur: »Mensch, du gehst mir auf den Wecker, die Nachricht befindet sich dort und dort, und basta.« Als ich in die Barão de Petrópolis zurückfuhr, stellte Helena gerade ihr Auto ab. Ich spurtete los und konnte sie gerade noch auf der Treppe einholen. Helena vermutete, daß wir mit der Entführung zu tun hatten, aber sie konnte nicht ahnen, daß auch sie vielleicht beobachtet wurde. Wir schlenderten zusammen die Barão de Petrópolis hinauf, um eine Cola zu trinken. Dabei wurden wir wiederholt fotografiert.

Als ich später von São Paulo ins Untersuchungsgefängnis der Marinepolizei verlegt wurde, lernte ich fast die ganze Mannschaft kennen, die beim Ausheben der Wohnung in der Barão de Petrópolis dabeigewesen war. Ein junger Offizier sagte mir, daß er uns die ganze Straße hinauf gefolgt sei, plötzlich aber hätte ich mich umgedreht, so daß er annehmen mußte, ich hätte ihn bemerkt. Er gab sofort die Verfolgung auf. Sie gingen ganz stur nach Schema vor und gönnten sich keine Pause.

»Ihr habt es gut«, sagte ich zu ihm. »Wenn einer von euren Wagen entdeckt wurde, konntet ihr sofort auf einen anderen Wagen umsteigen. Während wir uns einen neuen Wagen beschaffen oder zu Fuß gehen mußten. Das war ziemlich unbequem.«

Ohne ihr zu sagen, daß der Botschafter sich bei uns im Haus befand, bereitete ich Helena auf das Schlimmste vor. Ich verabredete mich mit ihr auf den nächsten Tag, zur gleichen Zeit. Als ich sie nach der Stimmung in Rio fragte, sagte sie nur: »Es ist wie bei der Fußballweltmeisterschaft. Alle drücken unserer Mannschaft die Daumen.« Während wir in Laranjeiras eine

Cola tranken, startete auf dem Militärflughafen Galeão eine Herkules der Luftwaffe nach Mexiko City. Ausgezehrt und in Handschellen, aber mit glücklichem Gesicht, traten die Häftlinge ihren Flug an. Und Amazonas, der Besitzer des Kombis, den wir nicht verständigen konnten, kroch zum gleichen Zeitpunkt ahnungslos durch das Gebüsch am Rande des Flughafens. Er sollte die Titelstory für *O Cruzeiro* schreiben.

Der Samstag verlief also ziemlich ruhig, zwar nicht ganz so, wie Burke es in seiner Nachricht an Elviry zu verstehen gegeben hatte, aber das Glück war noch auf unserer Seite. Die Schwierigkeiten begannen, als alles gelaufen schien. Es war Sonntag, die Agenturen brachten das Pressefoto von der Ankunft der politischen Häftlinge, die Regierung hatte ihr Versprechen eingehalten und unsere Forderung erfüllt. Am späten Sonntagvormittag schrieb Toledo noch an seinem Manifest.

Da ich mich im Pressewesen auskannte, zumindest was den Druck des Militärregimes auf die Redaktionen betrifft, war ich so gut wie sicher, daß niemand es veröffentlichen würde.

Das erste Manifest hatte man abgedruckt, weil der Botschafter sich in unserer Gewalt befand. Wenn die Morgenausgabe herauskam, war er längst frei. Wir hatten ausgepokert.

Gleich nach dem Mittagessen machte ich mich ziemlich widerwillig mit der letzten Botschaft der Gruppe auf den Weg. Dieses Manifest war aggressiver als das erste. Ich muß gestehen, ich habe es nicht aufmerksam gelesen. Mit der Zeit läuft so etwas wie von selbst, ein Satz folgt auf den anderen, der erste Absatz mündet in den zweiten, der wiederum den dritten vorbereitet, in einer mehr oder weniger zwingenden logischen Abfolge. Draußen, um das Haus herum, war alles irgendwie merkwürdig. Doch wäre das einem Unbeteiligten wohl kaum aufgefallen.

Ab und zu gingen Leute vorbei, bog ein Wagen ein. Na und? Was soll daran merkwürdig sein? Aber irgendwie spürte ich, daß dichterer Verkehr herrschte als gewöhnlich und daß auch im Nachbarhaus für einen Sonntag viel zu häufig die Fenster geöffnet und geschlossen wurden. Ich steckte einige persönliche Papiere ein. Während ich mir überlegte, wo ich das Manifest hinterlegen und die Zeitungen anrufen konnte, zerriß ich langsam meine alten Ausweise. Die Person auf dem Foto, mit der Brille aus den 50er Jahren, der typischen Paßkrawatte, verschwand Stück für Stück. Mein Vater pflegte zu sagen, daß ich mich immer wieder in dumme Situationen hineinmanövrierte. Daran mußte ich denken, als ich das Manifest unter einer Parkbank im Sand verscharrte. Bald würde mein falscher Ausweis fertig sein, und ich würde den Typen, der sich immer in dumme Situationen hineinmanövrierte, aus einigem Abstand betrachten können. Bis dahin gab es aber noch eine Menge im Haus zu tun. Ich hatte das Gefühl, wenige Minuten, nachdem wir mit dem Botschafter fortgingen, würden sie auch schon da sein.

Ganze Schubladen mußten geleert werden. Toledo half mir, Papiere zu zerreißen und in der Toilette hinunterzuspülen. Eine sehr unangenehme Beschäftigung, zu der ich mich später immer wieder gezwungen sehen würde. Jetzt verstehe ich Toledos Gelassenheit – im Untergrund leben heißt auch lernen, immer wieder seine Papiere und Aufzeichnungen zu zerreißen und die Toilette hinunterzuspülen.

Wir hatten wenig Zeit. Elbrick war in guter körperlicher Verfassung, machte aber einen angespannten Eindruck. Ich glaube, er befürchtete das gleiche wie ich: das Absurde. Nachdem alles gelaufen war, konnte immer noch etwas schiefgehen, und wir gingen drauf, einfach so. Aber für ihn war die Anspannung immer noch leichter zu verkraften als das dumpfe Warten. Wir fragten ihn, ob er sich nicht rasieren wollte, und er war einverstanden. Seine Krawatte war noch vom Schlag auf den Kopf blutverschmiert, und ich bot ihm eine von meinen Krawatten an, die ich sowieso nicht mehr tragen würde.

Wir spielten gegen die Zeit. Im Maracanã-Stadion fand ein Fußballmatch statt, und wir mußten genau das Ende abpassen. Da kam einer mit einem Vorschlag, der uns noch ein paar Minuten kostete: »Wir können ihn doch nicht einfach weggehen lassen, ohne ein kleines Andenken.« – »Stimmt.«

Die ganze Stadt von der Polizei abgeriegelt, das Fußballspiel kurz vor Ende der ersten Halbzeit, und wir suchten noch ein Andenken für unseren Botschafter. Ich überflog das Bücherregal, fand endlich eine englische Taschenbuchausgabe der Gedichte von Hô Chi Minh. Jetzt noch eine passende Widmung: »Unserem lieben Gefangenen«?

Die Wagen, die uns Begleitschutz geben sollten, hielten schon in Santa Teresa. Die Genossen kommen herangeschlendert, nehmen im ersten Wagen Platz, alle mit Maschinenpistolen. Die Straße war verstopft. Selbst ein kleiner Dealer hätte sofort gerochen, daß da etwas nicht stimmte.

Ich glaube, nichts kann die Nerven auf eine schlimmere Zerreißprobe stellen als so ein Aufbruchsritual, wenn man weiß, daß man von den Entführern an irgendeiner Straßenecke ausgesetzt wird. Elbrick stand aufrecht im Zimmer, er trug noch sein weißes Hemd und wollte seinen Mantel anziehen. Er hatte sich rasiert, und trotz des Pflasters auf der Stirn sah er gesund und munter aus. »Und wenn wir jetzt einen Unfall bauen?« »Sag so was nicht. Ein Unfall, das wäre das Ende.« Während noch das Wort Ende auf meinen Lippen starb, faltete einer die Augenbinde zusammen. Elbrick war schon eine imponierende Figur, in seinem dunklen Überzieher, mit der dunklen Augenbinde, dem Pflaster auf der Stirn und dem weißen Hemd mit offenem Kragen. Er glich einem der Comic-Strip-Helden – waren das nicht alle Amerikaner? –, die von ihren Feinden gekidnappt wurden. Der Unterschied war nur, daß er in wenigen Minuten befreit würde und daß unsere Requisiten noch schäbiger waren als die eines B-Movies. Wir besprachen den Aufbruch in allen Einzelheiten. Es fehlten noch fünfzehn Minuten bis Spielende. Nur drei Personen sollten bei ihm bleiben: Die zwei, die ihn zum Wagen bringen sollten, und ich, der ich die Tür abschließen und ebenfalls weggehen würde.

Die Autos standen schon bereit, und ich zerriß immer noch Papiere, blätterte Bücher nach Widmungen durch. Als wir endlich unten standen, merkte Cláudio, daß er seinen Mantel im Wohnzimmer vergessen hatte. Ich konnte den Grund der Aufregung nicht so recht verstehen. Einen neuen Mantel kaufen war doch ganz einfach, außerdem würden wir ihn erst bei unserer nächsten Entführung wieder brauchen. Als ich im Geist Inventur machte, was wir weggeschafft hatten und was noch im Haus blieb, hatte ich ein ungutes Gefühl.

Die letzten Szenen im Haus werde ich nie vergessen. Zwei Genossen bauten sich mit Elbrick an der Haustür auf. Es wurde bereits dunkel, und ich sah sie nur noch in Umrissen. Elbrick stand wie versteinert da, mit seinem Überzieher und seiner Augenbinde. Die Wagen fuhren an. Zuerst der Wagen, in dem nur der Fahrer saß. Elbrick und die beiden Genossen würden einsteigen. Dann der Wagen mit der Gruppe und mit

Toledo, schließlich der Wagen, der Deckung geben sollte, mit Maschinenpistolen, Granaten und allem. Wir warteten oben auf der Treppe. In dem Augenblick, wo der Wagen am Gartentor hielt, sollten die beiden mit Elbrick hinuntergehen.

Der erste Wagen hielt, und die drei gingen langsam die Treppe hinunter. Elbrick sah aus wie ein Blinder, von zwei Personen geführt, die viel kleiner als er waren. Alles ganz unauffällig. Einer ging voraus und machte ihn auf die Stufen aufmerksam, der andere geleitete ihn behutsam. Ich schloß die Tür und blickte kein einziges Mal zurück. Der zweite Wagen hatte sich ebenfalls in Bewegung gesetzt. Aber zwischen ihn und den dritten Wagen hatte sich ein Polizeifahrzeug geschoben. Der Wagen mit Elbrick schoß davon, die anderen drei fuhren ebenfalls los, als ich die Gartentür abschloß und mich zu Fuß auf den Weg machte, den Revolver Marke Taurus in der Tasche, ohne die geringste Ahnung, wo ich die Nacht verbringen würde, denn das hing von einem Treffen in Leme ab. Die Polizei hätte mich mitten auf der Straße festnehmen können. Zum Glück hatten die Genossen im zweiten Wagen im Rückspiegel das Polizeifahrzeug gesehen und bremsten. Einer öffnete den Wagenschlag und gab mir zu verstehen, daß ich die Mitfahrgelegenheit nutzen sollte. Ich überquerte die Straße, und wir fuhren los. Der Wagen mit Elbrick war ungefähr 80 Meter vor uns, und die Polizei versuchte ein Überholmanöver. Unser Wagen begann über die Barão de Petrópolis zu schleudern, um sie daran zu hindern.

Zwei Wagen, die beide knapp 30 Stundenkilometer fahren, und einer versucht zu überholen. Was war das? Eine Filmszene, eine Wette zwischen Freunden, die sich am Sonntagnachmittag auf einer belebten Verkehrsader einen Scherz erlauben wollen? Als wir am Ende der Avenida an einem Rotlicht hielten, überholte der dritte Wagen endlich die Polizei und scherte in die Ordnung ein. Wäre es der Polizei gelungen, sich zwischen den beiden Wagen zu halten, so hätte das die Sache erheblich kompliziert. Spannungsgeladene Minuten: Polizeiwagen, Waffen im Anschlag, in unserem Begleitwagen ebenso. Sowie die Ampel umsprang, sollte unser Wagen von der Bildfläche verschwinden. Aber es schien eine Ewigkeit zu dauern, bis wir grünes Licht hatten. Nun bogen sie nach rechts ab und wir nach links. Wir fuhren Richtung Innenstadt, während sie in der gleichen Reihenfolge in das nördliche Stadtgebiet fuhren. Zuerst der Wagen mit Elbrick, dann der Begleitwagen, schließlich die Polizei. Wir mußten das Gewühl vor dem Maracanã-Stadion nutzen, um Toledo aussteigen zu lassen. Der Polizeiwagen konnte mit Funk ausgerüstet sein, und außerdem, wer sagt uns, daß sie uns nicht nachfuhren. Erst als wir sicher waren, daß uns niemand verfolgte, fädelten wir uns in den typischen Stau nach einem Fußballspiel ein, und Toledo stieg an einer Ecke aus. Ganz langsam stieg er aus, mit seiner Aktentasche, dem Revolver am Hosenträger, und lachte uns verschmitzt zu, bevor die Dunkelheit ihn schluckte.

Ob wir auch so alt werden würden wie Toledo? Ob wir auch die Pistole an den Hosenträgern befestigen würden, ob wir auch bei der nächsten Entführung Reis auf Fuhrmannsart zubereiten würden? Vor dem Exil habe ich mich oft gefragt, was aus mir wohl in Zukunft werden würde. Diese Frage ist im Exil noch bedrängender geworden. Heute frage ich mich jeden Tag: Wer bist du eigentlich? Damals aber, nach dem Fußballspiel, hatte keiner Lust, sich darüber den Kopf zu zerbrechen. Der Genosse im Volkswagen war ein ausgezeichneter Fahrer, aber er verabscheute metaphysisches Geschwätz.

An der Copacabana stieg ich aus und ging zu Fuß nach Leme zurück, wo ich den Sicherheitstreff mit Zé Roberto hatte. Ich teilte ihm mit, daß das Haus so gut wie aufgeflogen sei. Wir hatten es nicht einmal geschafft, den Kombi aus der Garage zu holen, denn nach fünf Kilometern hätten wir schon die Hubschrauber über uns gehabt. Ich überlegte, ob ich zuhause schlafen sollte, überlegte mir tatsächlich, weiterhin dort zu wohnen, weiterhin die *Resistência* abzuziehen auf der Offsetmaschine, die wir gekauft und noch nie benutzt hatten.

Der Botschafter war vermutlich schon zuhause. Wir waren nun der ganzen Macht beraubt, die wir noch vor wenigen Minuten besessen hatten. Jetzt waren sie am Drücker, und sie würden blitzschnell über uns herfallen. Ich beschloß, bei einem Freund an der Copacabana zu übernachten. Wir nannten ihn »Pforte der Wahrnehmung«, weil er einmal LSD ausprobiert hatte. Zé Roberto sagte ich, daß ich dort übernachten würde, und machte ein Treffen für den nächsten Morgen mit ihm aus, um eine Bude für mich zu finden. Obwohl ich alle meine Papiere vernichtet hatte, war es für die Polizei eine Sache von

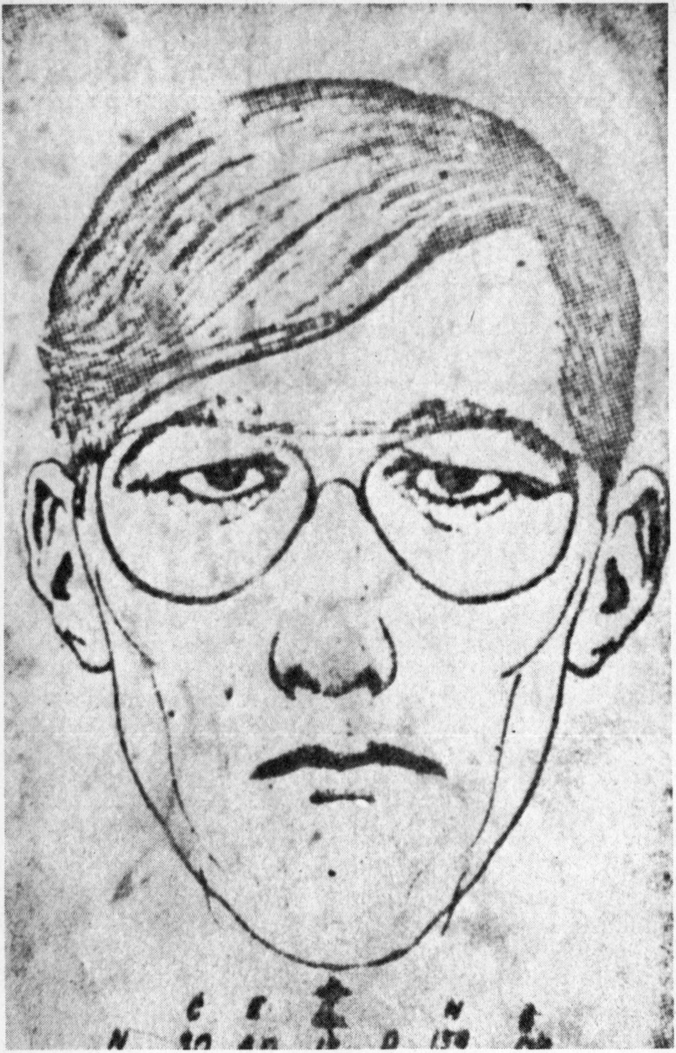

Phantom-Bild von Fernando Gabeira

Real-Bild von Fernando Gabeira

Minuten, meinen Namen herauszufinden.

Helena wurde bereits beschattet. Wir hatten uns an der Wasserwache 2 verabredet. Vor ein paar Minuten war sie wie durch ein Wunder entkommen. In einer Apotheke hatte sie einen Mann angesprochen, an seine Ritterlichkeit appelliert, da sie von Unbekannten verfolgt würde. Arm in Arm mit ihm kam sie aus der Apotheke heraus und nahm den Omnibus. Vom Bus aus sah sie, wie die Polizei den Mann festnahm, der sie beschützen wollte. Der erste, der von uns hochging, war Cláudio. Kurz vor ihm hatten sie Baiano, den Gärtner, geschnappt. Sie waren ins Haus in der Barão de Petrópolis eingedrungen und hatten eine Nummer des *Jornal do Brasil* gefunden, wo eine Anzeige herausgeschnitten worden war. Es war ihnen ein leichtes, die fehlende Anzeige und die Anschrift der Pension herauszubekommen. Baiano unter all den anderen herauszufinden, war auch nicht schwierig, er war erst vor kurzem eingezogen, und außerdem war er noch einmal in unser Haus gekommen, um mich zu besuchen, und dabei war er auf der Treppe fotografiert worden.

Cláudio hatte sich also völlig zu Recht über den in der Barão de Petrópolis liegengelassenen Mantel aufgeregt. Die Polizei fand den Mantel, besah sich das Etikett, machte den Schneider ausfindig und bekam die Adresse des Kunden. Cláudio wohnte bei seinem Onkel in Leblon. Er hatte die Gefahr richtig eingeschätzt, ahnte aber nicht, daß sie so rasch seine Spur finden würden. Die Marinepolizei erwartete ihn bereits in der Wohnung. Er war bewaffnet und leistete Widerstand, aber das nützte nichts. Vielleicht wäre es für ihn besser gewesen, gleich draufzugehen. Cláudio verletzte einen Offizier mit einem Pistolenschuß, sie würden alles tun, um aus ihm herauszubekommen, wo die anderen waren, wie die Entführung organisiert worden war. Ich traf ihn auf der Ilha das Flores, der Blumeninsel, wieder. Er war erschreckend mager, mit kahlgeschorenem Schädel. Auf seinem Gesicht war zu sehen, was er durchgemacht haben mußte. Charles Burke Elbrick lebte, es ging ihm gut. Ich habe in den Zeitungen die Interviews mit ihm gelesen. Er sagte ganz offen, was er von uns hielt, ohne sich um die Konsequenzen zu kümmern. Sie ließen nicht auf sich warten. Wir hatten unsere Gespräche mit ihm teilweise auf Tonband aufgezeichnet, und das Tonband fiel der Polizei in die

Hände, als später das Haus in der Rua Santo Amaro, in Santa Teresa, hochging. Elbricks Äußerungen auf diesem Tonband veranlaßten die brasilianische Regierung, den USA seine Abberufung nahezulegen.

Unsere Villa wurde völlig auseinandergenommen, und wieder war Amazonas dabei, um für *0 Cruzeiro* eine Reportage zu machen. Nach dem ganzen Frust war es der Polizei nur recht, daß möglichst ausführlich berichtet wurde, damit ihre Effizienz ins rechte Licht gerückt wurde. Und da geht Amazonas in die Garage, um sich den grünen Entführungskombi anzusehen, und während der Fotograf seine Kamera aufstellt, sagt er sich: »Das kann doch nicht wahr sein! Ist das nicht mein Kombi?« Dreht sich um zum Fotografen und sagt: »Mach noch ein paar Fotos mehr, ich muß mal ganz kurz telefonieren. Bin gleich wieder da.« Und von da an war er spurlos verschwunden. Letzte Woche trafen wir uns in Schweden, wir erinnerten uns an diese Geschichte, und er fand sie sehr amüsant. Ich fürchte nur, er verschwindet wieder, und dann wird es schwierig, ihm mitzuteilen, daß es in Brasilien eine Amnestie gegeben hat.

Viele Freunde wurden in die Sache hineingezogen. Helenas Familie kam in die Folterkeller der Cenimar. Alle Namen, die irgendwie mit uns in Verbindung gebracht werden konnten, waren verdächtig. Mehrere Journalisten wurden verhaftet und gefoltert. Die Teilnehmer an der Aktion zerstreuten sich Sonntag nacht in alle Himmelsrichtungen. Zwei starben: Toledo unter der Folter in São Paulo; Jonas, der militärische Anführer der Aktion, unter den Fußtritten der Männer von Hauptmann Albernaz in der Operação Bandeirantes.

Einige kamen frei nach Verbüßung ihrer Strafe, andere wurden durch Entführungen freigepreßt und leben heute irgendwo auf der Welt im Exil. Einigen gelang die Flucht, einer ist verrückt geworden und streunt mit wirrem Bart und langem Haar durch die Straßen von Paris. Ich habe überlebt. Und ich glaube, es könnte interessant sein, die Geschichte meines Überlebens zu erzählen.

XVI

Nach der Entführung des amerikanischen Botschafters gerieten wir in den totalen Untergrund. Wir hatten auch einen Ausdruck dafür: »ab ins Tiefkühlfach«. Alle, die bei der Aktion dabeigewesen waren, etwa fünf, bekamen erstmal einige Monate lang Ausgehverbot.

Die erste Wohnung war nur eine Durchgangsstation. Eine Reihe von Verhaftungen ließ uns den Aufenthalt zu gefährlich erscheinen. Zé Roberto kam mich abholen, begleitet von einem Mann, der am Theater arbeitete. Er schnitt mir die Haare und färbte sie blond. Die kleinen Punks, die heute meine Nachbarn sind, hätten sie damals in Brasilien gelebt, sie wären bestimmt begeistert gewesen vom stufigen Schnitt und von der unmöglichen Farbe. Als ich aus dem Wagen stieg, um mich mit einigen Genossinnen zu treffen, die mir die Augen verbanden, um mich in meine neue Wohnung zu bringen, merkte ich, daß alle über mich lachten. Gemessen an den klassischen Schönheitsidealen jener Zeit muß ich wie eine Vogelscheuche ausgesehen haben. Es war kein verletzendes Lachen, und es machte mir auch gar nichts aus, es sei denn ganz tief drinnen, wo die Gedanken sich der Kontrolle entziehen. Was würde aus mir werden, wenn ich Monate lang an einem Ort, in einem Zimmer hocken mußte? Wenn überhaupt keine netten Menschen um mich waren? Und wie sollte ich aus dem Haus gehen und Menschen kennenlernen, mit dieser schrecklichen Haarfarbe und diesem Schnitt? Das waren Dinge, die mich beschäftigten, über die ich aber mit niemand reden konnte. Revolution hieß, seine persönlichen Wünsche und Bedürfnisse hintanstellen, wenn sie ein Hindernis für die Sache oder ein Sicherheitsrisiko darstellen.

Doch ich hatte Glück. Selbst bei geschlossenen Augen spürte ich, daß das Meer nicht weit sein konnte. Und die Leute, bei denen ich wohnen sollte, waren wunderbar während der langen Zeit, die ich mit ihnen verbrachte. Nach einiger Zeit blieb ich allein in der Wohnung mit Ana. Ich kann sie einfach nicht beschreiben. Die ersten Monate im Gefängnis habe ich mich gezwungen, sie zu vergessen, und vielleicht gerade deshalb, weil ich sie so gern hatte, gelang es mir, ihre Züge aus meiner Erinnerung zu löschen. Zehn Jahre sind inzwischen vergangen. Das Bild eines Menschen verschwimmt mit anderen Gesichtern, die später deinen Weg kreuzen, Konturen fließen ineinander, manche Züge verschwinden völlig. Deshalb ist jede Wiederbegegnung eine Gefahr.

An konkrete Einzelheiten erinnere ich mich aber sehr gut. Toilette und Küche gingen auf den Flur hinaus. In vielen Wohnungen, wo wir »im Tiefkühlfach« waren, durfte man nicht aufstehen, bis der Hausherr von der Arbeit nach Hause kam, damit die Nachbarn während seiner Abwesenheit keine seltsamen Geräusche hörten. In Anas Wohnung durfte ich barfuß herumlaufen, ganz leise das Essen zubereiten, manchmal sogar ein Bad nehmen. Das alles ging, solange ich nicht, wie ein anderer Genosse, unter der Dusche sang. Dabei war das ein äußerst disziplinierter Genosse, nur wenn das heiße Wasser seinen Körper hinunterlief, brannte ihm die Sicherung durch, und er mußte italienische Opernarien schmettern. Und wenn er bei ältlichen Lehrerinnen einquartiert war, die seit Jahr und Tag allein lebten, so machten sich die Nachbarn und der Hausmeister unvermeidlich ihre Gedanken.

So sah die Tiefkühlrealität wirklich aus: Keinen Ton von sich geben, geräuschlos durchs Haus huschen, still und leise Makkaroni mit Sardinen zubereiten, das Tanzen der Staubteilchen in der Sonne beobachten, auf Zehenspitzen aufräumen, damit Ana nach der Arbeit in eine ordentliche Wohnung kommt. Nein, das war nicht die ganze Realität. Aber ich lernte so das grausame Einerlei des Hausfrauenalltags kennen.

Ana stand um sieben Uhr auf, ging hinunter, um eine Zeitung und ein Päckchen Zigaretten zu kaufen, die sie auf dem Tisch ließ. Manchmal frühstückten wir zusammen, und dann kam jedesmal ein Schnitt: Zeit, daß Ana zur Arbeit ging. Der andere Einschnitt war Anas Heimkehr. Alles, was in der Zwischenzeit geschah, richtete sich nach diesen beiden Fixpunkten aus. Zeit zum Mittagessen, denn Ana ist schon lange fort. Zeit zum Tischdecken, denn Ana kommt jetzt bald nach Hause. Wer hinausgeht, zur Arbeit, hat es so viel besser als der, der sein ganzes Leben nach ihm ausrichtet, dessen ganze Existenz auf ihn bezogen ist. Ana war Mathematikerin. Zeitung und Zigaretten kaufte sie von ihrem Gehalt. Während dieser Zeit hätte ich mir unzählige Studienpläne ausdenken können, wie das Leute im Exil tun. Ich hätte noch eine Fremdsprache lernen können, Sprachkenntnisse auffrischen können. Doch das war damals eine intellektfeindliche Zeit. Die Verherrlichung der bewaffneten Aktion, das Mißtrauen gegenüber rein politischen Aktivitäten brachten viele von uns, auch mich, dazu, uns geistiger Interessen zu schämen.

Ich verbrachte den Tag damit, in Anas Zimmer ganz leise Musik zu hören. Aber es gibt keine Platte für den, der den ganzen Tag nichts tut außer Musik hören. Allmählich nervten mich Anas Platten, so oft hörte ich sie mir an. Auf einer Platte rief Gilberto Gil dauernd den Namen Marighela. Am Anfang war es aufregend, den Namen herauszuhören, der herausgeschrien, aber bewußt undeutlich artikuliert wurde. Es fiel dann leicht, mit der Melodie mitzugehen, die in den Namen Marighelas mündete. Und schließlich wurde es unerträglich, tausendemal den Ruf nach Marighela zu hören. Vor allem nachdem das Fernsehen von Marighelas Ermordung in São Paulo berichtet hatte.

Die Ermordung Marighelas war der Gegenschlag der Regierung auf die Entführung des amerikanischen Botschafters. Aber es blieb nicht dabei. Zahllose Verhaftungen fanden statt, zahllose Wohnungen wurden ausgehoben, zahllose Verbindungen aufgedeckt, eine Flut von Informationen ergoß sich über die Schreibtische der Antiterrorspezialisten.

Der Kreis zog sich unmerklich immer mehr zusammen. Nicht immer endete es mit der Verhaftung eines Militanten oder Sympathisanten, was wieder zu neuen Verhaftungen führte. Manchmal schien die Fahndung zum Stillstand zu kommen, und man atmete auf, machte sich wieder an revolutionäre Aufgaben.

Doch in den Polizeikasernen war der technische Fortschritt eingezogen. In der Haftanstalt in der Rua Barão de Mesquita gab es vielfarbige Organigramme der Organisationen. Viele entsprachen der Wirklichkeit, einige waren sogar so perfekt, bis in die kleinsten Einzelheiten, daß die Toten durch ein rotes Kreuz kenntlich gemacht und auch die angeführt wurden, die sich auf Kuba aufhielten und sich auf ihre Rückreise vorbereiteten. Anhand der von Cenimar erstellten politischen Dokumentation ließe sich die lückenlose Geschichte der Ação Popular (AP) rekonstruieren. Alle Themen, die die Organisation jemals beschäftigten, waren da pedantisch katalogisiert und belegt. Jeder Militante der AP, dem man dieses Material vorlegen würde, müßte die Gründlichkeit der Recherchen zugeben. Aber die Marinepolizei hatte noch einen Trumpf auszuspielen: Sie wußte genau, oder mit einiger Sicherheit, wer sich hinter den Kriegsnamen tatsächlich verbarg.

Währenddessen ging Ana zur Arbeit, ins Kino, traf vielleicht ihren Freund, diese merkwürdige Sorte Menschen, die nichts dabei finden, durch die Straßen zu schlendern, als wären Straßen ein Ort, wo man sich frei bewegen kann . . .

Solange ich in der Wohnung lebte, hatte ich keine Vorstellung von den Fortschritten, die die Polizei erzielte, und die Genossen, in ihrem Alltagstrott, vermutlich auch nicht.

In Brasilien gibt es Moskitos. Jeden Morgen, wenn Ana fortgegangen war, setzte sich ein Moskito auf den Frühstückstisch. Ich nannte ihn Eduardo. Ich hatte mir öfter überlegt, ihn zu töten, aber nicht so, einfach mit einer Klatsche totschlagen, als wäre ich ein kleiner Junge, sondern ganz kühl und mit Vorbedacht. Zunächst einmal würde ich geduldig seine Gewohnheiten studieren, seine Flugkraft, seine Reaktionen auf Besteckgeklapper oder plötzlichen Lichteinfall. Ich wollte Eduardo in einen Hinterhalt aus Zucker locken, so würde er der erste Moskito auf der Welt sein, der durch kluges Ausspielen seiner persönlichen Daten zu Tode kommen würde. Ihr dürft mich natürlich nicht ernst nehmen. Ich hätte Eduardo nie etwas antun können. Aber in einer solchen Lage braucht man ganz einfach einen Feind.

Manchmal kam der Assistent. Ana holte ihn an der Ecke ab und brachte ihn mit in die Wohnung. Der Assistent wußte Bescheid und berichtete, was draußen so vor sich ging. Aber seine Berichte waren unbefriedigend. Selbst Ana wurde manchmal wütend über mich. Die Fragen, die man stellt, wenn man in der Wohnung eingesperrt ist, können andere Leute wirklich nerven. Man fragt und fragt und will im Grunde gar keine Antwort. Man will aus zweiter Hand an all dem teilhaben, was der andere erlebt, in allen Einzelheiten.

Es gab nicht viele Gesprächsthemen. Der Gegenschlag der Regierung hatte uns auch gezeigt, wie gut ausgebaut die gegenseitige Hilfeleistung unter den bewaffneten Gruppen war. Häuser, Autos, Geld und selbst falsche Ausweispapiere, alles wurde blitzschnell besorgt, sobald Sicherheitsprobleme auftauchten. Die Entführung war von zwei unterschiedlichen politischen Organisationen durchgeführt worden. Das bewies, daß in der Praxis Zusammenarbeit möglich war. Außerdem war in jeder Gruppe ein Genosse für die Erarbeitung einer gemeinsamen Politik verantwortlich mit dem Ziel der Konstituierung einer revolutionären Einheitsorganisation oder wenigstens dem Zusammenschluß aller in eine einzige Organisation. Trotz der ständigen Spaltungen kamen auch immer wieder Gerüchte über den Zusammenschluß von Gruppen auf.

Die Entführung des amerikanischen Botschafters, die in Rio stattgefunden hatte, lenkte die Aufmerksamkeit und alle Anstrengungen der Sicherheitsorgane auf die Organisation, die sich MR-8 nannte. Der Cenimar hatte die MR-8 zerschlagen, und nun tauchte eine neue MR-8 auf, die eine bewaffnete Aktion zustandebrachte. Damit hatten sie nicht gerechnet. Sie mußten die verlorene Zeit aufholen.

Bei der Armeepolizei (PE), wo das Operationszentrum für innere Verteidigung und Information der Streitkräfte DOI-CODI die Arbeit aufgenommen hatte, begann man sich intensiv mit der MR-8 zu beschäftigen. Nach kurzer Zeit gab es schon Spezialisten, die auf sie angesetzt wurden.

Das waren schlechte Aussichten für uns. Zu einem Zeitpunkt, wo die Sicherheit der Organisation in höchstem Maße bedroht war, konnte nicht die Rede davon sein, sich auf die Straße hinauszuwagen. Es blieb uns nichts übrig, als weiter »im Tiefkühlfach« zu vegetieren und sich, sobald sich eine Gelegenheit ergab, in einen anderen Bundesstaat abzusetzen. Aber wann? Darauf wußte im Augenblick niemand eine Antwort. Viel Geduld war nötig, denn alles hing ab von den Abmachungen und Kontakten, von der Schaffung einer Infrastruktur, um enttarnte Genossen in Sicherheit zu bringen. Selbst in Rio wurde der Boden immer heißer. Die Polizei hatte zugeschlagen, und es gingen Gerüchte um von Folterungen in den Gefängnissen. Viele Sympathisanten wußten vielleicht, daß wir bewaffnete Aktionen durchführten. Doch erst als sie uns in Verbindung mit der Entführung des Botschafters brachten, begriffen sie, daß sie es mit einer Gruppe zu tun hatten, die um jeden Preis zerschlagen werden sollte. Nicht alle waren bereit, die Risiken, die ihnen daraus erwuchsen, einzugehen. Viele hielten bewaffnete Aktionen auch nicht für den richtigen Weg zur Durchsetzung unserer Ziele.

Marighelas Tod war ein schwerer Schlag gewesen. Die Taktik der Polizei bestand darin, die Aufmerksamkeit auf eine einzige Person zu lenken und ihre Festnahme als ein politisches Ziel hinzustellen. Das erweckte den Eindruck von Teilsiegen, die folgerichtig zum endgültigen Sieg der Polizei führen würden. Oft gelang ihnen auch eine Aktion, die nachhaltigere Wirkung hatte als die Ermordung eines Leaders. Aber vor allem ging es ihnen darum, ihre Teilsiege groß herauszustellen und nach der Ermordung eines Leaders Spekulationen über seinen Nachfolger zu verbreiten, eine neue Zielscheibe für ihre Menschenjagd auszumachen. Viele führten diese Taktik zurück auf die militärische Auffassung der Führerpersönlichkeit. Andere dagegen sahen darin ein klassisches Kriegsmanöver: Ein klares, festumgrenztes Feindbild, um auf diese Weise statt aufreibender Scharmützel den Eindruck eines unaufhaltsamen Vormarsches zu vermitteln.

Neben den Persönlichkeiten war auch die Gruppe, die den Botschafter entführt hatte, eine wichtige Zielscheibe. Es wäre unsinnig gewesen, mit zweitrangigen Aufgaben in Rio de Janeiro unsere Haut zu Markte zu tragen. Die Organisationen waren aber unfähig, theoretische Ziele zu formulieren. Neben den Forderungen des Alltags gab es überhaupt keine theoretischen Aufgaben. Abgesehen davon, daß das theoretische Niveau im allgemeinen sehr niedrig war, stand man der Theorie mißtrauisch gegenüber. Keiner von uns hatte das *Kapital* gelesen, keiner wußte über die revolutionären Erfahrungen in anderen Ländern wirklich Bescheid, keiner von uns stellte bestimmte Seiten des Marxismus in Frage, arbeitete sich gar in eine neue Materie hinein. Wir hatten eine ziemlich enge Auffassung von der Bewegung, und viele meinten, Aktion sei alles. Mich persönlich brachte z. B. Isaak Deutschers Trotzki-Trilogie unheimlich gegen die Bolschewiken auf. Lenin hatte Stalin beauftragt, in Österreich Untersuchungen anzustellen, um einen Aufsatz über die Nationalitätenfrage schreiben zu können. Auch ohne Stalins Aufsatz zu kennen, hielt ich das ganze für ziemlich elitär. Im Vergleich zu unserer oder zur kubanischen Revolution schien mir ihre Revolution sehr kopflastig. Die kubanische Revolution dagegen war für uns ein neues, ermutigendes Modell: Die Theorie wurde der Tat nachgeschickt und hielt sich in Grenzen.

Wie kann ein Intellektueller sich dermaßen selbst verleugnen? Ich verbrachte den ganzen Tag damit, Zeitungen zu lesen, Pläne zur Ermordung von Eduardo zu schmieden und bis zum Stumpfsinn meinen Revolver Taurus 38 zu putzen, aus dem ich noch nie einen Schuß abgegeben hatte. Ich hielt ihn in einem tadellosen Zustand, so als müßte ich jeden Morgen in die Schlacht ziehen – hier in Anas Apartement, wo die einzigen Kampfspuren unsere zerwühlten Betten waren.

Übrigens, es war Zeit aufzuräumen.

Wenn ich so zurückdenke, scheint mir aber, daß es gar nicht so viele Bücher oder Aufsätze gab, die man unbedingt hätte lesen oder schreiben sollen, so viele Theorien, die einem entgangen sind, so viele großartige Ideen, die man nicht verarbeitet hat. Das wäre eher typisches Midlife-Crisis-Gejammer vor der Zeit. Das Problem lag eher darin, daß eine solche politische Bewegung, einmal an die Macht gelangt, unweigerlich mit den Intellektuellen in Konflikt geraten mußte, umsomehr als sie die reiche intellektuelle Produktion in einem Land wie Brasilien kaum auffangen oder gar fördern konnte. »In Konflikt geraten« ist übrigens ziemlich euphemistisch ausgedrückt. Wenn die Macht mit irgendeiner Gruppe in Konflikt gerät, so greift sie normalerweise zur Repression. Und wer macht von der Repression so rasch und so erbarmungslos Gebrauch wie der intellektuelle Renegat? Wer ist besser geeignet zum Sprachrohr seiner ehemaligen Feinde als er? Das Erschreckende an unserer damaligen Verherrlichung des Aktionismus war unsere starre bürokratische Einstellung, die es uns unmöglich machte, in den Bereichen, in denen wir operierten, kulturelle Kräfte freizusetzen und, schlimmer noch, unsere eigenen geistigen Fähigkeiten zu befreien.

Der Assistent merkte nichts vom Niedergang, der sich unaufhaltsam abzeichnete. Er war ein Prototyp der damaligen Zeit. Sein Horizont reichte nur bis zur Revolution, seine einzigen Probleme waren die Sicherheitsprobleme. Alles, was ein Sicherheitsproblem darstellte, gefährdete die Revolution, und alles, was die Revolution vertagte, war zu bekämpfen. Eine bestechende Logik. Wenn du einem Freund eine schriftliche Mitteilung zukommen lassen willst, so wird das unter der

Rubrik »persönliche Bedürfnisse« registriert. Falls dadurch die Sicherheit gefährdet wird, ist das eine konterrevolutionäre Handlung. Für »persönliche Bedürfnisse« hatte der Assistent nur abgrundtiefe Verachtung übrig. Er war in der vulgärmarxistischen Tradition aufgewachsen, wonach das Ökonomische nicht nur ein wesentlicher Faktor, sondern die Haupttriebkraft von allem war und wonach der Klassenbegriff nicht nur den Gang der Geschichte und der Gesellschaft bestimmte, sondern die völlige Auslöschung des Individuums voraussetzte. Manchmal bekam der Assistent einen roten Kopf. Vielleicht wurde er von erotischen Phantasien heimgesucht, die er wahrscheinlich heute mit Hilfe von Marx, Engels und Lenin längst in sein Unbewußtes verbannt hat, so daß er nicht mehr rot werden kann. Die linken Bürokraten sind nun mal farblose Typen. Man muß sie kennengelernt haben, in Brasilien und überall auf der Welt, um sie von weitem zu riechen. Trotz der Waffen waren wir dabei, zu perfekten Bürokraten zu werden. In gewisser Hinsicht war es gut, daß die Macht unerreichbar war für uns, denn unsere Irrtümer hätten unsere Hoffnungen auf Jahre hinaus liquidiert.

Erst im Lauf der Zeit erkannte ich mit Entsetzen, welche Irrwege ich eingeschlagen hatte. Ich schrieb Gedichte für Ana und sah aufmerksam zu, wie sie sich morgens fertigmachte. Sie trug Sandalen, und ich fand den Augenblick, wo sie hineinschlüpfte, jedesmal hinreißend. Sie ging in ihren Sandalen auf die Straße, und manchmal kam sie mit ölverschmierten staubigen Füßen heim, manchmal sogar mit Sand zwischen den Zehen. Wie schön war es doch, aus dem Haus gehen zu können, die frische Luft einzuatmen, über den Strand zu schlendern, die Wellen sanft um die Beine spielen zu lassen.

Das Leben im Tiefkühlfach erinnerte mich an meine Kindheit, wenn ich mit Mumps oder Masern oder Keuchhusten im Bett lag. Aber da konnte ich wenigstens aus dem Fenster hinausschauen, die Regentropfen beobachten, die kohlebeladenen Esel, das schwarze Gesicht des Kohlenträgers. Morgens und abends kamen die Erwachsenen, maßen Fieber, hielten dann das Thermometer ans Licht, wobei sie halblaut miteinander sprachen. Siebenunddreißig fünf, das ist doch normal. Nein, siebenunddreißig fünf, das ist Fieber.

Wir wußten nicht, was diese Zahlen wirklich bedeuteten und

was das kalte Ding unter dem Arm sollte. Aber das Wort Fieber kannten wir. Mit Fieber darfst du nicht aus dem Haus, mußt du im Zimmer bleiben.

Inzwischen hatten die Zeitungen schon ausführliche Berichte über die Entführung des amerikanischen Botschafters gebracht. In Rio durften wir uns also nicht auf die Straße wagen. Also wohin mit uns? Fest stand: Wir mußten raus aus Rio. Ich zerbrach mir nicht den Kopf über das Wann, sondern über das Wohin. Das Wann würde sich schon von selbst lösen. Man hatte mir mitgeteilt, daß ich nach São Paulo gehen würde, und ich freute mich darauf. Die ALN hatte Kontakte zu Arbeitern und wußte nicht genau, was sie mit ihnen anfangen sollte. Die meisten ihrer Kader waren mit der Planung bewaffneter Aktionen, der Vorbereitung der Guerilla auf dem Land und der Durchführung von Aktionen in der Stadt beschäftigt. Wir hatten so oft die Notwendigkeit beschworen, die Arbeiter zu organisieren, warum sollten wir nicht jetzt die Gelegenheit ergreifen, und dazu noch in einem so bedeutenden Industriezentrum wie São Paulo? Eine verlockende Perspektive für jemand, der schon so lange nicht mehr aus dem Haus gekommen war. In São Paulo befand sich der »Kern« der Arbeiterklasse, der »clop« (classe operária), wie wir sie liebevoll nannten.

In São Paulo konnte die ALN vielleicht in eine großangelegte Aktion einsteigen, indem wir unsere überregionale Zeitung herausbrachten, die für uns immer noch eine vorrangige Aufgabe war. In gewisser Hinsicht spiegelten diese Überlegungen unsere verquere Ideologie wider. Basisarbeit innerhalb der Arbeiterklasse von São Paulo, unter den Metallarbeitern, schien uns zweitrangig, verglichen mit dem gewaltigen Ziel, eine Landguerilla aufzuziehen.

Zunächst lief alles reibungslos. Mein Winterschlaf nahm ein Ende, und ich würde auf der Avenida São João Auferstehung feiern. Mein Haar wuchs schon in seiner natürlichen Farbe nach, zur Tarnung würde ich mir noch einen Schnurrbart stehen lassen, in meiner Aktentasche hatte ich meine Taurus 38 immer mit dabei. Mit diesem Gefühl brach ich nach São Paulo auf, ließ Ana zurück, die mir wahrscheinlich aus dem Fenster nachsah. Ich umarmte sie zärtlich zum Abschied, dann wurden mir die Augen verbunden. Noch einmal streichelte ich ihr Gesicht.

Meine Tarnung in São Paulo war wirklich perfekt. Wir waren eine Familie mit zwei Kindern, einem Mädchen und einem Jungen. Ich kannte weder die Frau noch die Kinder, aber das holten wir unterwegs nach. Vor der Abfahrt hatten wir ausführlich meine Aufgaben in São Paulo besprochen. Ich sollte die Verantwortung für den Ausbau der Organisationsarbeit und für die Verbindung zur ALN übernehmen. Die ganze Zeit über würde ich unter den Arbeitern leben, sie würden mich unterbringen und beschützen. Ab und zu würde ein Genosse zu einer Diskussion vorbeikommen, aber das recht selten. Ich mußte selber in der Lage sein, die richtige Linie der O durchzusetzen, und zur Not auch improvisieren können.

Auf dem Weg nach São Paulo wurden wir von der Verkehrspolizei gestoppt. In Rio hatte ein Banküberfall stattgefunden, und die Polizei hatte routinemäßig eine Straßensperre errichtet. Sie öffneten den Kofferraum, warfen einen Blick ins Wageninnere. Wir blieben ganz ruhig, aßen unser Obst. Wenn das nicht ein weiterer Willkürakt der Diktatur war – eine friedliche Familie, die Apfelsinen und Bananen verzehrt, für Bankräuber zu halten! São Paulo ist bekanntlich viel hektischer als andere Städte in Brasilien. Für jemand, der monatelang im Haus eingesperrt war, hatte diese Hektik etwas Berauschendes. So, auf den ersten Blick, war São Paulo für mich die eigentliche Weltstadt in Brasilien. Die ausländische Präsenz beschränkte sich hier nicht auf ein paar Touristen mit Sonnenbrand, auf die englischen Hinweisschilder in Geschäften und Nachtklubs. Man spürte eine starke kosmopolitische Kultur, nicht nur in Presse und Film, die Probleme nationaler Minderheiten aufgreifen, sondern auch in der Küche. Der erste Blick ist natürlich immer oberflächlich. Aber eines stand für mich fest: Die Küche von São Paulo hat auf der ganzen Welt nicht ihresgleichen.

Die Arbeitergruppe, der ich zugeteilt worden war, hatte einen Vertreter zum vereinbarten Treffpunkt geschickt. Ich hatte nur meine Aktentasche und einen kleinen Koffer dabei. Eine Jeans zum Wechseln, ein paar Hemden, drei, vier Bücher, die ich unterwegs gekauft hatte, Schreibzeug. Als Kader hatte ich Anspruch auf den Mindestlohn eines Arbeiters. Noch am selben Nachmittag lernte ich die Wohnung kennen, wo ich unterkommen sollte, bis wir eine richtige KW mieten konnten, als Depot, vielleicht sogar mit einem kleinen Abziehgerät für unsere Flugblätter ausgestattet.

Wieviele Arbeiter machten mit? Schwierig zu sagen. Die meisten waren Metallarbeiter aus der Schwerindustrie. Einige wurden von der Polizei gesucht und waren nicht mehr an ihrem Arbeitsplatz in der Fabrik aufgetaucht, wurden so zu Berufsrevolutionären. Ich sollte mit zwei Genossen zusammenarbeiten. Wir brauchten also Geld für drei Monatslöhne für die Miete, für eine Menge Extraausgaben. Das war übrigens eine der ständigen Klagen der Gruppe. Die ALN stellte nicht genügend Geld zur Verfügung für die Massenarbeit, weil sie alles in den Aufbau der Guerilla hineinsteckte.

Die beiden waren durch mehrere Organisationen gegangen und hatten sich mit allen überworfen. Sie hatten sogar überlegt, eine eigene Organisation aufzuziehen. Tatsächlich tauchten schon damals Arbeitergruppen auf, die mit den existierenden Organisationen nichts zu tun haben wollten.

Immer, wenn eine neue Gruppe aus einer Organisation austrat, suchten die beiden neue Kontakte, wobei sie sich immer einer größeren, womöglich überregionalen, Initiative anzuschließen suchten. Sie bekämpften den primitiven Arbeiterkult, obreirismo, wonach eine Organisation nur aus Arbeitern zu bestehen hatte. Aber auch diese Gruppe schwankte hin und her, wie so viele andere, selbst die paar bewaffneten Gruppen. Die Organisationen selbst schafften es kaum, neue Kader zu gewinnen. Es gab eine große Fluktuation. Plötzlich war die VPR die größte Organisation in Brasilien, dann hieß sie plötzlich MR-8. Da der Klassenkampf nichts Neues mehr zu bieten hatte, kam es zu dem, was wir »kannibalisches Wachstum« nannten. Der Aufstieg einer Organisation war das direkte Ergebnis des Niedergangs einer anderen. Verlockend für mich daran war die Möglichkeit einer Zusammenarbeit zwischen einem Intellektuellen aus Ipanema und den Metallarbeitern von São Paulo, die sich im Kampf gegen das System radikalisiert hatten. Natürlich würde das nicht so reibungslos vor sich gehen, aber ich hatte den Eindruck, daß eine Beziehung im Entstehen war, die uns alle bereicherte. All die Gruppen, die dauernd von der Verbindung mit dem Proletariat sprachen, diese jungen Männer aus der Mittelschicht, die sich einen kurzen Haarschnitt zulegten, in unförmige, weite Hosen schlüpften, sich Koteletten und einen dünnen Schnurrbart wachsen ließen und sich nun Proletarier nannten, sie alle hingen den Arbeitern zum Halse heraus. Fast alle Organisationen hatten sich in das Abenteuer der »Proletarisierung« geworfen, das in Wirklichkeit ein Versuch war, die eigenen Intellektuellen zu Proletariern zu machen, die man nicht mehr mit echten Arbeitern auseinanderhalten konnte. Darauf wollte ich mich nicht einlassen, und auch die O schien nicht sonderlich daran interessiert. Ich war ein Intellektueller, der den Arbeitern seine Zusammenarbeit anbot und gleichzeitig von ihnen lernen wollte, denn in fast all den Dingen, die wir von nun an unternahmen, waren sie sehr viel weiter als ich. Während wir von einem Treff zum anderen unterwegs waren, auf den Straßen von São Paulo, kam es auch immer wieder zu längeren Gesprächen.

Der Genosse, mit dem ich am häufigsten zusammenkam, stammte aus dem Nordosten, war auf der Suche nach Arbeit nach São Paulo gekommen, hatte alle möglichen Arbeitsplätze kennengelernt, und allmählich wurde ihm klar, in welchem Elend die Menschen lebten, die mit der Hoffnung auf ein besseres Leben in die Großstadt gezogen waren. Viele hatten es tatsächlich geschafft, lebten etwas besser als vorher, aber noch immer waren ihre Lebensbedingungen menschenunwürdig, und die Solidarität, die sie anfangs miteinander verband, schwand nach und nach auf diesem beschwerlichen Weg nach oben, der in ein paar elektrischen Haushaltsgeräten seinen Ausdruck fand.

Der Staatsstreich von 1964 hatte die Hoffnungen zerstört, die sie auf die Gewerkschaftsbewegung und die Kommunistische Partei gesetzt hatten. In vielen Fabriken verbot die Direktion jede gewerkschaftliche Betätigung und überließ den Vertretern der Diktatur das Feld. Die Kommunistische Partei war seiner Meinung nach nicht fähig gewesen, den Putsch aufzuhalten, und noch viel weniger fähig, eine positive Alternative zu bieten. Ein Trümmerhaufen war übrig geblieben, Verwirrung, wilde Flucht und das Bemühen, Sündenböcke zu finden. In den 68er Kämpfen trat aber eine neue Führung auf, neue Kontakte wurden geknüpft. Mein Genosse schloß sich einer Splittergruppe der PCB an und begann mit der konkreten politischen Arbeit. Viele Organisationen, die damals entstanden, hatten aber falsche Vorstellungen vom Umgang mit engagierten Arbeitern. Sie lösten sie aus der Produktion heraus und steckten sie als Berufsrevolutionäre in bewaffnete Gruppen. Einige gingen hoch, und wenn es Mißverständnisse gab, wechselten sie zu einer anderen Organisation über, wo sie meist die gleichen Aufgaben erfüllen mußten. Mein Genosse war also, seit Anfang der 70er Jahre, kein Arbeiter mehr, sondern Berufsrevolutionär. Inzwischen hatte er auch Zeit, sein Gitarrespiel zu vervollkommnen und sogar Gitarrenunterricht zu geben.

Manchmal waren die Erfahrungen mit dieser Gruppe ganz schön destruktiv. Das hatte seinen Grund vor allem in dem von Intellektuellen und Studenten aus der Mittelschicht geschaffenen Mythos vom Arbeiter. Man muß nur erlebt haben, wie sich kleine trotzkistische Gruppen aufführten, wenn es ihnen gelungen war, einen Arbeiter anzuwerben. Manchmal besuchte dann der gesamte Organisationsstab »unseren Arbeiter«, politische Meinungsverschiedenheiten wurden unweigerlich mit dem Satz abgeblockt: »Dazu müssen wir erst unsere Arbeiterbasis befragen.«

Die Arbeiterbasis bestand dann oft aus kaum fünf Personen. In der Diskussion wurden sie aber als »die Basis« angeführt, man berief sich auf sie. Daraus wurden, in der Hitze der Debatte, »die werktätigen Massen« oder gar »das Proletariat«. Plötzlich standest du als Vertreter einer Position da, und es wurde dir nachgewiesen, daß es eine arbeiterfeindliche, ja proletariatsfeindliche sei.

Den Arbeitern blieb die übertriebene Wertschätzung, die man ihrer Klasse entgegenbrachte, nicht verborgen. Manche Intellektuellen meinten, ihre politischen Überzeugungen dadurch in der Praxis zu bekräftigen, daß sie bevorzugt mit Arbeiterinnen ins Bett gingen. Das galt nicht der Person: Sie träumten von Arbeitern wie manch einer, der auf Blonden, Mulatten oder Asiaten steht.

Etliche Studenten, die sich für Arbeiter hielten, sahen in mir den Intellektuellen, der auf ihre Seite übergewechselt war, aber noch an seiner Vorgeschichte krankte. Aber doch hatte ich ihnen etwas voraus: Ich gab mich nie der Illusion hin, als Arbeiter durchgehen zu können. Ich bin unter Textilarbeitern aufgewachsen, ich habe historische Prozesse miterlebt wie die

Enteignung der Webstühle, als man den Arbeitern die Webstühle wegnahm und sie in die Fabriken trieb. So wie im ersten Band des *Kapital* beschrieben, nur hatte ich mit eigenen Augen gesehen, wie die Webstühle aus den Fenstern heruntergeworfen und auf die Lastwagen der Firmen Meurer und Moraes Sarmento verladen wurden. Ich kannte nette Arbeiter und unausstehliche Arbeiter, ich sah keinen Anlaß, sie zu idealisieren. Dennoch verspürte ich Unsicherheit, hatte Angst, mich falsch zu verhalten. Man sollte mir nicht ein halbes Jahrhundert später vorwerfen können, daß ich den proletarischen Standpunkt verraten hätte.

Die Arbeiter selbst hatten durchaus keine romantische Vorstellung von sich. Ihr Idealbild war in mancherlei Hinsicht von ihrem engen Horizont, von Armut geprägt. Es war recht bescheiden gemessen an dem, was ein Arbeiter in einem hochentwickelten westlichen Land wirklich ist.

Aber dennoch waren sie sehr viel weiter als ein radikaler Student der Mittelklasse, der in seinem Idealbild des Arbeiters allen Vorurteilen verhaftet blieb. Die engagierten Intellektuellen identifizierten sich mit dem heutigen Arbeiter, das war aber der Arbeiter, den die Bourgeoisie auf dem Gewissen hatte: ungebildet und oft gewalttätig. Solche kritiklose Identifikation mit dem Arbeiter schien mir vielmehr ein Akt der Selbstbestrafung, nicht eine bewußte Wahl.

Die muskulösen Arbeiter auf den Plakaten der Maoisten, die abgehärmten und klassenbewußten Arbeiterfrauen aus den Dokumentarfilmen des sozialistischen Realismus hat es entweder nie gegeben oder sie sind im Aussterben. São Paulo ist der beste Beweis dafür. Viele Arbeiter trugen Jeans, gingen am Sonntagnachmittag mit einem Transistorradio spazieren. Manche hatten sogar einen Fernseher. Die Plakate der Jahrhundertwende sprechen von einer anderen Realität: die imaginäre Realität eines Teils der städtischen Mittelschicht, die die Stationen des Klassenkampfes anhand der Bücher, der Veröffentlichungen des Vitória-Verlags und alter sowjetischer Filme nachvollzog, die nur noch in den Vorstadtkinos liefen, anhand von Werken der Künstler aus der Stalinära. Die Not war aber immer noch deutlich sichtbar. Die Familie, bei der ich in den ersten zwei Wochen untergebracht war, wohnte in zwei Räumen: die Eheleute, die erwachsene Tochter, zwei

Kinder und die Großmutter. Der Mann arbeitete auf dem Bau, die Tochter in einem Textilbetrieb, Mutter und Großmutter besorgten den Haushalt. Das Ehepaar schlief im Schlafzimmer, die anderen Familienmitglieder im Wohnzimmer. Fließendes Wasser gab es nicht, dafür einen Brunnen im Garten.

In den paar Wochen, die ich bei dieser Familie lebte, lernte ich eine ganz andere Wirklichkeit kennen. Ihr wichtigster Ausdruck war der Fernseher. Bis elf Uhr abends wurde das Familienleben von diesem kleinen Gerät beherrscht. Der Brennpunkt aller Sehnsüchte, der schwere Arbeit vergessen ließ. Zuerst kam die Tagesschau mit Nachrichten aus aller Welt. Ein gutaussehender Sprecher mit sonorer Stimme unterrichtete uns über den Lauf der Welt, während die Bilder an uns vorbeiflimmerten. Was er sagte, war weniger wichtig als wie er es sagte, als sein Gesichtsausdruck, als die Bilder. Die Welt war ein Schauspiel, tausendmal faszinierender und reicher als unser eintöniges und farbloses Alltagsdasein. Nach der Tagesschau kam die Familienserie, und damit trat eine andere Dimension, Liebe, Leidenschaft und Zärtlichkeit, Romantik und – warum nicht – Tränen und Kummer in unser Leben. Die Familie, die sich im Zimmer versammelte, war erschüttert, gerührt, solange das Fernsehen lief. Sowie das Gerät ausgeschaltet wurde, brach die Realität wieder über uns herein. Wieder waren wir auf unser kleines Alltagsdasein zurückgeworfen, auf unsere prosaischen Kleine-Leute-Probleme: Gleich würden wir alle in diesem Zimmer schlafengehen, die Oma würde schnarchen, die Kinder quengeln, nächtliche und sehr menschliche Geräusche und Gerüche traten an Stelle der Seufzer der Heldin und der einschmeichelden Kennmelodie der Immobilienwerbung. Wenn wir wieder aufwachten, hatten sich unsere Probleme auf seltsame Weise miteinander verquickt: das Fieber des kleinen Jungen und die Eifersucht des Helden, die vom Webstuhl verursachten Rückenschmerzen und der Zweifel, ob die Heldin wirklich den anderen liebte. Was war Realität, was Phantasie? Diese Wochen waren sehr wichtig für mich, sie halfen mir, mir über Dinge klar zu werden, die später, zweifellos, von den linken Neandertalern verdammt würden. Der Siegeszug des Fernsehens war für mich ein Fortschritt hinsichtlich des materiellen Lebensstandes oder

der Lebensqualität der Arbeiter überhaupt. Sie brauchten schwarze Bohnen, aber auch Träume. Früher kam der Traum in Gestalt des Zirkus, allerhöchstens eines Hörspiels. Das Fernsehen brachte etwas völlig Neues. Man erwarb damit nicht nur ein Gerät, sondern auch ein Transportmittel für raffinierte Kulturwaren aus dem Ausland, die ganz ohne Preisaufschlag ins Wohnzimmer kamen. Die Arbeiter sahen im Fernsehen eine echte Verbeserung des Lebens, und so gewann es eine ungeheure Popularität in den Jahren der Diktatur.

Das zu begreifen scheint mir sehr wichtig. Träume sind ebenso notwendig für die Reproduktion der Arbeitskraft wie die Kunst im allgemeinen für die Gesellschaft. Man mußte sich vor Augen halten, daß Brasilien vom Analphabetentum mit einem Satz zu einer hochgezüchteten visuellen Kultur gelangt war. Das stellte uns vor besondere Probleme hinsichtlich unserer politischen Agitation. Es war wichtig, sich darüber klar zu werden, daß eine siegreiche Revolution dieses hohe technische und künstlerische Niveau nicht zugunsten eines sozialistischen Realismus aufgeben durfte. Würde sie dies versuchen, so hätte sie die Arbeiter gegen sich, die die Revolution als Rückschritt empfinden würden. In meiner Phantasie stellte ich mir vor, daß wir illegale Sender betrieben und daß sie die höchsten Einschaltquoten hatten. Das war etwas ganz anderes als das Fernsehen im realen Sozialismus, von dem ich während meines Kursus in England mehrere Kostproben bekommen hatte. Die Zeit war aber zu kurz, um solchen Gedanken nachzuhängen.

Silvester 1970 verbrachte ich bei meiner Arbeiterfamilie in São Paulo. Wir tranken Bier und sangen ganz leise, um die Kinder nicht aufzuwecken. Die Oma erzählte mir, daß sie schon 1932 Leute kennengelernt hätte, die sich auf der Flucht vor der Polizei befanden. Ich wollte eigentlich nicht zugeben, daß auch ich in dieser Lage war, aber ich merkte, daß sie alles erraten hatte. Jeden Morgen verließ ich die Wohnung, um, wie ich sagte, Arbeit zu suchen. Stundenlang spazierte ich durch das Stadtzentrum von São Paulo. Meistens hatte ich gar nichts vor, wie so viele von uns. Lista, ein Genosse, der mit mir zusammen nach Algerien ausgeflogen wurde, erzählte mir später, daß er in einer Pension wohnte und jeden Morgen um sieben Uhr auf Arbeitssuche ging. Manchmal, wenn er etwas länger schlief, weckte ihn die Wirtin, damit er nicht zu spät käme.

Silvester 1970, mein letztes brasilianisches Silvester in Freiheit. Ich sang mit, ganz leise, ich wußte bereits, daß ich in einer Woche eine eigene Wohnung haben würde. Ich würde Vervielfältigungsgeräte aufstellen, Waffen lagern, Flugblätter abziehen, vielleicht sogar die *Resistência* neu herausgeben. Damals standen in unserer Organisation durchnumerierte Argumente hoch im Kurs. Wenn du also sagen wolltest, daß etwas aus zwei verschiedenen Gründen in Ordnung war, dann machte es sich gut, wenn man den Satz in »erstens« und »zweitens« gliederte. Alles erschien so glaubwürdiger. Selbst unsere Träume und Hoffnungen waren durchnumeriert. Man müßte dreimal Vertrauen haben, sagte Daniel: 1. in die Organisation, 2. in die Genossen, 3. in die Revolution. Nach ein paar Glas Bier schlief ich in der Nacht des 31. Dezember 1970 im Zeichen dieses dreifältigen Vertrauens ein und träumte von meinen hektographierten Flugblättern, während Brasilien in einem farbigen Feuerwerksrausch zu den Klängen eines Broadway-Musicals den Jahreswechsel feierte.

Das Haus, das wir anmieteten, war geradezu ideal für unsere Zwecke. Zwei große Zimmer, eine Küche mit hoher Decke und, vor allem, hervorragende Fluchtwege, für den Fall, daß wir von vorn angegriffen würden: Auf der Rückseite ging der Garten ins freie Feld über, das mit niedrigem Gestrüpp und Büschen bestanden war. Doch daran wollte ich gar nicht denken. Das war ein Haus, in dem man bleiben konnte. Ich sollte dort mit Paulo zusammenwohnen, dem Arbeiter, der mich in São Paulo abgeholt hatte.

Mit dem Geld, das ich aus Rio mitgebracht hatte, zahlten wir die Kaution und zwei Monatsmieten. Wir trieben Schlafsäcke auf, ein Tisch war vorhanden. Damals konnte ich noch nicht kochen. Entweder aß ich bei den Wirtsleuten oder in einer billigen Kneipe. Auch in dieser Hinsicht war São Paulo ideal: Man fand sich sehr schnell zurecht, und einfache Imbißstuben gab es fast an jeder Straßenecke. Zunächst war es wichtig, ein Dach überm Kopf zu haben, auch um Genossen aus Rio beherbergen zu können. Die Woche, in der ich ins »weiße Haus« zog, verging sehr schnell. Zé Roberto kam aus Rio und berichtete ausführlich über grundsätzliche Umstrukturierungen, die in der MR-8 stattgefunden hatten. Nichts Neues, sondern eine noch stärkere Betonung der Massenarbeit und der bewaffneten Aktionen. Nach und nach wurden die Mittelschicht, die Studentenbewegung und die Intellektuellen abgeschrieben. Es gab zu wenig Leute, und wir fielen in ein großes Loch. Wir hatten unsere Klasse verraten, würden aber bald in einer anderen aufgehen. Die Gefahr war, auf halbem Wege steckenzubleiben: weder vor noch zurück zu können.

Zé Roberto ging ganz sachlich auf dieses Problem ein. Er fand, wir seien vielleicht keine Bolschewiki, wenn uns der Vergleich mit der Sowjetunion gestattet sei.

Vielleicht waren wir die letzten Populisten, die aufbrachen zur Begegnung mit dem Volk und die von ihren eigenen utopischen Träumen zerschmettert wurden. Träumer des Absoluten, wie Marx sagen würde. Waren wir das? Würden wir über kurz oder lang aufgerieben, nun, da wir der Klasse, aus der wir stammten, den Rücken gekehrt hatten und von der auserwählten Klasse noch kaum wahrgenommen wurden? Die Frage erörterten wir in der Wohnung, während wir aufmerksam in den Garten, auf das Feld hinausblickten. Intelligente und mutige Fragen, die wir aber dennoch nur zögernd ansprachen. Nicht, daß wir eine Flut von Kritiken und Ratschlägen aufgrund unserer ideologischen Schwäche befürchtet hätten – die Organisation hatte ein offenes Ohr für Einwände und Fragen. Unser Hauptfeind waren wir selbst. Wenn wir erst begannen, Fragen zu stellen, würde ich dann noch weiter versuchen, hier, in einer ungepflasterten Sackgasse von São Paulo, eine kleine Gruppe von Arbeitern zu organisieren? Würde die Opferbereitschaft, die die Revolution verlangt, denn nicht privaten Ängsten zuviel Raum lassen, in den Individualismus abgleiten? Denken war eine Gefahr, denn es bedeutete, der Wahrheit mißtrauen.

Ich kommentierte die Lebensgeschichte einiger verzweifelter Revolutionäre. Dabei erinnerte ich mich an das Buch eines deutschen Dichters, das mit meiner ganzen Bibliothek in der Barão de Petrópolis der Polizei in die Hände gefallen war: *Politik und Verbrechen* von Hans Magnus Enzensberger. Zé Roberto hörte aufmerksam zu. Ein Freund hatte ihn mit seinem Wagen nach São Paulo mitgenommen, und er hatte mit ihm einen Treff in einer Stunde ausgemacht. In den wenigen Minuten, die uns noch blieben, redeten wir von etwas anderem. Wenn wir erstmal an der Macht wären, würden wir uns an unsere jetzigen Zweifel erinnern, sagten wir uns noch zum Abschied. Es war wichtig, daß er optimistisch wegfuhr und daß ich optimistisch zurückblieb. Wir hielten sehr viel voneinander. Es gehörte zu unseren Gewohnheiten, die Revolution und auch uns selbst auf den Arm zu nehmen. Das war durchaus nicht üblich und auch nicht mit jedem Gesprächspartner ratsam. Als Zé Roberto abfuhr, ging mir durch den Kopf: Vielleicht würde ich ihn nach der Machtergreifung nicht wiedersehen. Ich ahnte nicht, daß ich ihn tatsächlich nie wiedersehen würde, auch ohne Machtergreifung.

In dieser Wohnung konnte man sehr wenig tun. Dafür gab es auch nicht viel Kompromittierendes. Eine alte Zeitung, auf die ich ein paar Worte gekritzelt hatte: Mittelschichtsfront, Integration in die Arbeiterklasse. Das sollte mich später teuer zu stehen kommen.

Paulo war frühmorgens aus dem Haus gegangen und sollte um vier Uhr nachmittags zurück sein. Er kam nicht. In diesem Fall hieß es: höchstens zwei Stunden warten, dann untertauchen. Darauf war ich nicht gefaßt, daß Paulo hochgehen würde. Ich traf mich mit José, dem zweiten Arbeiter unserer Basis, und fragte ihn, was er dazu meinte. Auch er rechnete nicht mit Paulos Verhaftung. Wir spielten alle Argumente durch. Wir hatten das Haus gerade erst angemietet, und dabei war fast das ganze Geld draufgegangen, das ich aus Rio mitgebracht hatte. Das Haus war das Wichtigste, um überhaupt weitermachen zu können. Ich brauchte nicht mehr den ganzen Tag ziellos durch die Straßen von São Paulo zu laufen.

Der Untergrund hat seine eigenen Gesetze. Einem echten Berufsrevolutionär hätten sich wahrscheinlich die Haare gesträubt, wenn er unser Gespräch mit angehört hätte. Da gab's gar nichts zu diskutieren. Ich hätte das Haus noch in der gleichen Nacht verlassen müssen. Doch was tat ich? Ich beschloß, noch eine Nacht hier zu verbringen. Ich vertraute darauf, daß Paulo nicht singen würde und wollte halb im Sitzen schlafen, verließ mich darauf, daß ich über den Hinterausgang entkommen könnte. Ein paarmal weckten mich Geräusche von draußen, und ich machte mich bereit zum Sprung. Ich hatte meine Aktentasche zurechtgelegt, darin befanden sich die Ausweispapiere, mein Revolver, zwei weiße Hemden und etwas Unterwäsche.

Es wurde hell, ohne daß etwas passiert war. Ein Tag wie jeder andere brach an. Ich ging zu einem Treff mit dem zweiten Basisarbeiter, der herausfinden sollte, wo Paulo abgeblieben war. Paulo war in den letzten vierundzwanzig Stunden an keinem der vereinbarten Treffpunkte aufgetaucht. Es bestand nun kein Zweifel mehr: Er war verhaftet oder tot.

Was war zu tun? Das Haus mußte augenblicklich geräumt werden, alle Spuren mußten verwischt werden, und wir mußten eine neue KW finden. Die Zelle war noch intakt, aber angreifbar, denn Paulo wußte über alles Bescheid, kannte viele Leute, hatte fast alle Daten über unsere Pläne. In die Wohnung zurückzukehren, bedeutete auch für mich höchste Gefahr, denn schließlich hatte Paulo sie für mich beschafft.

Ich hatte in São Paulo unter den Journalisten viele Freunde, sie zu kontaktieren schien mir in diesem Augenblick nicht das Richtige. Schließlich war das mein Entschluß gewesen, ich durfte nicht noch andere hineinziehen. Die Sympathisanten, die einem Menschen, den sie nie zuvor gesehen haben, bei sich aufnehmen, taten dies aus freien Stücken, auf ihre Verantwortung. Da war das Risiko irgendwie inbegriffen. Doch Sympathisanten gab es nicht allzu viele.

Zum Ausgangspunkt zurückzukehren, hieße nur die Freunde in Gefahr bringen, die sich aus unterschiedlichsten Gründen ganz bewußt aus der Stadtguerilla herausgehalten hatten. Schlimmer noch: Es hieß, das ganze Ausmaß unseres Scheiterns zuzugeben, wenn wir Zuflucht bei denen suchten, die, unserer Auffassung nach, auf unsere Revolution angewiesen waren.

Wie viele von uns nächtigten auf Parkbänken und in Hauseingängen, fuhren bis zur völligen Erschöpfung mit dem Vorortbus bis zur Endstation und wieder zurück, um wenigstens etwas vor sich hindösen zu können. Ich mußte unbedingt Kontakt zur ALN oder zur O in Rio aufnehmen. Im besten Fall würde ich mich wieder eine Zeitlang in Anas Wohnung versteckt halten.

Unsere letzte Mahlzeit war traurig. Ich sagte zu José, daß von nun an eine große Verantwortung auf ihn zukäme. An ihm war es, die Kontakte wiederherzustellen, ohne der Polizei in die Hände zu fallen. Sie waren bestimmt schon auf seiner Spur, vielleicht standen sie schon vor der Tür. Auf jeden Fall wollte ich noch einmal ins Haus zurückgehen, um die KW ordnungsgemäß aufzulösen. Von da an würden wir uns jeden Tag um vier Uhr vor einem Denkmal treffen. In vierundzwanzig Stunden war also der nächste Lagebericht fällig. Zum Glück hatte ich jemanden von der ALN getroffen und einen Treff in fünf Tagen ausgemacht. Nur fünf Tage würden wir isoliert sein. Ich ging also noch einmal in die Wohnung. Alles schien wie immer. Ich stapelte alles, was ich brauchen konnte, auf den Küchentisch und ging hinunter, eine Limonade trinken. Wohnung auflösen, Limonade trinken, und nichts wie weg. Die Kneipe war ein wichtiger Treffpunkt. Der Wirt kannte mich vom Sehen, und die Stammgäste auch. Wenn etwas in der Luft lag, würde ich es sofort an ihrem Verhalten merken.

Ich hatte keine zwanzig Meter zurückgelegt, da wurde die Straße von Polizeiwagen abgeriegelt. Sie fuhren direkt auf mich zu. Ich wußte, sie hatten mich gesehen. Ich durfte auf keinen Fall laufen, sondern mußte ganz langsam weitergehen und erst dann losrennen, wenn sie hielten.

Falls sie sich ihrer Sache nicht ganz sicher waren, würde mein Lossprinten ihre letzten Zweifel zerstreuen. Aber dazu kam es gar nicht. Mehrere Polizisten sprangen aus dem Wagen, mit Revolvern und Maschinenpistolen im Anschlag. Einer hatte eine Maltzer 765, glaube ich, die ebenfalls wie eine MP aussah. Ich rannte los, aber der Wagen wendete und holte mich ein. Der Einsatzleiter richtete den Revolver auf mich und schrie: »Stehenbleiben, du Hurensohn!« Er schien sehr nervös. Die anderen, die mich langsam umstellten, waren ruhiger. Sie hatten, glaube ich, mit einem Schußwechsel gerechnet, einige hatten vielleicht wirklich Schiß. Das ist verständlich, vielleicht wartete im Gestrüpp auf der Böschung ein Hinterhalt auf sie, vielleicht hatte ich eine Granate im Hemd, worauf man bei solchen Operationen gefaßt sein muß. Der Einsatzleiter war mehr als nervös, er war am Durchdrehen, ich fragte mich, ob er es geschafft hätte, bei einer Schießerei die Lage unter Kontrolle zu halten. Ich versuchte durchzubrechen, aber ich hatte keine Chance. Der Chef gab den Befehl zur Hausdurchsuchung. Drei hielten mich in Schach, ich stand mit erhobenen Händen, mit dem Rücken zur Böschung, die anderen umstellten das Haus. Jetzt mußte ich ganz rasch handeln. Sie würden gleich merken, daß das Haus leer war, sie würden vermutlich mit mir hineingehen, während sie alles nochmals in Ruhe durchsuchten. Die drei zielten mit ihren Maschinenpistolen und Revolvern ziemlich lässig auf mich. Wer springt schon den an, der eine Waffe auf ihn gerichtet hält. Genau das wollte ich tun. Ich konnte es mir nicht leisten, hochzugehen. Ich wußte zu viel, ich hatte noch so viel Wichtiges vor, und ich hatte auch die Hoffnung, daß ich aus dieser und ähnlichen Situationen entkommen würde. Ich nutzte einen Augenblick der Unaufmerksamkeit aus und rannte gegen sie an. Sie wichen instinktiv zurück. Ich hatte mich genau zwischen sie geworfen. Wenn einer abdrückte, traf er vielleicht seinen Kameraden. Ich weiß nicht, ob das ihnen oder mir durch den Kopf ging, ich weiß nur, daß sie mich durchließen, und ich rannte, im Zickzack, so schnell wie noch nie in meinem Leben. Ich mußte das Gebüsch erreichen, eine Mulde in der Böschung, ich mußte mich ganz einfach ins Gestrüpp werfen und erstmal verstecken. Zu Fuß würden sie mich kaum kriegen, dazu waren sie zu schwer bewaffnet. Ich hörte sie schreien: »Stehen bleiben oder ich schieße!« Ich hörte die ersten Schüsse, und ich spürte so etwas wie Euphorie. Es knallte, und ich lief immer noch. Als ich aber von der Straße ins Gebüsch abbiegen wollte, erwischte mich ein Schuß im Rücken. Es warf mich nach vorn, dann ein stechender Schmerz, und ich ließ mich hinfallen. Was einem da so durch den Kopf geht, wenn man am Boden liegt. Ich dachte: Ich stehe auf und mache weiter. Der Schuß im Rücken soll mich nicht daran hindern. Ich stehe auf und renne in den Wald. Das alles lief nur in meinem Kopf ab, während mein Körper im Straßenstaub lag. Ich rannte nur in meiner Vorstellung. Plötzlich spürte ich den Lauf an der Schläfe. Jemand sagte: »Den erledige ich.« Der andere, der dazu kam, widersprach: »Kommt nicht in Frage. Der muß verhört werden.« Einige Sekunden verstrichen. Wer hatte hier das Sagen? Der Gnadenschuß wäre nicht das Schlimmste gewesen. Einige Minuten verstrichen, und ich begriff, daß man mich nicht so einfach abknallen würde. Vom Haus her kamen die anderen angerannt: »Das ist doch der Typ aus Rio, los, packt ihn.«

Sie warfen mich in den Mannschaftswagen. Es mußte ungefähr fünf Uhr nachmittags sein. Der Schütze war vermutlich der untersetzte Mulatte. Er schien sehr zufrieden. Der Fahrer gab Gas, und einer beugte sich über mich und fragte, wie es mir ginge. Ich phantasierte. In wilder Folge zogen alle berühmten Toten an mir vorbei, die im Kampf für ein besseres Leben in Lateinamerika gefallen waren, alle die Ereignisse, die mich vom Balkon des *Jornal do Brasil*, von der Avenida Rio Branco auf diese staubige Straße geschleudert hatten. Ich dachte daran, daß mein Hemd voll Blut war und daß die Brüder Peredo auf die gleiche Weise in Bolivien umgekommen waren, ich dachte an die Studenten, die für uns alle eine Schweigeminute einlegen würden, und ich dachte daran, daß die Genossen in Rio morgen oder später erfahren würden, daß ich in São Paulo hochgegangen war.

Ein tiefsitzender Schmerz, der immer schlimmer wurde. Der Polizist, der auf der hinteren Bank saß, neben dem rechten Fenster, beugte sich zu mir und löste meinen Gürtel. Vielleicht nützte das nicht viel, aber es hat mir geholfen. Der Wagen fuhr noch schneller. Sie hatten kein Blaulicht, keine Sirene, und mußten sich an die Verkehrsregeln halten. »Verdammt noch mal, wir brauchen hier eine Einbahnstraße. So geht das nicht. So geht das wirklich nicht. Wie fährt denn überhaupt dieser Hurensohn, der kann doch gar nicht fahren, hast du keine Augen im Kopf, das wäre fast schiefgelaufen. Scheißkerl!«

Immer wieder kamen in meine Fieberphantasien Fetzen ihres Gesprächs. Sie sprachen über den Verkehr, als hätten sie ein ewiges Leben vor sich. Der Tod war etwas, das hinter ihnen auf der Pritsche lag. Sie glaubten an die Zukunft, meckerten über die Bürokratie, ab und zu drehte sich einer nach mir um. »Ist der eigentlich schon hinüber?« fragte der Fahrer. Einer antwortete: »Nee, noch nicht.« Der Fahrer fuhr immer schneller, schimpfte immer unflätiger über die anderen Verkehrsteilnehmer. Ich hoffte inständig, daß wir endlich aus dem Stau herauskamen. Ich wollte nicht sterben, auch wenn mich noch schreckliche Foltertage erwarteten. Ich mußte überleben. Ich sagte: »Verdammt, warum kommen wir nicht endlich durch.« Der Fahrer fragte, was ich gesagt hätte. Der Polizist auf der hinteren Sitzbank wiederholte es, und der Fahrer antwortete: »Das schaffen wir schon.« Endlich kamen wir in der Klinik an. Ich wurde in die Aufnahme geschoben, und ein paar junge Assistenzärzte kamen, um nach mir zu sehen. Sie fragten mich nach meinem Namen. »João, Guerillero, sonst habe ich nichts zu sagen.« Dieser Satz wurde später oft zitiert. Die Männer von der Politischen Polizei in São Paulo mußten immer lachen, wenn ich durch die Korridore geschoben wurde. Wahrscheinlich klang das feierlicher als nötig. Einige Praktikanten riefen ihre Freunde, um mich zu bestaunen. Plötzlich war der Raum voller Menschen, und ich wiederholte ständig: »João, Guerillero.«

Ich wurde ganz vorsichtig auf eine Trage gelegt und in den Operationssaal geschoben. Das alles beruhigte mich. Ich war noch nicht tot, aber jetzt begann etwas, was ich nicht unter Kontrolle hatte. Ich bat den jungen Arzt, er solle mich mal an seiner Zigarette ziehen lassen. Er sagte: »Hier wird nicht geraucht. Schnief mal lieber das hier.« Ich atmete das Chloroform ein und war weg.

Das erste Verhör fand noch in der Klinik statt. Hauptmann Maurício, begleitet von zwei Adjutanten, beugte sich über mein Bett: »João, wach auf, João. Du bist ein Idealist. Aber ich auch. Du wirst auspacken, João.« Man hatte mich brutal aus der Narkose gerissen. Die Ärzte waren von der Spezialtruppe der Operação Bandeirantes einfach überrumpelt worden. Keiner hätte zu diesem Zeitpunkt ein Verhör zugelassen. Auspacken? Wer ist João? Wer ist der Typ neben meinem Bett, der will, daß ich auspacke? Ich fühle mich, als sei ich aufs Bett genagelt, spürte den Schmerz im Bauch, und nach und nach fügte sich alles zusammen: der Schuß in den Rücken, die Fahrt in die Klinik, der Augenblick vor der Operation. Mein Bauch fühlt sich wie Blei an, eine Sonde hängt mir aus dem Penis heraus und eine aus der Nase. Auspacken? Ich blicke den Hauptmann mit weit aufgerissenen Augen an und bestätige die Angaben in meinem gefälschten Ausweis, und daß ich in dem Haus wohnte, das sie ausgehoben hatten. Das Verhör endete mit der Drohung: »Morgen wirst du reden!« Sofort begannen die Vorbereitungen für meine Verlegung ins Militärhospital II, wo sie sich in Ruhe mit mir beschäftigen konnten. In dieser Phase brauchte ich sehr lange um zu begreifen, was eigentlich ablief. Ich war sehr traurig. Noch schlimmer als die Schmerzen war die Trauer. Ich würde meine Freunde nicht so bald wiedersehen, ich konnte nicht mehr über mich verfügen. Sie beschlossen mich zu verlegen, und ich ließ es geschehen, ohne mich zu rühren. Sie verfrachteten mich vom Bett auf die Trage, brachten mich zum Wagen, deckten mein Gesicht zu. Als ich wieder die Augen öffnete, befand ich mich im Militärhospital. Die Bewaffneten, die um mich herumstanden und dauernd fluchten, das trübe Licht, das von draußen durchs Fenster fiel, alles vergrößerte meine Traurigkeit. An das Bett, in dem ich jetzt lag, waren alle möglichen Apparaturen angeschlossen, ich hatte Sonden und Schläuche zur künstlichen Ernährung am Arm und, ich glaube, auch an den Beinen. Ich glaube, sie hatten mir auch die Vene am Bein geöffnet, und die Wunde verheilte während meiner ganzen Gefängniszeit nicht.

Aber was ging mich im Augenblick mein Bein an? Im Bauch und im Rücken waren die Schmerzen stärker geworden. Das zweite Verhör fand an einem Ort statt, wo ich fast 40 Tage blieb: das Gefangenenzimmer im Militärhospital II. Außer meinem Bett gab es noch eins für einen Wachtposten, damit ich immer unter Aufsicht stand. Ein anderer Posten stand an der Tür. Außerdem hatte man die Bewachung am Hospitaleingang verstärkt, weil man ja nie wissen konnte. Das Bett des Wachtpostens stand meinem direkt gegenüber. Dahinter befand sich die Toilette, vielleicht gab es dort sogar ein Bidet, aber das entdeckte ich erst zwanzig Tage später, als ich aufstehen durfte.

Vor dem zweiten Verhör verpaßte mir der Pfleger eine Spritze. Ich weiß nicht mehr, was das für eine Spritze war. Ich weiß nur noch, daß mir am Ende des Verhörs dicker Schaum vor dem Mund stand, daß meine Zunge schwer wurde und daß ich keinen Satz zuendebringen konnte. Jedes Wort erforderte eine so große Anstrengung, daß sich kein Sinnzusammenhang ergab. Jedes Wort war ein Sieg. Nur bedeutete das nichts. Immer wieder mußten die Verhöre aus dem gleichen Grund abgebrochen werden: Nichts ergab einen Sinn. Ich weiß nicht, ob das das Wahrheitsserum war. Wahrscheinlich hatten meine Reaktionen aber eher mit ganz normalen Schlafmitteln zu tun, die die Ärzte mir verschrieben. Sie stießen mich in einen Wortsumpf, rollten meine Zunge ein, verwandelten meinen Speichel in zähflüssigen Schleim. Beim zweiten Verhör gelang es mir trotzdem, dasselbe zu sagen wie beim ersten. Der Zeitpunkt des Treffs mit José war vorbei, gut so. Bald wußten alle Genossen von meiner Verhaftung. Das erhöhte meine Überlebenschancen und verringerte mein Gefühl totaler Isolation. Ich stellte mir vor, daß Dominguinho weinte, Zé Roberto weinte, und fast fing ich selbst zu weinen an. Okay. Wenn schon einer draufging, immer noch besser, wenn ich es war. Die Wachtposten wechselten ständig. Einige erzählten mir, daß der letzte Patient in diesem Zimmer João Dominguez gewesen sei. Er war in meinem Bett gestorben. Ich war praktisch sofort nach ihm hier eingetroffen. In den Nachbarzellen saßen Deserteure ein, die nicht einmal Blickkontakt mit mir haben durften. Jeder Wachtposten gehörte zu einer bestimmten Gruppe. So wußte ich immer, welche Dienst hatte. Zu der meinen von Hauptmann Maurício gehörte ein junger Typ von der CCC, dem Kommando zur Kommunistenhatz.

Er beschimpfte mich unaufhörlich und fuchtelte mit dem Revolver vor meinem Gesicht herum. Das war der unangenehmste von allen. Er beschimpfte mich dauernd, drückte aber seine Waffe, einen 45er Colt, nie ab. Sein Verhalten verfolgte gar keinen Zweck. Es trug nicht dazu bei, meinen Widerstand zu brechen, es führte zu überhaupt nichts. Das war einer von den Folterern, die mit Vergnügen Überstunden machen, während die anderen nach Dienstschluß total umschalten. Nach vierundzwanzig Stunden gab ich meinen richtigen Namen an und fing zu erzählen an. Sofort wurde die Mannschaft verstärkt, alles was ich sagte, bevor ich wieder wegsackte, wurde genau festgehalten. Damals schlauchten mich die Verhöre sehr.

Die Folter bestand vor allem im Überraschungsefekt. Häufig fingen sie um zwei Uhr morgens an, manchmal kamen sie erst am Spätnachmittag. Aber sie kamen immer.

Es ging ihnen vor allem darum, Kontakte und KWs herauszubekommen. Aber die Operation und das Blabla mit dem falschen Namen hatte mich davor bewahrt, die Treffs anzugeben. Selbst Anfänger wußten, daß ich ihnen nichts Neues zu verraten hatte oder, genauer, daß mit den Treffs schon alles gelaufen war. Sie waren mißtrauisch, denn kaum fragten sie nach einem Treffpunkt, gab ich bereitwillig Auskunft. Das alles zu überprüfen brachte nichts mehr. Zu viel Zeit war verstrichen, inzwischen hatten schon alle von meiner Festnahme erfahren. Was die KWs betrifft, so setzte ich auf die mangelnde Koordination auf bundesstaatlicher Ebene. Als erstes gab ich die KW in der Rua Rainha Guilhermina preis. Vierundzwanzig Stunden später kamen sie wütend an, weil ich sie in eine längst aufgegebene Wohnung geschickt hatte. Ich merkte, daß ich diese Taktik noch ausbauen konnte, und ich glaube, das gelang mir ganz gut. Ich verriet nichts Wichtiges, ich glaube sogar, ich habe während meiner ganzen Haft keine wesentlichen Informationen gegeben.

Ich hatte einen Trick: Nie verweigerte ich die Auskunft, so hatten sie nie den Eindruck, ich leiste Widerstand. Nur ein Protokollführer, der sich als Nationalist bezeichnete, schlug eine andere Gangart ein. Er fand, ich würde sie auf den Arm nehmen und versuchen, sie immer in Gespräche zu verwickeln, um mir die Schwachstellen des Apparates zunutze machen zu können. Das war das Schmeichelhafteste, was man mir während der Operação Bandeirantes sagen konnte. Mir ging es vor allem darum, zu überleben und unnötige Schmerzen zu vermeiden. Das hieß, sie auf falsche Fährten zu locken, Zeit zu gewinnen, Wutausbrüche abzubiegen, Informationen zu geben, die sie schon hatten. Zum Beispiel KWs. Sie tobten, aber sie konnten mir nicht nachweisen, daß die Wohnung schon lange vor meiner Festnahme geräumt worden war. Dank der schlecht funktionierenden Zusammenarbeit zwischen der Polizei der einzelnen Bundesstaaten konnte ich noch ein paarmal die KW in der Rua Rainha Guilhermina angeben. Keine andere konspirative Wohnung wurde so oft gestürmt. Der Pförtner wußte bereits Bescheid. Wann immer er Männer kommen sah, die wie Polizisten aussahen, händigte er ihnen sofort den Schlüssel aus und sagte nur: »Bitte, treten Sie die Tür nicht ein, das wäre in dieser Woche schon das fünfte Mal.«

Ich war nicht im geringsten geeignet, den Spartaner zu spielen. »Von mir bekommt ihr kein Wort heraus, lieber sterbe ich unter der Folter.« Ich hatte nicht vor zu sterben. Wenn ich so hohe Ansprüche an mich gestellt hätte, wäre es mir wie ein tiefer Sturz vorgekommen, wenn ich erst mal zu singen anfing. Ich habe aber im Gefängnis viele gesehen, die kein Wort gesagt haben. Viele gaben zu, sie seien Kommunisten; sonst hätten sie nichts zu sagen. Andere retten sich in verschwommene Aussagen: »Weiß nicht, wieso.« usw. Das war nicht mein Stil, wird es wohl auch in Zukunft nicht sein. Für mich war das eher ein Auf und Ab, mit kleinen Niederlagen und kleinen Siegen. Manchmal war ich nach einem Verhör völlig am Boden, hatte das Gefühl, daß ich ihnen auf den Leim gegangen war, daß ich ihnen Informationen gegeben hatte, von denen ich nicht mit Bestimmtheit wußte, ob sie sie schon hatten oder nicht. Aber es kam auch vor, daß ich mich überlegen fühlte, intelligent und schlau. Da ich nie sicher sein konnte, daß ich nicht doch redete, bevor ich starb, war es vernünftiger, immer ein Programm parat zu haben, voller Konzessionen und Täuschungsmanöver, um mir Qualen zu ersparen und gleichzeitig die Folterer in die Irre zu führen.

Von denen, die nicht geredet haben, kamen einige um, andere nicht. Ich war ein Sonderfall. Die Kugel hatte eine Niere, den Magen und die Leber durchschlagen. Mich konnte man nicht, ohne mein Leben zu gefährden, an die Papagaienschaukel hängen oder auf den Drachenstuhl, eine Art elektrischen Stuhl, setzen. Wenn gefoltert wurde, dann im Bett oder gar nicht. Sie konnten mit dem Tropf spielen, die Sonde aus dem Penis reißen, sie konnten drohen, den Infusionsschlauch abzuklemmen. Mich mußte man durch Erschöpfung fertigmachen. Das war kein Kampf gegen die Zeit wie in den richtigen Folterkammern, wo die Uhren überklebt sind. Hier ging es nur darum, möglichst rasch den Treffpunkt herauszubekommen, die Adresse zu notieren und sofort loszufahren zu den konspirativen Wohnungen, in denen vielleicht noch Leute waren. Die überklebten Uhren aber sind für mich das Symbol der Folter: Man raubte dem Gefolterten den Zeitbegriff. Er durfte nicht wissen, wie spät es war, denn sonst würde er noch einige Minuten länger aushalten und vielleicht ein Menschenleben retten. Nicht nur die Uhrzeiger messen den Ablauf der Zeit. Das verdeckte Zifferblatt war zugleich Ausdruck der Allmacht des Folterers. Sein Streben nach totaler Gewalt über den Gefolterten ist mit dieser anderen Vorstellung der Abschaffung der Zeit gekoppelt. Die Folter ist nur dann perfekt, wenn die Zeit stillsteht.

Ich versuche, die Folter irgendwie literarisch zu fassen, denn ich habe nicht das Recht, als einer zu sprechen, der sie in vollem Ausmaß kennengelernt hat. Manchmal schoß ein Blutstrahl durch die Sonden. Hauptmann Homero wich angewidert zurück: »Ich bin Polizist, nicht Arzt, ich halte diese Sauerei nicht aus.« Allmählich gelang es mir, diese Blutstürze ein wenig unter Kontrolle zu bekommen, und ich schaffte es sogar, einen Blutpropf zurückzuhalten und ihn im richtigen

Augenblick abgehen zu lassen. Im Vergleich zu dem, was ich aus nächster Nähe mitbekam, habe ich aber nicht das Schlimmste durchgemacht. Von Folter könnte ich est dann sprechen, wenn sie mich unverletzt in die Hände bekommen hätten, und wenn ich den gleichen Prozeduren unterzogen worden wäre wie die anderen. Aber muß ich mich wirklich entschuldigen, weil ich nicht wie andere gefoltert wurde?

Als Südamerikaner bin ich noch immer vom Männlichkeitswahn geprägt, aber vielleicht trifft das heute nach so vielen Jahren für mich nicht mehr so zu wie damals.

Man muß nicht ein Mindestsoll an Schüssen und Folterqualen nachweisen können, um über Stadtguerilla oder Folter sprechen zu dürfen.

Stumm in den Tod gehen – ist das nicht Ausdruck einer Weltsicht, die den Militanten als Mann aus Marmor begreift? Waren wir nicht immer noch in einem Stalinismus befangen, der auf der ganzen Welt in den letzten Zügen lag? Fragen, die ich mir im Bett stellte, in den vielen Zellen, die ich kennenlernen sollte.

Im Militärhospital gingen die Verhöre im gleichen Stil weiter. Alle malten mir eine intensive Behandlung aus, sobald es mir besser ginge und die Kanülen entfernt würden. Manche Polizisten wurden mit der Zeit freundlicher. Sie erzählten von sich und von ihren Karnevalsvorbereitungen. Mehrmals wurde ich von der Mannschaft verhört, die mich festgenommen hatte. Wir unterhielten uns sehr angeregt. Einer hat mir sogar den Rat gegeben, nicht so schnell gesund zu werden und möglichst lange im Bett zu bleiben. Das war gut gemeint, aber meine Genesung machte Fortschritte. Am zwanzigsten Tag machte ich die ersten Gehversuche. Ich hatte ungefähr zwölf Kilo abgenommen und war ganz krumm. Ich schien um Jahre gealtert, und es sah aus, als würde ich nie mehr aufrecht stehen können. Aber immerhin konnte ich wieder gehen. In einem zerschlissenen Schlafanzug, den sie mir gegeben hatten, ging ich allein zum Waschbecken, aufs Klo. Sie sahen das, der Pfleger sah das, man konnte mich nicht länger im Militärhospital behalten. Sie brachten mich in den Trakt der Operação Bandeirantes, die Anweisungen waren unmißverständlich. Merkwürdigerweise habe ich im Militärhospital nie einen Arzt zu Gesicht bekommen, immer nur den Pfleger. Am Tag meiner

Verlegung kam ein Arzt, lächelte mir zu und wünschte mir alles Gute.

Im Trakt der Operação Bandeirantes bekam ich eine kleine Zelle im obersten Stock. Ich ging an der Wache vorbei, sah den Innenhof, links den Eingang zum Gefängnis. Am ersten Tag wurde ich vom Team des Hauptmanns Albernaz verhört. Jetzt hatten sie bereits beste Informationen über mich, kannten meine Tätigkeit in São Paulo, verfügten über fast alle Daten zur Entführung des amerikanischen Botschafters. Foltern würden sie mich trotzdem, auch wenn sie wußten, daß nichts Wichtiges dabei herauskam, nun, da ich keine Treffpunkte und KWs mehr angeben konnte. Hauptmann Albernaz schlug auf den Tisch, befahl mir, mich hinzusetzen, und hielt erstmal eine kurze Rede. Die anderen bauten sich hinter mir auf. Er schrie mich an, ich sei ein Esel, ein riesengroßer Esel, mit ihm würde ich keine Konversation machen, sondern klipp und klar auf seine Fragen antworten. Wo war Salgado? Ich wußte es nicht, wußte von keinem, wo er war. Hauptmann Albernaz schlug wieder mit der Faust auf den Tisch, und Raul, einer seiner Männer, zeigte auf das Feldtelefon und sagte mir, daß ich gleich Fidel Castro an der Strippe haben würde. Sie schlossen die Drähte an meine Hände an und begannen, mir Elektroschocks zu verpassen, während sie mich nach dem Namen fragten. Während der Elektroschocks schrie Hauptmann Tomás unaufhörlich: »Du dreckiger Araber.« Ich konnte nicht glauben, daß es so etwas wirklich gab, daß es Menschen gab, die so etwas taten. Natürlich wußte ich längst davon, aber jetzt erlebte ich es am eigenen Leibe, und das war so, wie wenn man Kinder sieht, die einem Spatzen die Beine ausreißen. Wie können Leute in ihrem Alter so etwas tun? Die Elektroschocks gingen weiter, und als sie die Elektroden an meinem Ohrläppchen befestigten, da dachte ich nur noch, daß mein Kopf gleich platzen würde, und daß das nicht sein durfte. Bei jedem Stromstoß glaubte ich auseinanderzubrechen, gleich würde mein Kopf entzweigehen, aber ich hoffte, daß sich mein Körper dagegen wehren könnte. Ab und zu fragten sie nach Helena. »Das ist seine Frau«, sagte Albernaz. »Die eigene Frau verpfeift man doch nicht.« Manchmal stellten sie auch gar keine Fragen. Ich merkte, sie wollten nur ein bißchen mit mir herumexperimentieren, aber es war wahnsinnig hart. Ich hatte überall Sonden und Kanülen drin gehabt, kam direkt aus dem Krankenhaus, und jetzt steckten sie wahllos ihre Drähte in mich hinein. Ich war empört. Der Schmerz war unerträglich, aber der Haß war noch größer. Ich weiß nicht mehr, wie lange es dauerte. Sie schrieben nicht einmal mit.

Als ich in meine Zelle zurückgebracht wurde, wußte ich, die Schlacht ging weiter. Manchmal kam einer auf mich zu und sagte: »Wir legen dich um, das ist doch viel einfacher.« Kommissar Otávio, der später in Rio exekutiert wurde, schrie oft dicht vor meiner Tür: »Wenn er schon nicht reden will, präpariert ihn ein bißchen, und wir bringen ihn weg und hängen ihn auf.« Ich konnte ihn gut hören, aber das beunruhigte mich nicht allzusehr. Das hieß im normalen Knast »die Anmache«. Wenn die »Anmache« zu dick aufgetragen wird, hat sie gegenteilige Wirkung. Nachmittags hörte ich Hauptmann Homero kommen. Mein Fenster ging auf den Hof hinaus, und ich hörte ihn sagen, es sei lächerlich, mit Militärparaden und konventionellen Methoden die Guerilla bekämpfen zu wollen.

Ich weiß nicht, warum er das am Eingang der Operação Bandeirantes sagte und warum er so schallend lachte. Am Abend kam er mit einem Ausriß aus der Zeitung *Folha de São Paulo*. Er sagte, er sei es langsam leid, nur Polizisten um sich zu haben, mit Polizisten könne man keine vernünftigen Gespräche führen. Er erzählte mir von seiner Mutter, an der er sehr hing. Sie wohnte bei ihm, und er dachte gar nicht ans Heiraten. Ab und zu fuhr er mit einer Frau nach Santos, zog sein Programm ab und kehrte dann wieder zu seiner Mutter zurück. Ich fragte ihn nach dem Leben draußen, denn der Zeitungsfetzen, den er gebracht hatte, enthielt recht wenig Information. Er sagte, daß unsere Lage aussichtslos sei. Ich wechselte das Thema, denn es schien mir doch nicht ganz angebracht, mit Hauptmann Homero über unsere Zerschlagung oder unsere Rettung zu sprechen. Er ging und ließ mir die Zeitung zurück. Irgendwie war er sehr nett.

Als ich hinunter in Zelle 2 gebracht wurde, geschah etwas, was wichtiger war als alles in den letzten dreißig Tagen: Ich traf den ersten von uns. Gefreiter Mariani saß in Zelle 1, und wir freundeten uns sofort an. Wir waren die einzigen Gefangenen der Operação Bandeirantes. Manchmal wurden wir Einheiten vorgestellt, die die Terroristenbekämpfung im Landesinnern aufbauten. Hauptleute aus Rio Grande do Sul tauchten da an meiner Zellentür auf und ließen eine kurze Vorstellung über sich ergehen: »Das ist der Gabeira, er hat bei der Entführung des amerikanischen Botschafters mitgemacht und wurde hier in São Paulo von uns festgenommen. Alles klar, Gabeira?« Was soll man darauf antworten? Alles klar, Hauptmann Albernaz. Mariani und ich gehörten allmählich zum Inventar der Operação Bandeirantes. Die Soldaten, die hier Wache schoben, mochten Mariani sehr. Er war mit Hauptmann Lamarca aus der Kaserne in den Untergrund gegangen und hatte eine Menge Waffen für die Guerilla mitgehen lassen. Man hatte ihn in Juiz de Fora gefoltert, wo sie ihn nicht an die Papagaienschaukel, sondern an der Decke, mit dem Kopf nach unten, aufhängten. Sie hatten ihm die Eier eingetreten und ihn halb umgebracht. Als ich ihn kennenlernte, hinkte er noch immer. Auch ich hinkte und ging ganz krumm. Mit den beiden einzigen Häftlingen der Operação Bandeirantes war nicht viel Staat zu machen. Die Zeichen der Gewalt waren deutlich, wenn man uns vorführte. Mariani bot mir Zigaretten an, stellte auf nette Art Fragen, gab mir Tips über das Gefängnis und die Wachsoldaten. Sie waren alle von der Militärpolizei und mit guten Umgangsformen. Einer war richtig gekränkt, als ich einmal vergaß, ihm guten Morgen zu wünschen. Er kam an meine Zellentür und sagte:

»Was ist denn los? Ich tue schon seit einer Viertelstunde Dienst und du sagst nicht einmal guten Morgen!« Ich hatte starke Schmerzen und konnte nicht mit ihm Fingerhakeln. Sie stellten das Gewehr weg und machten mit Mariani Fingerhakeln, er drinnen, sie draußen. Mir ging es sehr schlecht. Ich brachte nichts mehr hinunter und mußte auf dem kalten Steinfußboden schlafen. Ich erlitt einen Rückfall. Ich hatte Nierenblutungen, Blutpropfen verstopften den Harnleiter. Die Schmerzen waren unerträglich, so stelle ich mir Geburtswehen vor. Ich schrie unaufhörlich, tagelang, daß ich krepiere, und wenn ich müde wurde, schrie Mariani für mich weiter. Endlich riefen sie eine Militärambulanz, und die Pfleger entschieden, ich müßte zurück ins Militärhospital. Ich wurde ins Militärhospital zurückverlegt, wo hochgradige Blutarmut festgestellt wurde. Und nun? Sie meinten, ich würde aber auch in der Zelle der Operação Bandeirantes durchkommen.

Als ich zurückkam, sah ich, daß die Operação Bandeirantes Zuwachs bekommen hatte. In meiner Zelle war ein Mann, der den Kongreßsaal in Ibiuna gemietet hatte, und in Zelle 3 saß Frei Tito. Zu Mariani hatten sie einen Ex-Gefreiten gelegt, der sich nach Uruguay abgesetzt hatte und bei Montevideo eine Hühnerfarm betrieb. Er wollte in Brasilien Ferien machen und wurde in São Paulo verhaftet. Oben, in dem Zimmer, das ich anfangs hatte, befand sich Adamaris Lucena. Wir hörten sie ununterbrochen schreien.

Trotz der Neuankömmlinge ging es mit der Operação Bandeirantes nicht so recht voran, wie die Polizei gehofft hatte. Die beiden, die sie bis jetzt in der Mangel gehabt hatten, waren physisch am Ende. Außerdem hatten sie keinen einzigen Hinweis, der sie auf eine neue Spur gebracht, ihnen zu neuen Verhaftungen verholfen hätte. Um nicht völlig untätig zu sein, hatten sie Frei Tito de Alencar aus dem Präsidium Tiradentes und den Alten, der Ibiuna gemietet hatte, vom DOPS holen lassen. Sie zogen jetzt ein paar Foltersitzungen ab, um die Kongreßgeschichte unter organisatorischem Gesichtspunkt zu rekonstruieren.

Als ich in meine Zelle zurückkam, lag Frei Tito in seiner Zelle auf den Knien und betete. Ich fragte den Alten, was los sei, und er erzählte mir die ganze Geschichte. Ich sprach mit Mariani und erfuhr auch die Sache mit dem Ex-Gefreiten. Der Fall von Frei Tito und vom Alten schien komplizierter zu sein, denn sie sollten wieder unter die Folter. Sie wechselten kein Wort miteinander. Bald mußte das Abendessen kommen, das fast immer aus braunen Bohnen, Reis, Hack und Kürbis bestand. Dieser Augenblick war sehr wichtig, weil dann immer einer von uns hinaus durfte, um die anderen zu versorgen. Das war auch der Augenblick für kurze Gespräche, kleine geflüsterte Botschaften, die man sich nicht vor den Wachen laut zurufen konnte.

Damit Frei Tito und der Alte nicht mehr gefoltert würden, gab es eine einfache Methode. Zuerst mal mußten sie Frieden schließen und einen gemeinsamen Plan ausarbeiten. Man setzte ihnen schwer zu, um belanglose Einzehlheiten aus ihnen herauszupressen. Sie wurden z. B. gefoltert, um den Namen des Fahrers anzugeben, der sie zum Kongreßort gefahren hatte. Warum nicht einen Mann erfinden, eine ganze Story erfinden, in diesen Minuten, wo wir uns im Flüsterton unterhalten konnten? Dann galt es, zur Folter hinaufzugehen und eine große Schau abzuziehen, zusammenzuklappen und zu singen. Wenn dann der andere an der Reihe war, mußte er eine völlig andere Story erzählen, das dauerte nur einige Minuten, und dann mit Einzelheiten herausrücken, die durchaus glaubhaft erschienen. In unserem Slang hieß das »eine Geschichte abschließen.«

Wenn dann, mit Hilfe der Folter, Einzelheiten ans Licht kamen, die aus der Sicht der Polizei einander zu bestätigen schienen, dann war der Fall abgeschlossen. Wieviele Geschichten wurden so zur allgemeinen Zufriedenheit abgeschlossen! Ausschlaggebend dafür war die Fülle von Einzelheiten, die sich im Laufe mehrerer Foltersitzungen bestätigen würden, ohne jedweden logischen Bruch und natürlich ohne jede Verbindung zur Wirklichkeit. Warum sollten sie nicht angeben, daß der Fahrer Waldir hieß, warum sollten sie nicht eine übereinstimmende Beschreibung von ihm geben? Dann hätte die Polizei noch einen Waldir zu suchen und konnte ihnen keine Unwahrheit nachweisen. Damit wäre die Folter bald zu Ende, und wir könnten den Ex-Gefreiten von seiner Hühnerfarm in Montevideo erzählen lassen.

Aber der Alte wie Frei Tito waren starrsinnig. Ich verteilte an jenem Abend das Essen und redete völlig gegen die Wand an. Am nächsten Tag kamen sie wieder auf die Papagaienschaukel. Sie waren keine Spezialfälle, denn sie wurden während der Bürostunden gefoltert. Ich hatte das Gefühl, versagt zu haben. Außerdem sind Bohnen sehr schwer verdaulich, wenn man gerade eine Magenoperation hinter sich hat. Nach dem Essen bekam ich schreckliche Schmerzen.

Mariani redete dem Ex-Gefreiten zu, ich glaube, er hieß Wilson, doch zu essen. So ein Gespräch findet in allen Gefängnissen der Welt statt, wenn ein erfahrener Häftling und ein rein zufällig festgenommener Unschuldiger zusammenkommen. Der Ex-Gefreite weigerte sich zu essen, weil er meinte, er würde sofort wieder auf freien Fuß gesetzt. Er wollte sich hier nicht häuslich einrichten, weil er jede Minute mit seiner Entlassung rechnete und dann sofort ein heißes Bad nehmen wollte. Er wollte nicht seine Pritsche herrichten, weil er überzeugt war, daß er noch heute in seinem eigenen Bett schlafen würde.

Mariani redete ihm gut zu, es sich doch bequem zu machen, denn es sei gar nicht so sicher, daß er sofort wieder rauskomme. Er hatte schon viele Leute gesehen, die sicher waren, sie würden am nächsten Tag freikommen, und die dann Monate blieben und jeden Abend durchdrehten, weil sie noch immer nicht draußen waren.

An dem Tag war ganz schön was los. Einige Soldaten wollten von mir wissen, wie man eine Bank überfällt, weil sie ein eigenes Kommando aufstellen wollten. Sie redeten mich mit »Herr Kidnapper« an und waren überhaupt sehr nett zu mir. Nur hatten sie keine Ahnung von Banküberfällen, und wenn sie schon ein eigenes Kommando gründeten, dann war es das Beste, sie setzten sich mit Leuten zusammen, die einschlägige Erfahrungen hatten. Sobald es mir besser ging, würde ich ihnen erzählen, was ich darüber in den Zeitungen gelesen hatte. Ich hatte keine Zeit für längere Ausführungen. Ich verkroch mich in einer Ecke meiner Zelle, mir war übel, ich hatte Atembeschwerden.

Da lag ich im Halbdunkel, unter dem Kopf die alte graue Jacke, die ich hier bekommen hatte. Hauptmann Tomás kam vorbei. Er hatte irgendwie arabische Gesichtszüge, und als ich ihn fragte, ob seine Eltern Einwanderer aus dem Nahen Osten seien, bejahte er. Hauptmann Tomás hatte mich während der Folter dauernd als »dreckiger Araber und Hurensohn« beschimpft.

So war das also. Aber ich hatte zu große Schmerzen, um weiter darüber nachzudenken.

Am nächsten Morgen, sobald es hell wurde, begann ich mit meiner Lieblingsshow: »Hilfe, ich sterbe.« Ich schrie so laut ich konnte, bis die Soldaten es nicht mehr aushielten und den Wärter holten. An dem Morgen war es nicht nötig, daß Mariani für mich weiterschrie. In knapp einer Stunde stand eine Gruppe bereit, die mich ins Hospital bringen sollte. Sie wollten in der Stadt etwas erledigen und brauchten einen Vorwand. Als sie mich im Wagen verfrachtet hatten, sagten sie mir, worum es ging. Sie würden mich ins Hospital bringen und dann zur Verkehrspolizei oder irgendeiner anderen Behörde fahren. Wir fuhren also zum Hospital, wo die Ärzte mich wieder einmal untersuchten und zurück in die Operação Bandeirantes schickten. Mir fehlte nichts, bis auf die Blutarmut und die Blutpfropfen in den Nieren, aber die waren nicht zu vermeiden, so lange ich auf dem Zementfußboden schlief. Gerade als wir hinausfuhren, wurde Frei Tito eingeliefert. Er hatte sich die Pulsadern aufgeschnitten. Er bekam mein Bett und würde vielleicht noch am selben Tag den Besuch eines Geistlichen erhalten. Vom Hospital fuhren wir weiter zu ihrem »Geschäftstermin«. Es war, wenn ich recht verstand, eine finanzielle Transaktion, genauer, es ging um Schmiergelder. Sie waren so zufrieden, als sie herauskamen, daß sie beschlossen, mir ein Sandwich und eine Cola zu spendieren. Warum sollte ich ablehnen, nur weil ich Grund hatte, anzunehmen, daß das Geld aus einem unsauberen Geschäft stammte? Sie überfielen ganz einfach eine Bar, zwei bewaffnete Männer postierten sich am Eingang, zwei begleiteten mich zur Theke, wo ich meine Cola trank und meinen Hamburger verzehrte, so wie der Western-Held in Begleitung seiner Kumpane einen Whisky am Tresen kippt. Nur sahen die Leute im Lokal etwas nervöser drein als die Statisten im Film. Die Männer waren mit Maschinenpistolen und Gewehren bewaffnet, und ich trug eine dunkle Hose, ein altes Hemd und eine schmutzige alte Jacke, die mir als Mantel, Decke und Kopfkissen diente. Immerhin versuchten sie, so gut sie es konnten, nett zu mir zu sein. Sie wußten wirklich, was ein Hamburger für mich bedeutete.

Als wir zurückkehrten, war die Hölle los. Marechal, der Oberaufseher, wollte mit uns über den Selbstmordversuch sprechen. Er wollte uns bitten, so etwas nicht während seiner Dienstzeit zu versuchen, denn das würde ihn in ernste Schwierigkeiten bringen. Zum Glück hatte Frei Tito es versucht, als ein Untergebener Dienst tat. Wir versprachen ihm, daß wir es nicht versuchen würden. Marechal hatte mit der Folter nicht direkt zu tun, er schikanierte die Gefangenen auch nicht. Er erfüllte nur seine Pflicht, schloß die Zellen auf und wieder zu, holte die Häftlinge zu den täglichen Foltersitzungen ab und brachte sie wieder zurück in ihre Zellen.

Jedenfalls hatte Frei Titos Selbstmord nicht geklappt. Es war beim Versuch geblieben, und die Folge war, daß wir uns so bald nicht mehr rasieren durften. Was war wirklich vorgefallen? Den wahren Grund kannten nur wenige. Man hatte ihn schon in Tiradentes eingeliefert, und dann hatte man ihn wieder zur Folter herausgeholt. Das war das schlimmste, was einem Häftling passieren konnte. In unseren Köpfen herrschte eine bestimmte Logik: Auf die Folter folgt die Warte-Phase bei der Politischen Polizei, und dann kommt man ins Präsidium. Jede Durchbrechung dieser Logik war unerträglich, denn gefoltert zu werden, wenn man darauf gefaßt ist, ist etwas anderes als geholt zu werden, wenn man sich schon einigermaßen im Gefängnisleben eingerichtet hat. Die unaufhörliche Durchbrechung dieser Logik war aber auch Bestandteil der Folter. Wer sich zum Schlafen hinlegt, hofft am nächsten Morgen aufzuwachen – aber das ist nicht so im Gefängnis. Dieser Einbruch des Unerwarteten hatte wahrscheinlich zu Frei Titos Verzweiflungstat beigetragen. Aber was soll man dazu sagen? Wie Mariani berichtete, betete er mit lauter Stimme, während das Blut herausspritzte. Mariani fiel der Tonfall, das schwere Atmen auf. Er schrie um Hilfe. Das ist alles, was ich weiß. Die Zelle war einige Tage lang leer, danach kamen ein paar Verwandte von Adamaris Lucena. Man hatte sie gefoltert, damit sie sagte, wo sich ihr Sohn befand. Ihr Schreien war entsetzlich, wurde aber schwächer und hörte allmählich ganz auf. Dann hatten sie Leute verhaftet, die ihr nahe standen, weniger, weil sie eine neue Fährte entdeckt hatten, eher als Zeitvertreib.

Trotz des alltäglichen Horrors habe ich aber niemals mehr eine solche Traurigkeit empfunden wie in den ersten Tagen. Ich war jetzt mit Genossen zusammen, nahm an ihren Problemen teil so wie sie an meinen. Wir erzählten uns unsere Vergangenheit, erkundigten uns nach den gleichen Leuten. Die Linke war letztlich doch nicht so zahlreich. Die meisten von uns kannten sich vom Namen. Viele ließen Grüße aus Tiradentes ausrichten, fragten nach unserem Befinden. Am traurigsten war vielleicht der Ex-Gefreite, der immer noch hoffte, jeden Augenblick freigelassen zu werden. Die Tage vergingen, die Zellen öffneten und schlossen sich wieder, keiner rief mehr seinen Namen, nicht einmal die Polizei war mehr an seiner Geschichte von der Hühnerfarm in Montevideo interessiert.

Bevor ich von der Operação Bandeirantes ins DOPS verlegt wurde, verbrachte ich die letzten Tage damit, den Eingang zur Haftanstalt gegenüber der Rua Tutóia von meinem Fenster aus zu beobachten. Man konnte sehen, wie sie die Häftlinge brachten. Einige versuchten, uns von ihren Zellen aus zu erkennen und Kontakt mit uns aufzunehmen. Die Polizisten, die sie brachten, kamen nachher über den Innenhof herüber. Einer hatte erfahren, daß ich bei der Festnahme einen Schuß abbekommen hatte und ließ sich die Stelle zeigen, wo die Kugel ein- und ausgetreten war. Dafür zeigte er mir die fünf Einschußstellen, die er hatte, und bedauerte, daß es vor dem Eingang meiner Zelle nicht hell genug sei. Jetzt hatte er sich von seinen Verletzungen erholt und es ging ihm, wie er sagte, viel besser als vorher, er sei ein neuer Mensch. Auch mir würde es bald viel besser gehen.

»Blei ist gesund«, pflegte er zu sagen, und das war durchaus nicht ironisch gemeint.

Im ersten Monat habe ich weder einen Anwalt zu Gesicht bekommen noch durfte ich Besuch erhalten. Dabei wußte ich, es war wichtig, daß die Leute erfahren, ob ich verhaftet oder tot bin. Aber eigentlich war mir das ziemlich egal. Die erste Zeit im Gefängnis war so anstrengend, sie beanspruchte alle meine Kräfte. Besuch erhielt ich immer wieder von meinen Folterern, die kurz hereinschauten. Auch ein Polizeifahrer kam einmal und fragte schüchtern, ob er mich unter vier Augen sprechen könne. Da ich allein war, ging ich ganz nahe ans Gitter heran. Ich sollte ihm sagen, wo sich der Kombi befand, in dem wir den Botschafter entführt haben, er hätte nämlich einen Freund in Rio, der den Wagen nach São Paulo bringen, das Nummernschild auswechseln und so ein kleines Transportunternehmen aufziehen könnte. Er nahm mir nicht ab, daß der Kombi der Polizei oder der Marineinfanterie in die Hände gefallen war. Sonst hätte er ihn gern haben können. Er zog traurig ab, arme Leute kämen nie auf einen grünen Zweig. Fast hätte ich ihm vorgeschlagen, er solle sich doch dem Kommando anschließen, das die Wachposten gründen wollten, mit zwei, drei Banküberfällen hätte er ohne weiteres seine Speditionsfirma finanzieren können. Aber ich hatte nicht das Recht, mein Wissen auszuposaunen, und außerdem fand ich die Vorstellung geradezu grotesk, im Gefängnis den Mittler zu spielen. Aber er hatte recht: Arme Leute kommen nie auf einen grünen Zweig. Sie durften immer nur zusehen, wie andere sich den Löwenanteil von der Beute sicherten, während sie in die Röhre schauten. Immer war von riesigen Summen die Rede, aber die Soldaten selbst konnten sich von ihrem Sold kaum die Zeitung kaufen, um den Sportteil lesen zu können. Wie hieß die Formel? Was war zu tun? Wie besessen schienen sie die Antwort zu suchen, die ich ihnen nicht geben konnte oder, wahrscheinlich, nicht geben wollte. Als guter Aktivist hätte ich die Gelegenheit zu politischer Schulung genutzt. Aber ich bin sicher, daß die schönen Worte zum einen Ohr hinein und zum anderen hinausgegangen wären und daß sie zum Schluß gesagt hätten: »Schön und gut, aber wie kommen wir noch vor der Revolution zu Geld?«

Von der Operação Bandeirantes an sollte mich ein Satz begleiten: »Pack deine Sachen.« Das bedeutete Verlegung. Ich kam ins DOPS in São Paulo, wo sie mich in eine Zelle mit zehn Leuten steckten. Alle hatten schon die Operação Bandeirantes hinter sich, außer einem, den man im DOPS selbst gefoltert hatte. Er hieß Ceará und schlief nachts ohne Hose, weil sein Hintern wie rohes Fleisch aussah. Er hatte Schreckliches durchgemacht, aber mit ihm konnte man sich immer unterhalten. Er sagte, sie hätten ihn Dinge gefragt, die er gar nicht hätte wissen können, aber selbst wenn er sie gewußt hätte, würde er nichts gesagt haben. Er sagte das mit einer so bescheidenen Selbstsicherheit, so wenig nach Anerkennung schielend, daß ich überzeugt war, aus ihm könnten sie nichts herauskriegen. Wieviele spucken große Töne und kippen dann um? Ceará kam von der Folter, zog die Hose aus, legte sich auf den Bauch und fuhr mit dem Gespräch fort, als hätte er immer dort gelegen.

Ich hatte auch eine Begegnung mit dem berüchtigten Hauptmann Fleury. Zunächst aber war ich bis ins Vorzimmer eines anderen Kommissars gelangt. Er fragte mich, ob meine Verletzung von einer Kugel stammte, und ich bejahte. Dann fragte er, ob ich Widerstand geleistet hätte, bevor ich verletzt wurde, und ich sagte nein, denn sie hätten mich entwaffnet. Das hieß doch, ich hätte mich gewehrt, wenn ich eine Waffe bei mir gehabt hätte? Er schüttelte angewidert den Kopf. Diese Terroristen denken nur ans Töten.

Fleury war nicht beauftragt, mich zu verhören, er veranstaltete dieses Ritual nur den beiden Marineoffizieren zu Ehren, die zu Besuch aus Rio gekommen waren. Man unterhielt sich über Neuzugänge, über »frische« Häftlinge, die verlegt werden sollten. »Frisch« hieß »noch nicht gefoltert«. Der Marineoffizier legte mir eine Liste von Journalisten vor, die er in der

Wohnung in der Barão de Petrópolis gefunden hatte. Es handelte sich um einen Aufruf zum Zug der Hunderttausend. Ich bestätigte, daß diese Journalisten an der Demonstration teilgenommen hätten. Er ließ das Tonband laufen. Ich wiederholte, daß diese Liste unbrauchbar sei, es sei politisch doch völlig belanglos zu wissen, wie und wann der Zug organisiert wurde und wer daran teilgenommen hat. Doch immer, wenn ich das hinzufügte, stellte er das Tonbandgerät ab.

Als ich meine eigene Schrift erkannt hatte, erlebte ich einen der bedrückendsten Augenblicke meiner ganzen Haftzeit, obwohl ich schon einiges durchgemacht hatte. Auf der Blumeninsel habe ich dann die Liste mit all den Namen aus dem Gedächtnis niedergeschrieben und alle warnen lassen, die darin vorkamen.

Den beiden Marineoffizieren und Fleury war nach Philosophieren zumute. Sie meinten, aus mir würde nie ein guter Folterer, dazu brauche man Mut und die Bereitschaft, um einer großen Sache willen schmutzige Arbeit zu leisten. Ich stimmte ihm zu, aus mir würde nie ein richtiger Folterer. Sie fragten: Hätten Sie den Mut, uns zu foltern? Ich antwortete: Nein. Mir war nicht wohl bei diesem Dialog. Ich war deprimiert. Wahrscheinlich würden sie anhand der Liste eine Menge Journalisten verhaften, die am Zug der Hunderttausend teilgenommen hatten, und ihnen das Band mit meiner Stimme vorspielen, wo ich zugab, daß ich die Liste bei mir zu Hause gehabt und daß ich sie angefertigt hatte. Ich fürchtete die Verachtung, gegen die ich mich von meiner Zelle aus nicht wehren konnte. Jahrelang eingesperrt sein und dazu noch von seinen Freunden verachtet. Das alles ging mir durch den Kopf. Solche Vorstellungen verfolgten mich, ich glaube, das war wirklich die bedrückendste Begegnung, die ich im Gefängnis hatte. Dabei wußte ich, daß ich keine Informationen gegeben hatte, die der Polizei nicht schon ohnehin bekannt waren. Was mir Sorgen bereitete, war, daß sie das Gespräch aufgezeichnet und dabei das Tonband immer wieder angehalten hatten. So konnten sie eine Aussage zusammenstellen, die nichts mit dem Inhalt des Gesprächs gemein hatte.

Zum Glück wurde niemand aufgrund dieses Tonbands festgenommen. Das Auftauchen der Liste hatte mich buchstäblich umgehauen. Dabei war ganz gleichgültig, ob sie objektiv etwas

Neues erbrachte oder nicht. Fleury sprach lang und breit über Presse und Journalisten. Plötzlich fragte er mich nach einem Namen. Ich kannte ihn nicht. Er antwortete: Natürlich nicht, das ist ja meine Cousine. Ich merkte, daß das ganze Gespräch nur Konversation war. Den Marineoffizieren kam es gar nicht darauf an, mich zu verhören. Es war, glaube ich, nur small-talk zwischen wichtigeren Sitzungen mit »frischen« Häftlingen.

Mit hängendem Kopf ging ich hinaus. Wie hatte ich diese Liste liegen lassen können? Und dabei waren Toledo und ich mindestens fünfzigmal zur Toilette gerannt, um die Papierschnitzel hinunterzuspülen.

In der kommenden Nacht wurde ich von der Polícia Federal, der Bundespolizei, abgeholt, um nach Rio de Janeiro verlegt zu werden. Das Gastspiel in São Paulo war zu Ende. Auf der Ausfallstraße mußte ich dauernd an die Cousine von Fleury denken. Die Fahrt nach Rio verlief ruhig, fast fröhlich. Es gab nur einen einzigen Zwischenfall bei der Abfahrt. Man durchsuchte meine Jacke und entdeckte Geld in der Innentasche. Wie kommt das Geld dorthin? Man hatte mir in der Operação Bandeirantes ein paar alte Sachen überlassen, die vermutlich einem freigekommenen Häftling gehört hatten. Ich wußte nicht, wo das Geld herkam, und sagte nur: »Ach, es ist nun mal da.«

Sie blickten sich gereizt an. Wahrscheinlich dachten sie, was sie immer wieder dachten, wenn sie mit uns sprachen. Diese Typen sind nur unter der Folter ernst. Sonst reißen sie Witze oder lügen. Ich versuchte mich zu erinnern, wo das Geld herkam, aber da sie nicht weiter danach fragten, ging ich der Sache auch nicht weiter nach. Erst als sie unterwegs anhielten, um etwas zu essen, und mich fragten, ob ich auch etwas wollte, bat ich sie, mir ein Mineralwasser mitzubringen. Von meinem Geld natürlich. Sie brachten es mir. Der Bundespolizei war das alles ziemlich egal. Es waren ältere Beamte, kurz vor der Pensionierung. Möglicherweise hatten sie noch die kurzen demokratischen Zwischenspiele in Brasilien erlebt und waren daher weniger brutal zu politischen Gefangenen.

Rio war schon immer ein Erlebnis für mich gewesen, schon als Kind träumte ich davon, Rio und das Meer zu sehen. In einem Roman, ich glaube, es war *Jude the Obscure*, steigt der Held auf einen Hügel, um die Lichter der Stadt zu sehen.

Etwas Ähnliches habe ich auch erlebt. Wir machten unseren Klassenausflug nach Petrópolis, mit dem Direktor des Gymnasiums. Da war so viel zu sehen. Die Schlösser, Dom Pedro, die Kutschen. Nichts ist mir wirklich in Erinnerung geblieben, nur, daß ich mir wünschte, auf den höchsten Punkt hinaufzusteigen und die Lichter von Rio und das Quitandinha zu sehen.

Das Quitandinha-Hotel war riesig groß, und die Leute dort waren ganz anders als bei uns zu Hause. Zum erstenmal im Leben sah ich eine Frau, die lange Hosen trug und rauchte. Unser Direktor, Herr Afrânio, lächelte milde, dann wurde sein Gesicht ernst. Sicher dachte er an die Lasterhaftigkeit der Großstadt, fand dann aber doch, daß es besser sei, wenn wir alles sahen, um moralisch gefestigt aus dieser Begegnung hervorzugehen. Je besser man das Laster kennt, desto leichter kann man es bekämpfen. Die Frau war so aufregend und hatte eine lange Zigarettenspitze. Wir verliebten uns alle in sie. Warum gab es solche Frauen nicht auch bei uns, in unserer Welt, die vom Hoch- und Niedrigwasserstand des Paraibuna bestimmt wurde, von der Klingel, die die nächste Unterrichtsstunde und die Pause ankündigte? Warum trug unsere Lateinlehrerin nicht lange Hosen und blies aus einer langen Zigarettenspitze Rauchringe in die Luft, während sie uns temperamentvoll die erste Deklination abfragte? Als unser blau-weißer Bus den Berg hinauffuhr, auf das Lichtermeer zu, spielte ich ganz ernsthaft mit dem Gedanken, von zu Hause abzuhauen. Ich fürchtete, daß es diese andere Welt nur in meinem Kopf gab, aber das Quitandinha-Hotel und die rauchende Frau waren greifbare Wirklichkeit. Was muß man mitnehmen, wenn man von zu Hause abhaut? Und was ist mit denen, die man zurückläßt? Einige hätten es auch verdient, über die Grenze zu gehen. Herr Pironi, der mit seinem Regenschirm angeln ging, Conceição Doidinha, die etwas wirr im Kopf war, sie hätte sich ohne weiteres die Lippen anmalen und eine enge Hose anziehen und mit einer Zigarettenspitze rauchen können. Raúl, der beste Darsteller von *Mutterherz*, besser noch als die Schauspieler vom Zirkus Garcia. Wie oft haben wir nicht in Teodoros Schlachterladen ein Herz gekauft und das Päckchen dann abends mit in den Zirkus genommen, wo es sich dann bei musikalischer Untermalung unter Blitz und Donner in das

Herz der Mutter verwandelte, das Raúl der Geliebten überreichte? Jenseits der Grenze, war da nicht die Welt der Zauberfischer, der verliebten Bauernburschen, der verwirrten alten Jungfern und der schlechtesten Matheschüler des Mariano-Procópio-Gymnasiums?

Was aber war Rio ohne die alten Freunde? Das fragte ich mich in der kleinen Zelle im DOPS, die wir das Rattenloch nannten. Ich war der einzige Häftling, denn das DOPS wurde umgebaut, und man hatte die anderen Häftlinge auf das 31. Revier, Ricardo de Albuquerque, verlegt. Die Zelle war so klein, daß man sich kaum rühren konnte, geschweige denn ausstrecken. Und sie hieß das Rattenloch, weil die Ratten hier die Häftlinge anfraßen. Am schlimmsten aber war der Geruch frischer Farbe, der vom Flur in die Zelle drang. Mir wurde schwindlig, und ich hatte Atembeschwerden.

Immer wieder klopfte ich an die Tür, um auf die Toilette gehen zu dürfen. Sie merkten, das war nur ein Vorwand, um hier herauszukommen, aber das war ihnen egal. Es war so gemein, mich in die kleinste Zelle eines leeren Gefängnisses zu sperren, daß sie mir dieses Zugeständnis machten, damit ich nicht völlig durchdrehte. Bei einem dieser Toilettengänge kam mir ein junger schwarzer Polizist entgegen. Wir wechselten rasch ein paar Worte miteinander. Er sagte, daß er nicht länger mitmachen wollte. Vor einer Woche hatten sie ein Haus ausgehoben, dabei hatte ein junger Mann einen Kopfschuß bekommen. Das war für ihn eine schreckliche Erfahrung, ein junger Mann, der auf diese Weise umkam. Zé Roberto hieß er, ob ich ihn kenne? Ich kehrte in meine Zelle zurück. Ich glaubte zu ersticken, und das war nicht nur der Farbgeruch, sondern auch die Nachricht, die ich soeben erhalten hatte. Ich sah meine Mutter vor mir, die mit krebszerfressener Lunge unter dem Sauerstoffzelt gestorben war. Ich sah Zé Roberto vor mir, hörte die Gespräche, die wir über die Revolution geführt hatten. Lohnte es zu überleben, wenn so viele, die Besten, auf der Strecke blieben?

Am nächsten Tag kam eine Gruppe von Marineinfanteristen. Sie brachte mich in einem VW zur Schlangeninsel. Aber dort blieb ich nicht lange. Wir unterhielten uns ein wenig, sie nahmen meine Fingerabdrücke ab und erzählten angeregt, wie sie uns während und nach der Entführung des amerikanischen

Botschafters beschattet hatten, wie sie allmählich den Kreis immer enger gezogen und schließlich zugeschlagen hatten. Sie unterhielten sich mit mir wie mit einem alten Bekannten, und das war ich ja auch. Beschattung, Verhaftung von Freunden, Hausdurchsuchung. Da kommt man sich eben näher. Von den Cenimar-Leuten wurde ich bis zuletzt sehr freundschaftlich behandelt, so lange ich mich innerhalb der Zuständigkeit der Marine befand. Am späten Nachmittag wurde beschlossen, daß ich auf die Blumeninsel kommen sollte. Ich stieg ins Boot, wo schon ein anderer Häftling in Handschellen saß. Ich fragte ihn nach seinem Namen. Er antwortete: »Humberto. MR-8« und fragte mich nach meinem Namen. Als er ihn erfuhr, bekam er einen ganz traurigen Gesichtsausdruck. Er schüttelte mutlos den Kopf, was soviel heißen sollte wie: Ach, Mensch, mußt auch du hochgehen. Ich kannte ihn nicht, und wieder einmal überwältigte mich die Herzlichkeit, die es unter den Gefangenen gab. Ich lächelte ihm zu, deutete mit dem Kinn aufs Meer: Guanabara. Wir sahen beide aufs Meer hinaus, während die Posten mit dem schußbereiten Gewehr hinter uns standen. Das Boot, das erst vor wenigen Jahren abgelegt hatte, an einem blauen Sonntagmorgen, brachte uns jetzt, mit allen unseren Träumen und Niederlagen der brasilianischen Mittelschicht, auf die Blumeninsel. Es wurde schon dunkel, und die Marineinfanteristen, die uns bewachten, hatten vielleicht unter Admiral Aragão gedient.

Es war gut, daß man mich nach Rio verlegt hatte, trotz allem. In der Operação Bandeirantes hätte ich nie so viel über meine Freunde erfahren, hätte nie die Landschaft wiedergesehen, die ich in der Freiheit so sehr geliebt hatte. Die Fische, die Reflexe im blauen Wasser, wir fühlten dasselbe. Es war ein schöner Ausflug, aber ich spürte schon, daß die Nacht schlimm sein würde. Ich hatte starke Nierenschmerzen, hatte im Rattenloch kaum geschlafen, dazu noch die Nachricht von Zé Robertos Tod. Mein Widerstand war gebrochen.

Als wir auf der Blumeninsel anlegten, winkten uns die Gefangenen zu. Die Nachricht von unserer Ankunft war durch alle Zellen gegangen, durch Zurufe oder mit Hilfe des »Telefons«, das darin bestand, daß man den Krug an die Wand hielt und hineinsprach. Ich wurde durch mehrere Zellen geführt und an der Art, wie sie mich anblickten, merkte ich, daß ich in miserablem Zustand sein mußte. Aus einer der Zellen hielt mir Wilson Negrão ein Paar Pantoffeln entgegen. Ich fragte: »Sind die für mich?« Er sagte: »Klar.« Trotzdem wurde ich von anderen Häftlingen isoliert, unter dem Vorwand, ich sollte noch von der Marine und von der Heerespolizei verhört werden. Ein Marineinfanterist wies mir eine Zelle zu und hielt mir eine kurze Rede über Fluchtversuche. Er sagte, er würde ohne mit der Wimper zu zucken abdrücken, und er sei ein guter Schütze. Eine reine Routinewarnung, denn bei meiner körperlichen Verfassung wäre ich der letzte gewesen, der von der Blumeninsel hätte entkommen können. Die Frauen, die in den weiter hinten gelegenen Zellen saßen, hatten ebenfalls von unserer Ankunft erfahren und sangen ein Lied für uns. Jeder gab, was er hatte – ein Paar Pantoffel, ein Lied. Márcia gelang es sogar, sich hinauszustehlen, um mir ein Glas Orangensaft zu bringen. Neben mir, ebenfalls in Einzelhaft, war eine junge Frau aus Bahia. Sie sang Volkslieder, wie sie die Blinden vor den Kirchenportalen singen.

Ich bekam einen schweren Anfall. Mit Hilfe des »Telefons« teilte ich Cláudio mit, daß es mir dreckig ging. Es hatten sich wieder Blutpfropfen gebildet, die jetzt durch die Harnröhre abgingen. Alles war voll Blut. Es sah aus wie die Nachgeburt einer Ziege. Die ganze Nacht lang schrien meine Mithäftlinge, um mich zu retten. Sie hämmerten auf ihre Krüge, riefen nach den Wachen, sangen im Chor, kurz, sie machten einen solchen Krach, daß ich schon am nächsten Morgen mit dem Boot nach Rio zurückgebracht wurde, wo ich für eine Woche ins Marinehospital kam. Die Blumeninsel werde ich nie vergessen. Alles war da wie in Rio de Janeiro: die Uniform der Marineinfanteristen, die Brise, das Schiff, das Leute brachte und wieder abholte, das »r«, das wie »h« klingt. Man sah, daß alle Folter und Demütigungen hinter sich hatten, aber sie waren organisiert und hielten zusammen, egal was kam. Eine starke Gemeinschaft. Vielleicht kamen sie nie an die Macht, aber das waren die Menschen, die ich Anfang 1970 am meisten bewunderte.

Ich kam nie wieder auf die Blumeninsel zurück. Ich habe alles versucht, aber umsonst. Sie meinten, ich würde mich dort zu wohl fühlen. Ich blieb ein paar Tage im Marinehospital, wo mir eine Nonne Bücher von Hermann Hesse auslieh. Ich wurde geröntgt. Ich wurde bei den Verhören nicht mehr gefoltert, es kam sogar einmal vor, daß ein Offizier zu mir sagte, ich soll erst ruhig meine Mahlzeit beenden, bevor er mich verhörte. Da begriff ich, daß ich bereits ein Gefängnisinvalide war, für den sich niemand mehr interessierte. Es waren Routineverhöre, und er kannte die augenblickliche Struktur der O sehr viel besser als ich.

Man darf sich aber im Gefängnis nicht gehenlassen, man darf sich nicht einreden, das Schlimmste sei überstanden. Ich wurde in die Haftanstalt in der Barão de Mesquita verlegt, wo eine unvorstellbare Aggressivität herrschte. Die Stille im Hospital, die Hesse-Lektüre, die Nonnen in weißen Gewändern, alles löste sich in Nichts auf. Kaum betrat ich das Gebäude, rief jemand hinter mir: »Hände hoch und an die Wand!«

Am Ton merkte ich, daß es ernst gemeint war. Ich hörte Wagen anrollen, Schritte auf der Treppe, wahrscheinlich Gefangene. Links war der Flur zur Folterkammer, am Ende die Einzelzellen. Auf dem Gang wurden Gefangene gezwungen, die Wände und den Boden abzulecken. Ich schaute verstohlen hin, erhielt aber einen Tritt in den Rücken. Gomes Carneiro, der damals einen Schnurrbart trug, brüllte den wachhabenden Unteroffizier an: »Schaff den Kerl nach oben. Er stinkt nach Scheiße. Er stinkt! Das ist ja eine Zumutung.«

Er meinte mich. Das war erst der Anfang der Normalbehandlung im Militärgefängnis. Es ging darum, die Häftlinge zu demoralisieren, sie für die Verhöre mürbe zu machen. Der Unteroffizier, der mich nach oben brachte, hieß Gil. Immer, wenn er kam, rief er laut: »Jetzt kommt Unteroffizier Gil mit den drei Buchstaben.« Aus diesem Grund habe ich seinen Namen auch nicht vergessen. In den Gemeinschaftszellen befanden sich alle, die in den letzten Tagen festgenommen worden waren. Die meisten waren Mitglieder der PCBR, der Revolutionären Brasilianischen Kommunistischen Partei. Es roch nach Folter und Tod, vor allem nach der Ermordung von Mário Alves, den sie ein Stockwerk tiefer umgebracht hatten.

Ich grüßte und merkte sofort, daß immer wieder einer geholt wurde, um eine Geschichte abzuschließen. Immer, wenn der Gefreite an der Tür erschien, kam Spannung auf. Wer war nun an der Reihe? Ich erinnere mich an Augusto, einen ehemaligen Kavallerieoffizier, der angeklagt war, dem ZK der PCBR anzugehören. Trotz seiner 60 Jahre hatte er eine großartige Kondition. Mit meinem Nierenschuß kam ich mir neben ihm wie ein alter Rheumatiker vor. Er erzählte Stories von 1937, und daß die Haftbedingungen in der Festung Santa Cruz damals noch viel schlimmer waren. Da mußten die Häftlinge bis zu den Knien im Wasser stehen. Gott sei Dank haben wir nicht das Jahr 1937, dachte ich, um mich angesichts der neuen Lage zu trösten. Ein Stockwerk tiefer geschahen aber Dinge, die viel schlimmer waren als damals. Mário Alves hatten sie umgebracht, sie trieben ihm einen Pfahl in den After. Und wer schrie jetzt?

Ich brauchte nicht lange, um einen ersten Eindruck von der Gemeinschaftszelle zu gewinnen, die wir nach dem Fußballstadion »Maracanã« nannten. Ich begrüßte einige Journalisten, mit denen ich in der Gewerkschaftsbewegung zusammengearbeitet hatte. Sie hatten schlimme Folterungen hinter sich, waren aber körperlich in guter Verfassung und ungebrochen. Ein paar, die ganz bestimmt unschuldig waren, hockten in einer Ecke zusammen. Ich weiß nicht, wieso ich das annahm, aber ich wußte, daß sie mit all dem nichts zu tun hatten. Immer mal wieder wurde auch einer von ihnen zur Folter geholt. Fernando drückte sich gern pathetisch aus. Er hatte keine Ahnung von Politik, von bewaffnetem Kampf. Sie richteten ihn übel zu, und wenn er von der Papagaienschaukel und den Elektroschocks zurückkam, wiederholte er ganz naiv die neuen Worte, die er unter der Folter gelernt hatte. »Sie sagen, ich bin der Chef der VAR-Palmares. Sie wollen meine Treffs herausbekommen. Treffs, das sind bestimmte Stellen, wo man zusammenkommt, glaube ich. Eine KW ist eine Bude, wo sie sich versteckt halten.« VAR-Palmares, Treffpunkt, KW – die vielen Ausdrücke verwirrten ihn ganz. Einmal kam er mit weitaufgerissenen Augen und fragte: »Sag mal, was ist eigentlich eine taktische Gruppe?«

Einer war hier gelandet, weil er mit einem Freund zum Maracanã-Stadion mitgefahren war. Dieser Freund hieß Razek und war ein Genosse, der zu einem Treffen wollte. Ahnungslos saß er mit einem Fähnchen des FC-Flamengo neben ihm. Razek sagte, er müsse mal ganz kurz was erledigen, hielt an der Fußgängerzone an und lief zu seinem Treff. Dort erwartete ihn schon die Polizei mit schußbereiten Maschinengewehren. Sein

Freund war ausgestiegen, um in eine Kneipe zu gehen, hatte vorher noch Razek geraten, nicht auf dem Gehsteig zu parken. Als er aus der Kneipe herauskam und seinen Freund umzingelt sah, dachte er: Die Typen von der Verkehrspolizei übertreiben aber wirklich, eine Verwarnung tut es auch. Er ging hin, um gegen diesen Übergriff der Polizei Einspruch zu erheben, wurde gleich mitgenommen und befand sich nun hier bei der Militärpolizei in der Barão de Mesquita, wo er einen ganzen Monat Zeit hatte zu begreifen, was vorgefallen war.

Diese »Ecke der Unschuldigen« machte mich ganz traurig. Sie warteten hier die ganze Zeit darauf, daß sich ihre Unschuld herausstellte. Wenn der Gefreite Gil auftauchte, um einen aufzurufen, so hofften sie, es würde ihr Name sein, und manchmal war es auch so. Nur daß sie nicht in die Freiheit kamen, sondern in das rote Zimmer, das die »Disco« hieß, wo zehn Männer gleichzeitig auf sie losbrüllten, wo sie auf die Papagaienschaukel kamen, aufgehängt und mit dem Kopf unter Wasser getaucht wurden.

Manchmal kam Leutnant »Kabeljau«, um uns zu sagen, daß wir Briefe nach draußen schreiben durften. Sie schrieben pathetische Briefe und konnten sich gar nicht vorstellen, daß sie in »Kabeljaus« Schublade verschwanden und den Folterern Anlaß zu Gelächter boten.

Diese Ecke wurde für mich immer mehr zu einem Symbol. Nach einigen Tagen konnte ich miterleben, wie einer von ihnen entlassen wurde. Es war der Flamengo-Fan, und er bat schüchtern, man möchte ihm das beschlagnahmte Fähnchen zurückgeben. Trotzdem würde für ihn der Weg zum Maracanã-Stadion nie mehr wie früher sein. Was er im Militärgefängnis zu sehen bekommen hatte, hatte sein Weltbild von Grund auf verändert. Er sagte: »Ich verstehe nichts von Politik, aber sollte ich eines Tages Partei ergreifen, dann gegen die, die andere Menschen auf so brutale Art fertigmachen.«

Von der Ecke der Unschuldigen lernte ich eine ganze Menge. Ich weiß nicht genau, was es eigentlich war. Für uns war es selbstverständlich, alle unsere Erfahrungen zu archivieren, einzuordnen, Vergleiche zu ziehen zwischen den Repressionen in verschiedenen historischen Augenblicken, das Phänomen der modernen Folter zu analysieren. Für sie war das alles gar nicht so selbstverständlich. Wenn sie an ihre Frauen schrieben, daß sie hofften, sie bald wiederzusehen, daß sie unschuldig seien, so waren sie ehrlich. Sie gaben ganz offen zu, daß sie Angst vor der Folter hätten, und sie zeigten auch ihre Enttäuschung, wenn sie am Nachmittag noch immer nicht entlassen waren. Sie wagten zu hoffen. Wir dagegen waren Gefangene der Militärs, aber in gewissem Sinne auch Gefangene unserer eigenen Logik. Wenn einer in seiner Ecke weinte, wurden alle traurig, weil die Unschuldigen letzten Endes keinen Grund zum Weinen hatten. Wir dagegen mußten dauernd an unserem Image arbeiten, vor unseren Genossen, vor den Folterern gute Figur machen. Die Unschuldigen waren unsere verleugnete emotionale Seite, sie zeigten ihre Empfindungen unverhüllt, trotz der Polizei. Was würde ohne sie aus uns werden? Die Überbetonung des Rationalen, zu der uns die Umstände zwangen, und die auch mit unserem politischen Werdegang zu tun hatte, ersparte uns eine Menge Leiden. Aber sie brachte uns auch um die unschuldige Seite unseres eigenen Wesens, die sie für uns verkörperten: die Empörung über die Gewalt, die Sehnsucht nach dem Leben draußen, nach der Freiheit, in ihren unscheinbarsten Einzelheiten.

Natürlich will ich nicht behaupten, daß sie sich mit der absurden Situation, in die sie geraten waren, nicht auch rational auseinandersetzen. Genau so falsch wäre es aber auch zu behaupten, daß wir angesichts der Gewalt nicht Empörung empfanden. Nur waren die Akzente anders verteilt, man konnte fast von Arbeitsteilung sprechen. Leider sahen manche Genossen darin so etwas wie eine Rangordnung, begriffen nicht, wieviel wir von den Unschuldigen lernen konnten. Niemand wußte genau, was in brasilianischen Gefängnissen wirklich vor sich ging. Wir alle waren wie gelähmt. Trotz der herausgeschmuggelten Nachrichten, trotz der Horrorgeschichten, die die Runde machten, vermochten wir uns kein Bild zu machen, bevor wir es nicht selber, am eigenen Leibe, erfuhren. Wir hatten uns Alibis zurechtgelegt, hatten Handbücher über richtiges Verhalten unter der Folter verfaßt, unsere Schwächen und Qualitäten analysiert. In den Polizeikasernen erkannten wir, daß alles ganz anders war. Eine ungeheuerliche Maschinerie war zu unserer Vernichtung aufgebaut worden. Manchmal vor dem Einschlafen dachte ich: Sie behandeln uns wie Kriegsgefangene. Aber das war ein schwacher Trost. Auch ich war ein Produkt dieses Landes. Der Feind war ein Spiegelbild meiner selbst. War er noch in der Vorgeschichte befangen, so durfte ich mir nicht vormachen, ich stünde mit beiden Beinen in der Neuzeit. Umso mehr, da ich nicht an eine so klare Scheidung von Gut und Böse glaube. Ich konnte mich nie wieder als Brasilianer empfinden, ohne dessen bewußt zu sein. Nach dem Erlebnis des Militärgefängnisses in der Barão de Mesquita hatten wir alle, unschuldig oder nicht, das Grauen vor Brasilien und der menschlichen Spezies kennengelernt. Ich glaube, ich begann Frei Tito de Alencars Selbstmordversuch in der Operação Bandeirantes zu verstehen.

Auch ich wurde im Militärgefängnis zum Verhör geholt. Aber unsere feste Gemeinschaft funktionierte. Die Verwandten schmuggelten Obst ins Gefängnis, mein Vater brachte Guavenmarmelade aus Minas mit. Wir warfen alles in einen gemeinsamen Topf, und immer wenn einer vom Verhör zurückkam, wurde er umsorgt. Wir verbanden, so gut es ging, seine Wunden, brachten etwas Obst aus unserem Vorrat. Die Solidarität ließ uns unsere Situation ertragen, manchmal haben wir sogar gesungen.

Einige Soldaten erlaubten es, andere nicht. Einige forderten uns sogar auf zu singen, weil ihnen die Zeit lang wurde, während sie vor unseren Zellen Wache schieben mußten.

Es gab noch eine andere große Enttäuschung. Augusto hatte gesagt, 1937 sei es schlimmer gewesen. Ich unterhielt mich nicht weiter mit ihm darüber, weil ich nicht gut über eine Zeit sprechen konnte, als ich noch gar nicht auf der Welt war und von der ich recht wenig wußte. Ich hatte aber irgendwie das Gefühl, wir tendieren dazu, die Vergangenheit als viel schlimmer hinzustellen, um an den Fortschritt glauben zu können. Aber die Folterpraktiken waren doch auch deutlicher Ausdruck des technischen Fortschritts.

Systemanalytiker werteten unsere Aussagen aus, Computer beantworteten in Sekundenschnelle alle speziellsten Fragen über jeden Häftling, Ärzte erstellten Programme, um die individuelle Widerstandskraft jedes Einzelnen zu bestimmen, ihn schnellstmöglich bis zur nächsten Verhörsitzeung fit zu machen und die Spuren zu beseitigen. Der technische Fortschritt eröffnete der Folter in der brasilianischen Geschichte bisher noch nie dagewesene Dimensionen. Die Zeiten Filinto Müllers

Vor dem Untersuchungsrichter im Militärgericht von Rio de Janeiro. Von links nach rechts: Paulo Tarso, Fernando Gabeira und Manuel Cirilo.

waren vorbei, vorbei die Palmadora, die auf dem Körper ausgedrückten Zigaretten und Zigarren. Wir waren in die Ära der Elektronik und der Verhaltensforschung eingetreten, und wir erfuhren dies als Barbarei.

Noch während der Untersuchungshaft im Militärgefängnis mußten wir vor Gericht aussagen. Aus São Paulo wurden Paulo de Tarso und Manuel Cirilo gebracht, die ebenfalls in die Entführung des amerikanischen Botschafters verwickelt waren. Alle die Einschüchterungsversuche wurden an ihnen wiederholt. Sie mußten sich im Gang aufstellen und wurden unaufhörlich geschlagen. In einem der wenigen Augenblicke, wo wir Gelegenheit dazu hatten, sprachen wir darüber. Ich merkte, daß Genossen mit längerer Hafterfahrung ein besseres Schutzsystem entwickelt hatten. Manuel und Paulo hatten von einem vorbeigehenden Hauptmann einen Fußtritt erhalten und spielten danach fast eine halbe Stunde bewußtlos. Das machte einen schlechten Eindruck, und es wurde nicht mehr so drauflos getreten.

Als wir zur Staatsanwaltschaft gebracht wurden, legte ich mir unterwegs zurecht, was ich sagen wollte. Wie immer kam es anders. Ich wollte auch die Ermordung von Mário Alves publik machen, das war für mich das Wichtigste. Unter den anwesenden Journalisten erkannte ich vertraute Gesichter. Ich sagte zu ihnen: »Sie haben Mário Alves getötet. Finden Sie heraus, was mit Mário Alves geschehen ist.« Der Richter erlaubte, daß wir mit ihnen sprechen konnten. Es waren die ersten Menschen von draußen, mit denen ich sprechen durfte. Ich hatte Hunger und bat um ein Sandwich. Als ich in den Saal zurückgeholt wurde, wollte ich auf Mário Alves zu sprechen kommen, brachte jedoch nur ein paar gestotterte Sätze hervor, mit denen ich die Entführung des amerikanischen Botschafters verteidigte. Dann wurde mir das Wort abgeschnitten. Trotzdem kehrte ich ziemlich zufrieden ins Militärgefängnis zurück. Nach all dem, was wir über die Folter erzählt hatten, würde ich sicher auf die Schaukel kommen, aber das war die einzige Möglichkeit gewesen, unsere Liquidierung zu verhindern. Wer nicht auf irgendeine Weise Widerstand leistet, der geht drauf. Ich dachte: Jetzt kommst du wieder dran, aber die Gomes Carneiro, die Avorios, die Fontenels durften nicht ungestört weitermachen. Zu meiner Überraschung wurde ich gleich in meine Zelle zurückgebracht. Am nächsten Tag wurde ich abgeholt und sah einen der Folterer mit der *Ultima Hora* in der Hand. Er las den Bericht über die Gerichtsverhandlung. Es gab sogar ein Foto von mir, ich glaube, auf der ersten Seite. Sie waren sehr aufgebracht, aber Folter schien unter diesen Umständen nicht die adäquate Reaktion. Für die Folterer vom Militärgefängnis war ich uninteressant. Um von ihnen beachtet zu werden, mußte man ein Führungskader sein oder eine höhere militärische Ausbildung haben. Außerdem kam ich aus São Paulo, wo die Hauptverhöre schon stattgefunden hatten. Ich war ein alter Häftling wie Manuel und Paulo, die im Gang schlafen mußten und ab und zu einen Fußtritt bekamen.

Im Gerichtssaal sah ich Marília, mit der ich zusammengewohnt hatte, und Helenas Mutter. Wir konnten nur einige Worte wechseln. Unter den Journalisten erkannte ich Caminho, der früher Reporter beim *Correio de Minas* gewesen war und jetzt für *Veja* arbeitete. Ich hätte ihn fast gegrüßt, unterließ es aber dann. Ich merkte, daß alle mir Sympathie entgegenbrachten. Als ich zurück in den Saal kam, flüsterten uns ein paar junge Mädchen zu, wir seien tolle Typen. Und das, obwohl wir von Wachen eskortiert wurden. Das war ein kurzer Blick in die Außenwelt, der einen glücklich machte und einem die Kraft gab, wieder in die Hölle zurückzukehren.

In einem Heft, das ich in Chile zurückließ, hatte ich einige Gedanken über die Foltertechniken notiert, die ich im Militärgefängnis und in der Operação Bandeirantes beobachten konnte. Es gelang mir, sie 1974, beim Russell-Tribunal in Rom, aus dem Gedächtnis zu beschreiben. Später habe ich mich nicht mehr damit beschäftigt. Wenn die Folter ein Produkt der Ratio war, mußte man sie theoretisch angehen? So verrückte Dinge gingen mir durch den Kopf. Wenn sie nach Plan vorgingen, nach einem Übungsbuch, in dem alle Phasen genau beschrieben und durchnumeriert waren, wie in einem Fortbildungskurs für kaufmännische Angestellte, war es dann richtig, eine ebenso pedantische Gegenaufstellung zu machen?

Vor Beginn der Folter wurde einem im Militärgefängnis und in Bandeirantes zunächst einmal ein Genosse vorgeführt, der schon gefoltert worden war, mit Vorliebe einer, den man zum Führungskader zählte. Und dann prasselten zahllose erniedrigende Befehle auf ihn ein, um dem Häftling deutlich zu machen, daß er völlig in ihrer Gewalt war, um seinen Willen zu brechen. Meist schrien alle gleichzeitig ihre Fragen heraus, um Nachdenken zu verhindern. Manchmal holten sie noch einen anderen Häftling herein, damit er den Schalter bediente. So machten viele die Erfahrung des Folterns, und die Unterschiede zwischen Folterern und Gefolterten verwischten sich. Das alles steht in irgendeinem Handbuch, wurde in einem Kurs gelehrt. Vielleicht haben sie schon während der Vorbereitungsphase ein bis zwei anstrengende Unterrichtswochen mit angegliederten Seminaren und praktischen Übungen.

Als ich noch beim *Jornal do Brasil* arbeitete, sah ich einmal das Foto eines gekreuzigten Heeresoffiziers. Das gehörte zum Antiguerilla-Training, das in Resende, im Staat Rio de Janeiro, stattfand. Das Foto ging um die Welt als Beweis für die Folter in Brasilien. Das war aber falsch. Der Offizier hatte in Wirklichkeit an einem Folterlehrgang teilgenommen, während der Bildtext ihn als gefangenen Guerillero ausgab.

Damals las ich die dazugehörige Reportage im *Jornal do Brasil* ohne sonderliches Interesse. Das Foto war schockierend, aber der Text milderte alles wieder ab. Letztlich handelte es sich nur um eine Übung, die Soldaten auf den Ernstfall vorbereiten sollte. Schließlich will jeder in bester körperlicher und seelischer Verfassung sein, falls er dem Feind in die Hände fällt. Trotzdem blieb mir der Text irgendwie in Erinnerung. Es waren immer die gleichen Taktiken: Demoralisierung der Anführer, Unterhöhlung der Gruppensolidarität, Belohnung für Spitzel. Der Artikel war im Feuilleton erschienen, das normalerweise den angenehmen Seiten des Lebens vorbehalten ist. Der Ton war beruhigend. Folter war etwas, was unseren Soldaten zustoßen könnte, wenn sie in Feindeshand fielen. Der Folterer war der Feind.

Tatsache aber ist, daß damals schon diese Techniken Gegenstand ausführlichen Studiums waren: die Techniken der Nazis im Zweiten Weltkrieg, die der Franzosen im Algerienkrieg, die der Amerikaner in Vietnam. Und vor allem konnte man an gewöhnlichen Strafgefangenen die Effizienz so durch und durch brasilianischer Techniken wie der Papagaienschaukel testen.

Als ich im Frühjahr 1974 nach Rom fuhr, hatte ich ein Tonband bei mir, das mir der Medizinstudent João Lopes

Salgado mitgegeben hatte. Er war zusammen mit Lamarca in Bahia gewesen und hatte das Massaker überlebt. Nach seiner Aussage wurden mehrere Bauern auf einem Fußballplatz gekreuzigt, genau wie auf dem Foto. Nur handelte es sich hier um eine öffentliche Hinrichtung, damit jeder sah: So ging es denen, die die Opposition gegen die Regierung unterstützen.

Möglicherweise begann man nicht erst 1964 mit Folterexperimenten. Es gab sie schon viel früher, als Kriegstechnik. Aber in Wirklichkeit ist das eine verzweifelte Waffe – die Waffe derer, die gegen ihre Zeit anrennen. Zwischen den Schreien, während der Kontakte und KWs herausgepreßt werden sollten, fiel der Blick immer wieder auf ihre Gesichter. Nur selten war Haß zu spüren, eher glich alles einem präzise einstudierten Ballett. Vielleicht glaubten einige am Anfang wirklich, sie folterten um einer hehren Sache willen. Aber auch sie mußten schließlich erkennen, daß eine hehre Sache keine Folter voraussetzte, und dann machten sie weiter aus Lust an Gewalt, an Plünderung und Verteilung der Beute. Vom Militärgefängnis wurden wir zur Politischen Polizei verlegt. Einige Genossen blieben zurück, und wir nahmen traurig Abschied von ihnen. Es war furchtbar, dort bleiben zu müssen. Täglich die Schreie der Gefolterten anhören zu müssen, immer wieder die Folterer vorbeigehen zu sehen, immer wieder die Gefangenen zu sehen, die fast täglich aus ihren Einzelzellen zum Foltern geführt wurden, von Tag zu Tag erschöpfter und von deutlichen Spuren gezeichnet.

Es war unmöglich, sich dem Bild der Konzentrationslager zu entziehen, das uns immer wieder die Filme der Nachkriegszeit gezeigt hatten. Aber im Militärgefängnis blieben auch für immer die Toten, immer wieder tauchte das Bild des gepfählten Mário Alves auf, wann immer man sich an das Hochhaus in der Barão de Mesquita in Tijuca erinnert.

Und trotzdem herrschte auch Fröhlichkeit über den Aufbruch. Wieder ließen sie uns mit dem Gesicht zur Wand stehen, versetzten uns Fußtritte und Kolbenhiebe, aber wir wußten, wir kamen weg. Gomes Carneiro, mit dem ich nur ein paar Stunden zu tun gehabt hatte, schrie durch den Gang: »Schafft diese Scheiße endlich fort!«

Nun kam der endgültige Abschied vom Militärgefängnis. Aber inzwischen war ich vorsichtiger geworden, hatte Angst vor dem Wort »endgültig«. Ich vermied es. Neben dem Militärgefängnis glich das DOPS, in der Innenstadt von Rio de Janeiro, einem Sonntagsausflug. Selbst Inspektor Mário Borges, den wir während der 68er Demos so sehr gefürchtet hatten, war jetzt nicht bedrohlicher als der Direktor der Duarte de Abreu-Schule in Juiz de Fora. Wer aus dem Militärgefängnis kam, war der Hölle entronnen. Fast alle behandelten uns respektvoll. Mário Borges grüßte uns sogar und kam öfter mal in die Zelle, um sich mit uns zu unterhalten.

Im DOPS kamen wir wieder etwas zu Kräften. Ich fing an, Gymnastik zu treiben, um wieder eine aufrechte Haltung zu bekommen, und aß auch wieder mehr, um zuzunehmen. Freunde schickten mir eine Hose und mehrere Hemden. Später bekam ich sogar ein Radio. Meine Ernährung bestand aus Spezialpräparaten aus der Apotheke, die man in Milch oder Wasser auflösen mußte. Wir lasen täglich Zeitung und António schaffte es sogar, jeden Tag zwei Becher Joghurt für mich zu kaufen, weil der Arzt es mir verschrieben hatte.

António war okay. Er fegte das DOPS aus und behandelte alle gleich. Häftlinge wie Polizisten. Ausschlaggebend war für ihn die Sympathie.

Besonders lebhaft erinnere ich mich an die Entführung des japanischen Konsuls in São Paulo, die damals stattfand. Der Protokollführer Mariani kam ganz aufgeregt in unsere Zelle und sagte, auf mich deutend – ich stellte mich schlafend – »Möglich, daß er freikommt, schon möglich!«

Ich war aus São Paulo gekommen, aber ich wollte mich keinen Illusionen hingeben. Ich hatte zu große Angst, enttäuscht zu werden. Es war nicht gut, sorglos zu werden und das Gefängnis als einen Ort anzusehen, wo man sich nur vorübergehend aufhält.

Als die Liste der Entführer herauskam und fünf Häftlinge nach Mexiko ausgeflogen werden sollten, verlegte man uns ins 31. Polizeirevier. Im DOPS gingen die Bauarbeiten weiter, und wir mußten wieder raus. Wie schade. Das DOPS war eine Zwischenstation zwischen Folteranstalt und der Haftanstalt, wo wir unsere Strafe verbüßen würden. Alle wollten so lange wie möglich hier bleiben. Die Wärter wußten das und wurden reich dabei, indem sie für jeden Tag, an dem wir länger bleiben durften, einen Tagessatz einstrichen. Und noch ein anderes lukratives Geschäft blühte: Sie hintertrieben die Freilassung der Unschuldigen, um ebenfalls daran zu verdienen. Mazzini wiederholte täglich, er persönlich hätte nichts gegen uns, er täte nur seine Pflicht. Wenn wir einmal das Sagen hätten, würde er weiter an seinem Tischchen sitzen und die Häftlinge verhören, die wir ihm nannten. Er hatte wirklich nichts gegen uns, fand uns sogar sympathisch. Mit dem Aufkommen der Stadtguerilla wurden Hunderte von neuen Gefangenen durch das DOPS geschleust. Das Geschäft florierte. Aber es gab im DOPS auch Leute, die nett waren, ohne dafür Schmiergelder zu erwarten. Das war Kommissar Maurício, der uns in Empfang genommen hatte. Er hatte eine Glatze und war sehr schüchtern. Rein zufällig war er auf diesen Posten gekommen, und schon nach den ersten Sätzen merkte man, daß er nichts damit zu tun haben wollte. Ich sehe ihn noch vor mir, wie er am Tisch saß und mich etwas verschreckt anblickte.

»Wird alles schon gehen. Ich hoffe, daß es Ihnen gefällt. Seien Sie herzlich willkommen.«

Die Folter- und Repressionstradition des DOPS war auf andere Anstalten übergegangen. Inzwischen nahm sie bei der Beschaffung von Geständnissen nur noch eine zweitrangige Stellung ein. Die Militärs verfügten schon über alle Daten, die sie für die Gerichtsverhandlung benötigten.

Das 31. Polizeirevier gehörte jetzt auch zum Repressionsnetz. Bei Bauarbeiten im DOPS wurden die Untersuchungshäftlinge immer dorthin gebracht. Drinnen sah es ganz anders aus, als man sich es vorstellte. Ich war früher sonntags oft hingegangen, aber im Besucherraum hatte man keine Vorstellung davon, was sich drinnen abspielte. Wir wurden in eine Zelle im Keller gepfercht, elf Menschen in einen Raum von ungefähr acht Quadratmetern.

Die Gitterfenster waren so hoch angebracht, daß wir uns wie Affen im Zoo an die Stäbe hängen mußten, wenn wir jemanden auf dem Gang sehen oder sprechen wollten. In dieser unbequemen Lage gingen mir die Augen auf für ein Problem, das ernster war als unseres: die Lage der gewöhnlichen Häftlinge. Im 31. Revier ging es sehr lebhaft zu. Die Beamten mußten ein bestimmtes Soll an Verhaftungen erfüllen, und manchmal gingen sie auf die Straße und nahmen jeden fest, der ihnen über den Weg lief: Leute, die ihren Arbeitsnachweis zuhause vergessen hatten, Geisteskranke und mittellose Homosexuelle. Es war ein dauerndes Kommen und Gehen. Das alles spielte sich vor meinen Augen ab, aber ich hatte keine Gelegenheit, mit ihnen zu sprechen, Freundschaften zu schließen. Ich lernte Leute aus den unterschiedlichsten sozialen Schichten kennen und fand es spannend, wie sich die gesellschaftliche Struktur auch innerhalb des Gefängnisses spiegelte.

Geraldo da Beatriz war wegen Kokainhandels angeklagt. Seine Mutter, Beatriz, stand unter der Anklage, einen Puff zu betreiben. Geraldo war reich, und er war viel besser dran als viele andere. Er hatte sehr viel Macht im Gefängnis. Seinen Wagen hatte er vor dem Distriktgebäude geparkt, und die Beamten polierten ihn täglich und ließen den Motor anlaufen, damit Geraldo keine Zeit verlor, wenn er eines Tages wieder herauskam.

Geraldo spielte seine Macht auf sehr sympathische Weise aus. Nicht selten kam er in unsere Zelle und fragte, was er für uns tun könne. Eines Tages bat ich ihn um einen Obstshake. In weniger als einer Stunde wurde mir die Batida an die Zellentür gebracht. »Versuchung«, der schwule Kalfaktor, der den Flur sauber machte und das Essen austeilte, stand mit einer kleinen Thermoskanne da und rief: »Hier ist der Kaffee!«

Aber keiner tat etwas für die Schwulen hier. Der Bestand wurde immer wieder aufgefrischt, denn man brauchte sie für die Putzkolonne und Botengänge im Gebäude. Man hatte sie festgenommen, nur weil sie schwul waren und kein Geld hatten, und zwang sie nun, ohne Bezahlung im Gefängnis zu arbeiten. Wir versicherten sie wiederholt unserer Solidarität. Als Linke fanden wir das einen Skandal – Menschen wegen ihrer sexuellen Neigungen zu verhaften und zur Arbeit zu zwingen. Sie schätzten unser Mitgefühl, aber ich glaube, sie wollten mehr als Solidarität, denn immer wieder warfen sie uns Kußhände zu. Wir gingen nicht darauf ein: Man hatte an seine politische Karriere zu denken und all das Zeug, das im Kopf von Leuten herumspukt, die sich bereits als Senatoren einer linken Partei sehen. Wo kämen wir hin, wenn wir im Polizeirevier der Vorstadt den Schwulen Kußhände zuwarfen? Sie verbreiteten Fröhlichkeit im ganzen Revier. Tentação, Marlene und Dora und die anderen schneiderten herrliche Kleider aus dreckigen Lumpen und veranstalteten manchmal nachts eine Modeschau im Gang, sogar mit Musikuntermalung. Sie standen Künstlern und Magiern sehr viel näher als wir. Und wir protestierten immer wieder, wenn die Polizisten sie uns vorführten mit ihren Hormonbrüsten, wie Tiere auf dem Rummelplatz oder auf dem Markt. Das war auch alles, was wir tun konnten. Eines Tages brachten die Polizisten einen Fünfzehnjährigen und zwangen ihn, uns seinen Busen zu zeigen. Ich war empört, sah aber trotzdem hin. So etwas hatte ich nur auf Fotos oder im Kino gesehen. Meine Gefühle waren ambivalent, anders kann ich das nicht bezeichnen. Die Genossen von damals sind heute ernste Familienväter, ehrbare Mitglieder irgendeines Zentralkomitees. Du darfst nicht glauben, daß mein Interesse nur daher kam, weil die Typen dort Frauen ähnelten.

Marlene hatte keinen Busen und war für mich der attraktivste. Immer wieder hängte ich mich an die Gitterstäbe, um ihn zu Musik aus dem Transistorradio oder zu ihrem eigenen Chorgesang vorbeistolzieren zu sehen.

Ich applaudierte so gut ich konnte, das heißt, ich mußte dauernd aufpassen, nicht herunterzufallen. Als die Show vorbei war, es muß in einer Märznacht gewesen sein, kamen die Polizisten mit einem neuen Schub herein. Alle anderen wurden fortgebracht, nur Tentação blieb, der die Hausordnung kannte und Kontakte hatte zu einer Pension, die Essen für die Häftlinge lieferte. Im neuen Transportwagen waren zwei Verrückte. Einer wurde in die hintere Zelle, rechts neben uns geworfen. Er trug einen grauen Overall und stieß schreckliche Laute aus. Natürlich konnte er sich nicht wehren: Er war stumm. Seine Verhaftung rundete eine bestimmte Zahl auf. Darüber hinaus war er ein schwieriger Fall. Er hatte keine Arbeitsbescheinigung und wurde so, völlig ungesetzlich, als Landstreicher mit 90 Tagen Knast bestraft. Bis zur nächsten Razzia, die ihn wieder in diese Hölle bringen würde.

Der zweite Verrückte wurde in die Toilette gesperrt. Ein wettergegerbter hagerer Schwarzer. Er brabbelte unaufhörlich vor sich hin. Er war Beifahrer eines Lastwagens und hatte in der Nacht den Wagen vor dem 31. Revier abgestellt. Nun schrie er verzweifelt: »Nein, Carvalho, immer mit der Ruhe, Carvalho, du fährst ihm hinten auf, Carvalho.«

Am Anfang dachten wir, das würde ein paar Minuten dauern, so lange bis man einen Laster einparkt. Aber das Parkmanöver wollte und wollte kein Ende nehmen. Er war völlig durcheinander, und seine Stimme klang immer verzweifelter:

»Paß auf, Carvalho, so nicht, so geht das nicht ... Verdammte Firma, Scheißfirma, Scheißfahrer. Jetzt links einschlagen, so, links!«

Wir wälzten uns auf unseren Strohsäcken hin und her und konnten kein Auge zutun. Immer wenn der Lastwagen fast in der Parklücke war, tauchte eine neue Schwierigkeit auf, und es ging wieder von vorn los. Jader, Gentile und ich hangelten uns die Stäbe hoch und begannen mitzuschreien. Wir wiederholten alle Anweisungen, die er Carvalho gab:

»Nicht so dicht, Carvalho, jetzt links einschlagen, jetzt! Nein, nicht so, Carvalho, du fährst gleich an!«

Wir schrien laut mit, und langsam wurde der Laster kleiner, bis er endlich in die Lücke hineinpaßte: »Weiter Carvalho, recht so, jetzt klappt's, jetzt hat's fast geklappt, Carvalho!«

Als wir nach etwa einer halben Stunde mit vereinten Kräften schreien konnten: »Prima, Carvalho, stell jetzt den Motor ab, Carvalho, geschafft, Carvalho«, atmeten wir erleichtert auf und ließen uns von den Gitterstäben direkt auf unsere Pritschen zurückfallen. Die Polizisten schauten uns mit weit aufgerissenen Augen an und sagten sich:

»Jetzt sind die Terroristen auch noch übergeschnappt.« Die Terroristen waren erschöpft und überdreht. So werden Menschen in Brasilien behandelt. Wer keine Arbeit hat, wird verhaftet und eingelocht. Der Arbeitsmarkt hat keinen Bedarf an Kranken, es war Aufgabe der Polizei, sie zu liquidieren. Und wenn sie vollends durchdrehten, dann nahm man eine Lobotomie vor oder man warf sie einfach in den nächsten Fluß. Waren wir Linke nicht auch daran schuldig? Waren wir nicht genauso ungerecht denen gegenüber, für die der Arbeitsmarkt gar keine Verwendung hat, die nicht »echte« Arbeiter sind? Niemals haben wir uns mit der Realität der Todesschwadron auseinandergesetzt – das Elend und die Folter in den gewöhnlichen Haftanstalten waren Mißstände, die der Sozialismus ohnehin abschaffen würde. Die Gewalttätigkeit, der der gewöhnliche Häftling unterworfen war, war kein Gesprächsstoff. Marginalisierte streiken nicht, haben kein Wahlrecht.

Reproduzierten wir da nicht, in unserer Einstellung zu ihnen, das gleiche Unbehagen, die gleiche Hast, das Thema zu wechseln, wie die Mittelschicht, wenn es um die Folterung politischer Gefangener ging? Das war alles so schrecklich folgerichtig. Daß so etwas in Brasilien geschehen konnte, daß sogar die Linke, sogar die Opposition nichts dagegen tat, es nicht für nötig hielt, auf diese Erscheinungsform der Gewalt zu reagieren. Taktiken und Programme sind für die Gesellschaftsklassen, Außenseiter sind von vornherein klassenlos, Abfall, weg damit. Mir wurde klar: Nicht die brasilianische Polizei ist gewalttätig, wir sind gewalttätig. Ein Teil unseres Wesens gehört ins Horrorkabinett der Menschheit.

Als wir in Ricardo de Albuquerque am Hofgang teilnehmen durften, improvisierten wir ein Fußballspiel mit einer Papierkugel. Ich wurde vom Ball getroffen, und wir mußten die Ambulanz rufen. Die Verletzung am Bein, die sich kaum geschlossen hatte, war wieder aufgebrochen. Wir stoppten die Blutung und warteten geduldig auf die Ambulanz. Diese Verletzung irritierte mich seit São Paulo. Sie stand nicht in direktem Zusammenhang mit der Schußverletzung, sondern stammte von einem kleinen Eingriff, bei einer Bluttransfusion oder der künstlichen Ernährung. Sie verheilte nicht. Nach ein paar Stunden kam die Ambulanz. Die Besatzung, ganz in weiß, blieb draußen. Sie hatte Angst, die Zelle zu betreten. Die Polizei wollte mich nicht aus der Zelle holen, weil das gegen das Reglement verstieß. Der Hofgang war eine Ausnahme gewesen, und außerdem hatte man dabei besondere Sicherheitsmaßnahmen beachtet. Jetzt kam es nicht mehr in Frage, mich aus der Zelle zu holen. Wie sollten sie mich unter diesen Umständen verarzten?

Jader trat vor und versuchte zu argumentieren. Wir seien nicht die Ungeheuer, zu denen uns die offizielle Propaganda immer wieder hochstilisierte, wir hätten nichts speziell gegen irgendjemanden, schon gar nicht gegen junge Ärzte und Pfleger, die Menschenleben retteten. Das half ein bißchen. Der Chef der Equipe schlug einen Mittelweg vor: Ich sollte das Bein in der Zelle heben, und sie würden sich die Verletzung mit der Taschenlampe ansehen. Das ging auch auf Entfernung. Auf meine Genossen gestützt, hob ich das Bein, und sie leuchteten mit der Taschenlampe herüber und verschrieben mir

Sulfonamidsalbe, was sie auch sonst getan haben würden. Jader sagte, ich solle ein freundlicheres Gesicht machen. Doch was hätte das gebracht? Sie hatten solche Angst vor Terroristen, daß sie ein Lächeln vermutlich für eine Falle gehalten hätten. Eine Szene wie im Märchen: Die drei Rotkäppchen im Flur, die Taschenlampe auf das Bein des Wolfs gerichtet, der von anderen Wölfen gestützt wird, und alle denken nur daran, wie sie die armen Rotkäppchen fressen könnten. Jader schlug vor, daß ich die liebe Großmutter spielte. Aber das haute nicht hin. Die Rotkäppchen hatte man nur allzugut über den bösen Wolf und seine vielen Verkleidungen aufgeklärt. Und die Jäger, bis an die Zähne bewaffnet, schauten gelangweilt zu. Das ist meine letzte Erinnerung an das 31. Polizeirevier. Ich erinnere mich noch an den Gefängnisgeruch, an den Anblick des Essens, an den traurigen Ausdruck der Menschen, die weggebracht wurden.

Der Verrückte im grauen Overall, der wirres Zeug hervorstieß, fand vielleicht den richtigen Ton und die richtigen Worte, um das alles zu beschreiben. Aber wir mußten uns sehr anstrengen, um seine Botschaft zu verstehen. Ich glaube, er hat sich in die Welt der Sprachlosen zurückgezogen, weil er sich in der Menschenwelt nicht zurechtfinden konnte.

Die Ilha Grande sah nicht aus wie eine Gefängnisinsel. Von den weißen Fischerhütten in der Bucht bis zu den Pfaden, die sich in die Berge schlängeln, scheint alles eine Kulisse der Freiheit zu sein. Ich blicke hinunter und sehe das blaue Meer, den nassen Sand, spüre die leichte Brise. Alles hier ist so wild, so ursprünglich, wie konnten sie hier ein Gefängnis errichten? War das der Gipfel der Grausamkeit, die Gefangenen jeden Tag an Wasser, Sand, Brise und Wald zu erinnern? Als wir ankamen, hatten alle Häftlinge ihr Gesicht gegen die Gitter gepreßt. Sie wollten die Neuen sehen. Auf dieser Insel würden wir nun viele Jahre verbringen, vielleicht bis zu unserem Lebensende. Wir betrachteten die Szenerie mit Neugier, aber auch Gelassenheit; wir wußten, daß wir sie immer wieder vor uns sehen würden. Wir passierten die Wache am Eingang, traten ins weiße Haus ein, erhielten Anstaltskleidung und wurden in den Flügel für politische Häftlinge gebracht. Hier waren Matrosen, die an der Meuterei der Vereinigung der Marineinfanteristen von 1964 teilgenommen hatten, waren politisch unabhängige Gruppen, die sich auf Banküberfälle spezialisiert hatten, und jetzt kam auch unsere Gruppe, etwa 20 Leute, dazu.

Sich eine Zelle ansehen, in der man vielleicht den Rest seines Lebens verbringen wird, hat schon etwas Deprimierendes an sich. Natürlich kam sie uns klein und ungemütlich vor, und jeder schlug Veränderungen vor, um die Umgebung wohnlicher zu machen. Die Zellen waren hell und sauber, und eine Zeitlang standen die Türen offen, so daß wir uns auf dem Gang treffen konnten. Sowie sich aber das politische Klima veränderte, sich unser Verhältnis zum Gefängnisdirektor trübte, schlossen sich die Türen und wurden nur aufgeschlossen, damit wir im Gänsemarsch in den Eßsaal gingen.

Wir konnten unsere Zellengenossen wählen. Anfangs teilte ich die Zelle mit Daniel. Wir stellten Spekulationen an und erzählten uns Geschichten, das hilft im Gefängnis, solange man sich nicht wiederholt. Manche Geschichten vertragen auch Wiederholungen, vorausgesetzt, sie werden um neue Einzelheiten angereichert. So konnte man die gleiche Story bis zu neunmal erzählen.

Wir faßten gemeinsam den Entschluß, hier, auf der Ilha Grande, eine Volksuniversität aufzubauen. Ingenieurstudenten unterrichteten Mathematik, Daniel gab brasilianische Geschichte. Einer der Matrosen war so eifrig, daß er sogar Stundenpläne vervielfältigte und ein schwarzes Brett anbrachte. Wir nannten ihn den Rektor.

Unsere Zelle ging auf den Innenhof hinaus und gab den Blick auf einen Zipfel Strand frei. Wir schliefen bei Licht, und die wachhabenden Soldaten sahen zu uns herein. Manchmal wachte ich auf, weil ein Soldat mich mit schußbereitem Gewehr anstarrte. Anfangs erschreckt mich das, nach und nach gewöhnte ich mich daran. Das Essen auf der Ilha Grande war nicht schlecht, und wir durften auch immer nachwürzen. Auf jedem Tisch gab es reichlich Maniokmehl. Wir aßen Bohnen mit Maniokmehl, würzten mit Chili nach und gewöhnten uns auch daran.

Immer wieder sah ich die beiden Häftlinge aus Juiz de Fora vorbeigehen. Sie waren im normalen Vollzug. Der eine war Beamter, er hieß António Jesús Garcia und hatte den Jungen, den er liebte, getötet. Der andere, Clodismith Riani, war Gewerkschaftsführer, und man hatte ihn der Korruption angeklagt, damit er nicht die Vorteile der politischen Gefangenen hatte. Ein Homosexueller, Opfer seiner zügellosen Leidenschaft, ein Anarchist, der das Vaterland ins Chaos stürzen wollte, und ein blutdürstiger Terrorist, der exotische Irrlehren in Brasilien einzuführen versuchte – das war der bescheidene Beitrag von Juiz de Fora – das Städtchen hatte damals nur 180 000 Einwohner – zu der Festung auf Ilha Grande.

Unsere Zelle führte zu einer finsteren Welt: die Einzelzellen. Immer wieder kam einer in Einzelhaft, und auch unsere Tür wurde abgeschlossen, damit es nicht zu Protesten kam. Die eine Zelle lag gleich neben unserer, und wir versuchten jedesmal, Kontakt aufzunehmen. Wir hatten sogar einen Kanal gebohrt, durch den man Dinge hindurchstecken konnte. Eines Nachts versuchte ich Verbindung aufzunehmen, bekam aber keine Antwort. Der Häftling schrie die ganze Nacht und reagierte nicht auf das Klopfen an der Wand. Ich verstand das nicht. Am nächsten Morgen wurde ich in die Stadt gebracht, weil ich vor Gericht aussagen sollte. Der Wächter erzählte mir, daß in der Zelle neben uns ein Querschnittsgelähmter einsaß und daß man ihm die Krücken abgenommen hatte. Außerdem hatten sie ihn an das Gitter gekettet. Deshalb hatte er geschrien und nicht auf meine Klopfzeichen geantwortet.

Damals war ich der einzige Politische, der hin- und herfuhr, zusammen mit etwa fünfzehn gewöhnlichen Häftlingen. Einer setzte sich mit seinem Transistorradio neben mich. Er schien von Einwanderern abzustammen: blondes Haar, helle Augen. Er fing ein Gespräch mit mir an. Er wußte, wer ich war, und wollte meine Geschichte hören. Es gelang mir, in wenigen Worten seine Neugier zu befriedigen und mir seine Geschichte erzählen zu lassen. Er hieß Lúcio Flávio Vilar, und am Ende unserer mehrstündigen gemeinsamen Fahrt schlug er mir vor, so wie wir beim Presídio Político ankamen, zusammen zu fliehen.

Er erzählte mir von seinen Ausbruchsversuchen. Den gefährlichsten hatte er in Recife unternommen, wo die Polizisten wie verrückt hinter ihm herballerten und ihn fast umgelegt hätten. Das Leben im Gefängnis war sinnlos ohne Ausbruchspläne. Er deutete auf die anderen im Schiffsbauch und flüsterte: Jeder hat einen Fluchtplan, sie stellen sich nur tot, als würden sie an den Himmel und die Englein denken, in Wirklichkeit denken sie nur an ihre Flucht und was sie in Freiheit alles tun würden. Warum war ich so unentschlossen? Im Schiffsbauch roch es nach Zwiebeln und Kartoffeln, das Schiff brachte auch Lebensmittel für die Festung. Zum Frühstück hatte es nicht viel gegeben, und da ich keine Erfahrung mit solchen Reisen hatte, hatte ich zu wenig gegessen. Das Schiff schlingerte, mein Magen knurrte, und mir wurde fast übel vom Geruch alter Kartoffeln und Zwiebeln. Lúcio Flávio hatte recht: Wir mußten abhauen. Wir wurden wie Tiere behandelt, wie Kartoffelsäcke verladen, und die vergangene Nacht, das Bild des an die Gitterstäbe geketteten Gelähmten ging mir immer wieder durch den Kopf. Aber wie fliehen, und wohin? Lúcio konnte wieder seine Bande um sich sammeln und Autos überfallen. Aber ich? Ich war kein Gangster, konnte nicht mal richtig Auto fahren, war handwerklich unbegabt. Außerdem hatte ich keinen Unterschlupf, und das würde heißen, daß sie mich sofort wieder schnappen würden und einen Vorwand hatten, mich umzulegen. Aber auch ohne eine festumrissene Aufgabe, ohne Verbindung zur Organisation, selbst ohne eine Bleibe, war die Freiheit besser. Doch die Risiken waren zu groß. »Ich kann nicht«, sagte ich. »Sie schnappen mich sofort und legen mich um. Ich will leben.«

Lúcio Flávio ließ nicht locker. Ob das denn leben sei? Ich konnte ihm nicht gut widersprechen. Ich kämpfe mit dem Erbrechen. Nein, dieses Leben war ein Tod auf Raten. Das letzte Wort war aber noch nicht gesprochen. Im Grund rechnete ich mit einer Entführung oder damit, durch organisierte Flucht freizukommen.

Wir stiegen in den Lastwagen, der uns in die Stadt bringen sollte. Man bekam kaum Luft und konnte überhaupt nicht hinausschauen.

Immerhin war er nicht mit einem Kühlwagen für Rindfleisch vergleichbar. Dieser Lastwagen war für Menschen gebaut worden, für lebende Menschen. Man hatte an alles gedacht, was unser Leiden noch verschärfen konnte. Es gab sogar einen Lichtspalt, der uns gestattete, die Landschaft zu sehen. Aber wir erfaßten sie nur bruchstückhaft, im Vorbeifahren; eine Baumwurzel, Gestrüpp, Boden, Erdboden, eine Baumwurzel, wieder Gestrüpp.

Ich kämpfte immer stärker mit dem Erbrechen. Ich wollte nicht. Das wäre für mich und alle anderen eine Tortur. Ich bat Lúcio Flávio, Musik zu machen, wir drehten am Radioknopf, zogen die Antenne heraus. Das lenkte ab, und so überstand ich es. Lúcio Flávio erzählte von seinem Vater, er war mit einem Minister befreundet, und er erzählte Geschichten von der Ilha Grande, vor allem von Geschäften mit Gras. Die Polizisten hatten alles unter Kontrolle. Es gab erniedrigende Strafen, und man wurde in lächerlicher Kleidung allen anderen Häftlingen vorgeführt. Die vergangene Nacht, das war nur eine schwache Probe von dem, was auf der Festung praktiziert wurde. Daran würde sich nie etwas ändern, denn Brasilien war nun mal Brasilien, verdammt. Warum also nicht fliehen?

Ich sagte, daß ich es mir überlegen wolle. Als wir bei der Politischen Polizei ankamen, wurden wir getrennt. Ich kam in eine Einzelzelle. Zuvor mußte ich mich noch einer erniedrigenden Leibesvisitation unterziehen. Die Wärter wollten jede Fluchtmöglichkeit ausschalten, nachdem den Matrosen der Bewegung der Marineinfanteristen in Lemos de Brito der Ausbruch gelungen war. Sie hatten einen Haß auf die Politischen. Sie rissen mir die Kleider herunter, ich mußte die Beine spreizen, damit sie sich vergewisserten, daß ich nichts im After versteckt hatte. Ich beschloß, die Prozedur über mich ergehen zu lassen und meine Kräfte für später aufzusparen.

Jetzt war ich nicht mehr seekrank und hatte Hunger. Mein Bauchschuß würde mir auch in Zukunft zu schaffen machen. Ich mußte überleben und zugleich Haltung bewahren. Das ist manchmal recht schwierig, fast unmöglich. Sich erinnern heißt oft nur, das Positive hervorzuholen und die Augenblicke vergessen, wo man mit nacktem Hintern dasteht und sie sich einen Spaß aus der Inspektion machen.

Ich kam in eine Einzelzelle. Leutnant Pequeno, der verantwortliche Offizier, sagte, die Sicherheitsbedingungen seien nicht ausreichend, um mich in eine Gemeinschaftszelle zu legen. Außerdem wolle er verhindern, daß ich vergewaltigt würde. In gewisser Hinsicht waren seine Bedenken gerechtfertigt. Aber sie würden mich nicht dauernd vergewaltigen, ich würde immer noch Zeit finden, um sie zu überzeugen, daß das ein erbärmliches Leben sei und daß wir uns organisieren müßten, uns gemeinsam zur Wehr setzen sollten. Ich glaube, Leutnant Pequeno hatte mehr Angst vor einer Meuterei als davor, daß mir etwas zustoßen könne. Auf dem Weg zur Einzelzelle kam ich an anderen Zellen vorbei, bei einigen blieb ich stehen, wechselte ein paar Worte, ich fragte nach dem »Sheriff«, erzählte von der Ilha Grande. Wer von der Ilha Grande kam, genoß Respekt. Lúcio Flávio und ich sahen uns im dunklen Lastwagen die finsteren Gesichter an und stellten im Flüsterton fest: Das sind vielleicht tolle Typen. Die Zelle war winzig, es gab eine Pritsche zum Schlafen und ein Plumpsklo. Ein Gitterfenster ganz oben angebracht, ging auf den Innenhof hinaus, wo man die Leibesvisitation vorgenommen hatte. Auf dem Gang begegnete ich vielen Leuten. Nun sah ich sie mit den Augen von Flávio Lúcio: Sie waren traurig und eingesperrt, aber jeder hatte einen Fluchtplan. Und ich? Ich hatte nichts außer dem Willen, den Polizisten das Leben schwer zu machen, solange meine Kräfte ausreichten.

Am Anfang vertrieb ich mir die Zeit damit, wie eine Katze durch meine Zelle zu streichen und mich an die Gitterstäbe zu hängen, um einen Blick auf Santa Teresa zu erhaschen. Die Landschaft im Hintergrund, das mußten die Hügel von Santa Teresa sein. Diese Übung war von kurzer Dauer, denn meine Arme schliefen ein, und ich mußte mich hinuntergleiten lassen, so leise ich konnte, um nicht die Aufmerksamkeit der Wache zu erregen. Es war wie das Kinderspiel »Nach Europa schauen«: die größeren Jungen preßten ihre Hände gegen meine Ohren und hoben mich in die Höhe: »Nach Europa schauen« war immer etwas schmerzhaft. Jetzt hieß es »Nach Santa Teresa schauen«, und nicht der Kopf tat weh, sondern die Arme.

Manchmal legte ich es darauf an, mit der Wache ins Gespräch zu kommen. Ich verlangte irgend etwas. Nach einer Zeit hatten sie mich durchschaut und reagierten nicht mehr darauf. Doch einmal blieb ein Wachposten vor der Zelle stehen, denn es war Essenszeit. Ich bat ihn um Papier und Bleistift, und als ich beides hatte, überlegte ich stundenlang, wie ich diese Waffe verwenden könnte. Ich versuchte wieder mit dem Nachbarn Verbindung aufzunehmen. Nichts.

Die Tage vergingen, und mir war immer noch nicht eingefallen, wie ich herauskommen sollte. Die Mahlzeiten waren die einzigen Fixpunkte, die die Zeit unterteilten, ebenso wie das

Licht, das durch die Gitterstäbe fiel, durch die ich Santa Teresa sehen konnte. Damals war gerade die Fußballweltmeisterschaft. Über die Radios im Innenhof konnte ich immer wieder die Spiele verfolgen. Die gewöhnlichen Häftlinge bekamen Besuch. Ich hörte einen Teil des Spiels Brasilien-Tschechoslowakei. Immer wenn der Stürmer ein Tor schoß, knieten sie nieder und bekreuzigten sich. Brasilien vor, noch ein Tor. Würden wir die Weltmeisterschaft gewinnen? Unsere Mannschaft war okay, die Jungs waren in Ordnung. Die Besuchszeit war zu Ende, das Spiel war zu Ende, wir verabschieden uns, liebe Hörer, und immer noch keine Verbindung zur Nachbarzelle.

Ich schlief sehr schlecht. Tagsüber hing ich herum, wollte mich aber nicht hinlegen. Dann kannst du nachts nicht schlafen. Und nachts passiert überhaupt nichts. Tagsüber gab es wenigstens Lärm.

Jemand schrie von oben: »He, du Vagabund, ja, dich meine ich, hast deinen Arsch in Sicherheit gebracht, bei den Bibelbrüdern, du Hund?« In der Zelle der Bibelbrüder gab es keine »Zwangsehen«. Vielleicht überhaupt keine Ehen. Die Bibelbrüder waren Zeugen Jehovas, und viele waren nur deshalb zu ihnen übergetreten, um der Vergewaltigung zu entgehen.

Wer unter diesen Umständen konvertierte, machte sich verächtlich. Ein richtiger Mann sucht sich einen Partner, den er beherrscht. Stark sein, hieß der aktive und gewalttätige Part in einer Ehe sein.

Es gelang mir, einen Bericht zu schreiben. Meine Haftbedingungen waren unwürdig, als politischer Gefangener verlangte ich eine andere Behandlung. Falls man sie mir verweigerte, würde ich in der Presse dagegen protestieren, ich würde sie in ausländischen Zeitungen denunzieren, das heißt, ich würde publik machen, wie man mit den Gegnern der Militärdiktatur umsprang. Die Haftanstalt Lemos de Brito trug dann die Schuld am geringen Ansehen der Regierung, und es war nicht ausgeschlossen, daß die Direktoren zur Verantwortung gezogen würden. Dieser letzte Satz war ein verzweifelter Versuch. Ich dachte, wenn es mir gelingt, sie glauben zu machen, daß ihre armselige Karriere in irgendeiner Form gefährdet sei, so könnte ich es schaffen. Nicht, daß ich die Beamten unterschätzte, aber mit Gefängnisleitungen kannte ich mich aus und wußte ungefähr, wo ihre empfindliche Stelle war.

Mein Bericht, sauber mit Bleistift geschrieben, war fertig. Jetzt galt es nur noch, einen Wachposten anzuhalten und ihn zu überreden, den Zettel weiterzuleiten. Das Leben in der Zelle wurde immer unerträglicher. Jetzt wurde ich auch noch von Stechmücken geplagt. Es war schlimm, allein in der Zelle zu hocken, von den widerlichen Viechern zerstochen zu werden. Ich rief den Wachposten an, aber er blieb nicht stehen. Ich wußte jedoch, daß er in Hörweite war, und rief:

»Ich habe eine wichtige Beschwerde! Ihre Vorgesetzten werden sich freuen!«

Der Posten machte eine halbe Kehrtwendung. Er tat so, als hätte er nichts gehört, blieb aber stehen. Wie ein Vogel, der sich der Falle nähert. Er sieht den Köder, rührt ihn nicht an, hat aber auch nicht die Kraft, weiterzufliegen. Ich wiederholte noch einmal meinen Satz, er kam heran und nahm das Blatt durch die Luke entgegen, durch die sonst das Essen hereingereicht wurde. Der Schlachtplan, über dem ich eine ganze Woche lang gebrütet hatte, konnte seiner Verwirklichung entgegensehen. Ich setzte mich auf der Pritsche auf und ließ mich ruhig stechen.

Es machte mir nun nichts mehr aus. Ich dachte nur: Haltet euch ran, Freunde, bald bin ich draußen.

Zu den stärksten Erlebnissen gehört in meinem Leben der vorweggenommene Abschied von einem Ort, den ich bald verlassen werde, der Rückblick auf ein abgeschlossenes Kapitel. Ein paar Stunden später standen sie vor meiner Zelle, der Wachposten, Leutnant Pequeno und einer der Direktoren. Der Direktor wedelte mit dem zerknitterten Zettel und fragte barsch: »Was soll das?« Ich antwortete schlicht: »So ist das, Herr Doktor.«

Sie gaben sich sehr barsch, aber sie hatten angebissen. Der Direktor wollte wissen, was »unwürdige Haftbedingungen« zu bedeuten habe. Ich zeigte auf meine Zelle, auf die harte Pritsche, erwähnte die Wanzen. Er entdeckte eine und sagte: »Das sind keine Wanzen. Das sind Strandtierchen. Die gibt es auch in meiner Villa an der Copacabana.«

Ich bestand darauf, daß es Wanzen seien. Wenn es sie auch in seiner Villa gab, so tat er gut, sofort den Kammerjäger zu holen, das war eine Gefahr für die Familie, für die Kinder. Die Fragen, die er stellte, kamen mir gerade recht. Sie machten

Gespräche möglich. Ich redete wie ein Wasserfall. Schon die Möglichkeit eines Gesprächs war ein Sieg.

Was ich wollte? Ich wollte da raus, aber sie sagten immer wieder, es gäbe keine Zellen. Sie konnten mich nicht in irgendeine Zelle legen, wegen der Vergewaltigungsgefahr. Ich schlug die Zelle der Bibelbrüder vor. Das kam nicht in Frage. Dort könnte ich höchstens ein Bad nehmen und ganz schnell durchgehen, ohne langes Gerede. Also dann ein Bad. Und eine neue Pritsche, und ein Radio. Und Verbindung mit meiner Familie, damit man mir das alles brachte. Ich wollte raus, so schnell wie möglich, ich wollte mit den anderen Häftlingen zusammen, am liebsten ins DOPS. Das DOPS unterstand doch auch der Regierung des Staates Rio de Janeiro. Warum verlegte man mich nicht einfach? Warum diese Schikanen? Er war Vizedirektor, der Direktor war nicht da. Stellen Sie sich das vor, was das nach sich ziehen würde, wie soll man das rechtfertigen. Wir wollen unseren Frieden haben mit der Susipe, der Verwaltung. Am nächsten Tag wurde ich ins DOPS verlegt. Zuerst ging ich in die Zelle der Bibelbrüder und nahm ein Bad, auf dem Rückweg blieb ich vor meiner Nachbarzelle stehen. Ich versuchte, mit dem Wachposten Kontakt aufzunehmen. Drinnen saß Moises Goguinho, der Luz del Fuego umgebracht hatte. Total durchgedreht. Er brachte keinen zusammenhängenden Satz mehr heraus. Deshalb hatte ich keine Antwort auf mein Klopfen bekommen. Von den Bibelbrüdern beschaffte ich mir noch Papier, man konnte ja nie wissen. Gelobt sei Gott. Ich kam auf die Ilha Grande zurück und erfuhr unterwegs, daß Lúcio Flávio und weitere acht abgehauen waren. In einem Flügel des Justizgebäudes. Sie gingen aufs Klo und stiegen durch ein Loch in der Decke aus. Eine erbärmliche Flucht, aber eine Flucht. Die Freiheit. Hoffentlich ließen sie sich nicht erwischen.

Auf der Ilha Grande kam ich in eine andere Zelle, wo ich nur noch zwei bis drei Wochen verbrachte. Ich war da mit einem Matrosen zusammen. Eines Nachts hörten wir Radio. Der uruguayische Nachrichtensprecher verlas, ganz aufgeregt, eine Meldung über die Entführung des deutschen Botschafters in Santa Teresa. Die Entführung war mit militärischer Präzision durchgeführt worden, selbst die Straßenbeleuchtung hatten sie mit einem Schuß ausgelöscht.

Ich versuchte noch andere Sender hereinzukriegen, aber plötzlich wurden die Türen aufgerissen und alle Radiogeräte beschlagnahmt. Von da an gab es wieder verschärfte Haftbedingungen. Wie sollten wir erfahren, ob die Entführung geklappt hatte, wie sollten wir den weiteren Gang der Ereignisse verfolgen? Die Zellen gingen auf den Hof hinaus, wo die gewöhnlichen Gefangenen herumliefen. Sie kamen an alle Informationen und gaben sie an uns weiter. Am nächsten Morgen, beim Frühstück, erfuhr ich, daß ein kleines Kofferradio der Beschlagnahmung entgangen war. Sie verlangten die Freilassung von 40 Häftlingen im Austausch für den deutschen Botschafter. Jeden Augenblick sollte die Liste durchgegeben werden.

Keiner tat ein Auge zu in der folgenden Nacht. Die schweren Eisentüren, die Trostlosigkeit der Korridore, die Brutalität, die Gewalt gegen die gewöhnlichen Häftlinge, alle diese Bilder zogen unablässig vor meinen Augen vorbei. Irgend etwas in mir war entzweigegangen.

Alle die Schutzvorrichtungen, die ich innerlich aufgebaut hatte, um die Haft zu ertragen, um die vor mir liegenden Jahre aushalten zu können, brachen auseinander. Jetzt sah ich die Haft nüchtern: eine unerträgliche Erfahrung. Ich sah das mit den Augen dessen, der vor der Entlassung stand. Und dabei wußte ich nicht einmal, ob mein Name sich auf der Liste befand.

Als auf der Ilha Grande der Morgen graute, sagte einer, die Liste sei bereits veröffentlicht. Man würde den Gefangenen, die frei kamen, einen guten Morgen wünschen. Schon von weitem hörte ich rufen: Guten Morgen, Daniel, guten Morgen, Domingos, guten Morgen, Fausto, guten Morgen, Gabeira.

Wir wurden nach Bangu gebracht, wo Tania mitkommen sollte. Die Gefängnisverwaltung lud uns zu einem Mittagessen ein, das die weiblichen Häftlinge selbst zubereitet hatten. Es waren wunderbare Frauen, manche schon über fünfzig. Wir aßen Gnocchi, und der Direktor, der mich aus der Einzelzelle herausgeholt hatte, kam auf mich zu:

»Das hätten Sie mir gleich sagen können, daß Sie durch eine Entführung freikommen.«

»Ich verstehe Sie nicht, Herr Doktor. Wie hätte ich von der Entführung wissen sollen. Wir waren doch völlig abgeschnitten von der Außenwelt.« Der Direktor aß mit uns Gnocchi, die Polizisten der Eskorte hatten die schweren Knarren abgestellt, wir tranken noch einen Fruchtsaft und verabschiedeten uns von den Frauen, bedankten uns bei ihnen für das Essen. Ich verabschiedete mich vom Direktor und sagte ihm, ich hoffte, ihn unter anderen Umständen wiederzusehen. Und ich schwor mir, daß ich nicht noch einmal in einer Zelle der Días Moreira landen würde.

Es lief alles glatt. Man hatte uns das Haar geschnitten, wir durften uns rasieren. Man hatte uns hervorragende Hausmannskost vorgesetzt, nun stiegen wir ins Flugzeug, und ab gings nach Algerien. Das ging aber schnell, dachte ich, zu schnell, als wir schon am Flughafen waren. Wir stiegen aus dem Polizeiauto und stellten fest, daß es noch nicht zu Ende war: Wir befanden uns in der Barão de Mesquita, im Militärgefängnis, im Gang, und die Folterer starrten uns an, offensichtlich wütend über unsere ausgelassene Fröhlichkeit.

Daniel, Domingos, Fausto und ich wurden in eine Zelle im ersten Stock gebracht. Wir wußten, daß noch andere Gefangene da sein mußten. Wir versuchten das herauszukriegen, aber wir bekamen die Liste nicht zusammen. Unsicherheit kam auf. Ich wollte wissen, wo Vera war. Als der Gefreite Gil wieder einmal vorbeiging, bat ich ihn, Vera eine Zigarette von mir zu bringen. Ich kannte sie nicht persönlich, aber, zum Teufel, wir waren an derselben Entführung beteiligt gewesen, und jetzt stand das Leben in Freiheit vor uns. Gil überbrachte ihr die Zigarette, und sie ließ mir ein Dankeschön ausrichten. Schön. Also stand Vera auch auf der Liste und befand sich ebenfalls im Militärgefängnis.

Die ganze Nacht lauschten wir auf Geräusche. Von unserer Zelle aus konnte man den Straßenlärm hören. Ich achtete auf jede Einzelheit, machte Daniel darauf aufmerksam. Ein Wagen fuhr vor, es wurde ans Tor geklopft. Wir wußten nicht, was wir mit diesen bruchstückhaften Informationen anfangen sollten. Jedenfalls war das unsere Art, eine Situation in den Griff zu bekommen. Wir versuchten daraus die Realität unserer Befreiung zusammenzubringen. Die Autos, die unten vorfuhren, waren das die Autos, die uns zum Flughafen bringen sollten? Wenn ans Tor geklopft wurde, hieß das, daß es noch dauern würde, oder waren es gar nicht sie, denn normalerweise würden sie das Tor dann offenlassen? Mit diesen Spekulationen versuchten wir die Hauptfrage zu umgehen, die uns am meisten beschäftigte und auf die nur die Zeit eine Antwort geben konnte: War das Haus mit dem entführten deutschen Botschafter inzwischen hochgegangen, würden sie uns umbringen oder freilassen? Domingos wurde zum Verhör abgeholt.

Jetzt ging also wieder das Foltern los. Wir hatten einen Code festgelegt: Wenn richtig gefoltert würde, sollte er dreimal kurz schreien, wenn es halb so schlimm war, einen langen und einen kurzen Schrei, und wenn es um Einschüchterung ging, dann dreimal hintereinander lang. Schließlich kamen drei ganz lange Schreie, als müßte er furchtbare Qualen ausstehen. Wir atmeten erleichtert auf. Es war im Vergleich zu früher eine leichte Folter, und sie hatte den Zweck, Einzelheiten über einen Fluchtplan auf der Ilha Grande herauszubekommen, den es in Wirklichkeit nicht gab. Sie hatten Domingos Gas in die Augen gesprüht, und er klagte die ganze Nacht über Schmerzen, aber dann kam der Morgen und die Nachricht, daß wir freigelassen würden. Wir wurden zum Militärflughafen Galeão gebracht. Die Folterer kochten vor Wut. Sie machten zahllose Fotos, nahmen Fingerabdrücke, Gomes Carneiro weinte fast, daß all die Mühe, die sie sich mit uns gegeben hatten, umsonst gewesen war.

Auf dem Flughafen standen dann endlich alle vierzig zusammen. Wir fielen uns in die Arme. Viele kannten sich dem Namen nach, hatten gemeinsame Bekannte. Alles schien wie ein Fest, ohne Sekt, ohne Musik.

Wir wurden in eine Maschine der Varig gesetzt, zu zweit, mit Handschellen aneinander gefesselt. Jede Zweiergruppe wurde im Flugzeug von einem Polizisten bewacht. Drinnen aber herrschte ungeheure Aufregung. Die Leute schrien durcheinander, auch wenn sie nebeneinander saßen. Major Fontenel ging von einem zum anderen und schloß Geschichten ab. Die Polizisten überlegten sich, wie sie am besten die Dollars ausgaben, die sie für den Sonderauftrag im Ausland erhalten würden.

Die Varig servierte uns eine ausgezeichnete Mahlzeit: Filet mit Pommes frites. Das Essen war viel zu exquisit für Leute, die so lange im Gefängnis gesessen hatten. Aber wir saßen so

Die durch die Entführung des deutschen Botschafters von Holleben freigepreßten politischen Gefangenen bei ihrem Abflug nach Algier. Zweiter von rechts, in der Hocke, mit Brille, Fernando Gabeira. Rechts neben ihm, auf dem Stuhl, Vera.

eng aneinander und mußten aufpassen, daß wir nichts umkippten. Jetzt waren wir nicht mehr im Gefängnis, aber immer noch in einem Flugzeug eingesperrt.

Mein Sitznachbar erzählte von den vielen bewaffneten Aktionen, an denen er teilgenommen hatte. Er gestikulierte ständig, und da wir mit Handschellen aneinandergekettet waren, mußte ich bei jeder Bewegung mitgehen. Zusammenstöße mit der Polizei, hochgehende Sprengladungen, Genossen, die die Polizeiautos mit ihren MPs in Schach hielten, Polizisten wurden in spektakulären Aktionen entwaffnet. Mein Gott, dachte ich, wann wird diese Revolution ein Ende nehmen, wann würden wir zur Ruhe kommen?

Der Polizist neben mir erzählte von einem Onkel in Goiás, der Kommunist sei. Ich erzählte von meinem tuberkulösen Onkel in Minas. Er fragte mich, wo er in Algerien einkaufen könne. Ich sagte, er müsse auf das Wort »Souvenir« achten, »Souvenir«, dort könne er getrost hineingehen und sein Geld ausgeben. Ob es in Algerien auch Bauchtanz gibt, wußte ich nicht. Er sollte nicht sehr enttäuscht sein, wenn die algerische Regierung verlangte, daß sie sofort zurückfliegen. Auch auf dem Flughafen würde er das Wort »Souvenir« finden und könne sich Mitbringsel aussuchen.

Der Polizist wollte ein wenig Ferien machen. Er blickte uns an, nicht unfreundlich. Vera war gelähmt, aber sie lebte. Sie konnte den Oberkörper bewegen und versuchte dem Polizisten klarzumachen, daß er einen Zettel weiterreichen sollte.

In Kürze werden wir in Algerien eintreffen. Die brasilianische Regierung hatte uns offiziell zum Tode verurteilt, indem sie das Verbannungsurteil aussprach, aber in Wirklichkeit fing das Leben erst an. Ich erinnere mich, als wäre es heute, an die Bucht von Guanabara, an den Strand, an Rio de Janeiro, wie es aus meinem Blickfeld verschwindet. Wenn ich gewußt hätte, daß es für so lange Zeit sein sollte, hätte ich sie alle gebeten, sich am Rande des Rollfelds aufzustellen, damit ich ihnen ein letztes Mal zuwinkte: Irene, die Mutter, die Polizisten, die den Wagen von Geraldo de Beatriz auf Hochglanz polierten, Tentação und Marlene, Gomes Carneiro, der sich eine Hand vors Gesicht hält, Admiral Aragão, der sich überlegt, wie er den Widerstand gegen den Putsch organisieren soll, Ana, Dominguinho, Zé Roberto, der tote Freund, und auch den Wacht-

Ankunft auf dem Flughafen von Rio de Janeiro, zehn Jahre später. Revolutionsstar Fernando Gabeira (Mitte), soeben aus dem Exil zurückgekehrt, umringt von Reportern, Freunden und Fans.

meister in Juiz de Fora, der mir nachruft: »Das werde ich deiner Oma erzählen, daß du zum Klassenkampf hetzt!«

Wenn ich gewußt hätte, daß es für so lange Zeit war oder vielleicht für immer, wenn ich gewußt hätte, daß nicht ich es war, der da abflog, sondern daß das Flugzeug in eine andere Richtung trieb, aus der es irgendwie keine Rückkehr mehr gab, dann hätte ich vielleicht gesagt: Ciao, Vera Cruz, Ciao, Santa Cruz, Ciao, Brasil.

Nachwort
Brasilien von 1930 bis 1980
Vom Populismus in die Diktatur

Zwei Daten sind für das Verständnis der brasilianischen Zeitgeschichte besonders wichtig: die Revolution von 1930 und der Putsch von 1964.

Das erste Datum markiert den Beginn des modernen Brasilien. Bis dahin hatten die agrarische Oligarchie und die Handelsbourgeoisie der ausschließlich exportorientierten Landwirtschaft ihre Macht behaupten können. Die geographische Verschiebung des ökonomischen Schwergewichts von Nord-Ost nach Süd-Ost im Verlauf der Entwicklung des letzten großen agrarischen Zyklus, des Kaffeeanbaus, das Entstehen größerer Städte mit einer Mittelklasse und die Entwicklung einer importsubstituierenden Konsumgüterindustrie brachten die alte Ordnung aus dem Gleichgewicht. In einer Reihe von Revolten jüngerer Offiziere gegen das korrupte und rückständige Regime fand die politische Krise ihren sichtbaren Ausdruck. Die Opposition der jungen Leutnants (tenentes) war jedoch zum Scheitern verurteilt, da sie gesellschaftlich isoliert blieb. Gabeira erwähnt den Aufstand von 1922 und die Einnahme der strategisch wichtigen, die Einfahrt in die Bucht von Rio beherrschenden Festung von Copacabana durch Oberst Montanha. Gar so heroisch war dessen Tat in Wahrheit aber nicht, da der Festungskommandant mit ihm befreundet war.

Wesentlich eindrucksvoller erscheint demgegenüber der Versuch einiger anderer Offiziere, durch einen langen Marsch von 2400 km durch das Landesinnere Brasiliens einen Guerillakrieg gegen das Regime zu führen. Die 900 Mann unter der Führung des Leutnants Luís Carlos Prestes, dem späteren Chef der Kommunistischen Partei, blieben zwar in zahlreichen Kämpfen siegreich, fanden jedoch nicht die erhoffte Unterstützung in der ländlichen Bevölkerung.

Erst als die Weltwirtschaftskrise und die Krise des Kaffeehandels die Uneinigkeit der herrschenden Schichten verstärkten, gelang es einer großen Koalition von Kaffeeplantagenbesitzern (fazendeiros), von Großgrundbesitzern des im alten System unzureichend repräsentierten Südstaates Rio Grande do Sul, von Industriellen, jüngeren Offizieren und anderen Teilen der Mittelklasse, die Macht an sich zu reißen. Der führende Kopf dieser städtisch-bürgerlichen Revolution war der Großgrundbesitzer Getúlio Vargas aus Rio Grande do Sul. Sein politisches Konzept einer staatlich induzierten nationalen Entwicklung bestimmte die Geschichte Brasiliens über seinen Tod (1954) hinaus bis 1964.

Das Hauptproblem bei der Modernisierung Brasiliens bestand darin, die Interessen der ländlichen Oligarchie, die noch immer die stärkste politische Kraft war, mit den Erfordernissen einer beschleunigten Industrialisierung und den Interessen der Mittelklasse, besonders der Militärs, in Einklang zu bringen. Vargas setzte sich gegen zahlreiche Widerstände durch. Als der Zerschlagung einer antiimperialistischen und gegen das Latifundium gerichteten Befreiungsallianz unter der Führung von Prestes im Juli 1935 ein völlig aussichtsloser Kommunistenaufstand gefolgt war, begann Vargas mit der Etablierung eines autoritären Regimes. Ein vom faschistischen Hauptmann Olímpio Mourão Filho gefälschter Plan, der die Gefahr eines weiteren Kommunistenaufstandes beweisen sollte, diente Vargas als Vorwand, den autoritären Staat, den *Estado Nôvo*, offiziell auszurufen. Etwas später entledigte Vargas sich auch der Integralisten, d. h. der Vertreter einer brasilianischen Variante des Faschismus.

Der *Estado Nôvo* war weder sozial noch ideologisch ein faschistischer Staat. Ideologie spielte hauptsächlich als Antikommunismus eine Rolle. Im *Estado Nôvo* übernahm der Staat die Aufgabe, die infrastrukturellen Voraussetzungen für eine rasche industrielle Expansion zu schaffen. Die Gründung einer neuen Basisindustrie und die Kontrolle wichtiger Produktionszweige (Erzgewinnung, Stahlerzeugung und -verarbeitung, Energie, Kaffee, Alkohol u. a.) wurden vom Staat übernommen. Für die städtische Mittelklasse bedeutete das die Schaffung zahlreicher Arbeitsplätze in Ministerien, Kontrollorganen und staatlichen und halbstaatlichen Unternehmen. Da die städtische Arbeiterschaft nicht allein durch nackte Repression in Schach gehalten werden konnte, wurden mit Hilfe einer komplizierten Arbeits- und Lohngesetzgebung subtilere Formen der Unterdrückung entwickelt und der soziale Frieden durch einige soziale Zugeständnisse zusätzlich abgesichert. Das ideologische Bild von Getúlio, dem »Vater der Armen«, stammt schon aus dieser Zeit.

Vargas war sich im klaren darüber, daß mit dem Sieg der Alliierten über den europäischen Faschismus auch die Tage des *Estado Nôvo* gezählt waren. Er war ohnehin klug genug gewesen, nicht allzu innig mit den deutschen und italienischen Faschisten zu flirten.

Für Vargas bestand im Jahre 1945 das entscheidende Problem darin, wie er seine Politik der nationalen Entwicklung unter formaldemokratischen Voraussetzungen fortsetzen und doch zugleich den Burgfrieden zwischen Kapital und Arbeit in den Städten erhalten konnte. Vielleicht muß man Brasilianer sein, um verstehen zu können, wie Vargas das Problem anging. Er selbst gründete und »benützte« zwei Parteien. Den PSD, der seinem irreführenden Namen *Partido Social Democrático* zum Trotz als konservative Partei und politischer Repräsentant vor allem der ländlichen Oligarchie fungieren sollte, und den PTB, den *Partido Trabalhista Brasileiro*, der die Aufgabe hatte, die Interessen der städtischen Arbeiterschaft so zu kanalisieren, daß sie die Politik des Interessenausgleichs nicht gefährdeten. Die Vargas-Gegner gründeten die UDN *(União Democrática Nacional)*, in der sich zunächst sehr unterschiedliche Gegner des *Estado Nôvo* zusammenfanden. Nach der Abspaltung eines linken Flügels wurde die Partei zu einer konservativen Partei, die sich dem internationalen Kapital verbunden fühlte und entschieden alle nationalistischen Tendenzen bekämpfte. Neben diesen Parteien war nur noch die Kommunistische Partei von nationaler Bedeutung. Zu erwähnen ist noch der von Adhemar de Barros geführte PSP, *Partido Social Progressista*, dessen Einfluß aber im wesentlichen auf den ökonomisch und politisch wichtigen Staat São Paulo beschränkt blieb. In Fortsetzung seiner Politik der nationalen Entwicklung unter (formal-)demokratischen Voraussetzungen schlug Vargas bei der Vorbereitung freier Wahlen nationalistische Töne an und wandte sich stärker der Linken zu. Das mißfiel führenden Offizieren, darunter gerade auch denen, die geholfen hatten, den *Estado Nôvo* zu etablieren. So beispielsweise Kriegsminister Dutra. Sie setzten Vargas ab und gerieten zu Unrecht in den Ruf, Brasilien wieder zur Demokratie verholfen zu haben.

Das von Vargas konzipierte politische Modell überstand seinen Sturz im Jahre 1945 und blieb noch mehr als zwanzig Jahre bestimmend für die brasilianische Geschichte. In den ersten Wahlkampf ging Dutra als Kandidat von PSD und PTB und wurde trotz allem auch von Vargas unterstützt.

Die von Dutra betriebene Politik war – obwohl er die Wahl als Kandidat des PSD und des PTB gewonnen hatte – weitgehend nach dem Geschmack der UDN und keineswegs nationalistisch. Das ausländische Kapital wurde begünstigt und die ökonomischen Bindungen zwischen den USA und Brasilien wurden gefestigt. Damals wurde auch die *Escola Superior de Guerra* (ESG) gegründet. In dieser, nach dem Vorbild des nordamerikanischen *National War College* mit US-Hilfe aufgebauten Militärhochschule wurde die enge Bindung Brasiliens an die USA zum Dogma. In ihr wurde später auch die Doktrin der nationalen Sicherheit entwickelt, die einer allzu weitgehenden Demokratisierung des Landes Grenzen setzen sollte, denn mit Sicherheit war die innere Sicherheit gemeint.

Zu Vargas' politischen Geniestreichen gehört, daß es ihm 1950 gelang, in freien Wahlen als Nachfolger Dutras wieder Präsident zu werden. Die strukturellen und organisatorischen Schwächen des Parteiensystems, in dem einzelne Figuren zentrale Bedeutung gewinnen konnten, trugen zu seinem glänzenden Comeback bei.

Vargas setzte die Politik der nationalen Entwicklung während seiner zweiten Präsidentschaft fort. Sein Modell des brasilianischen *Populismus* gewann aber jetzt erst seine volle Bedeutung, als er seine Ziele in großen Kampagnen mit der städtischen Bevölkerung durchzusetzen versuchte. Einen Höhepunkt stellte dabei die Mobilisierung der Massen unter dem Slogan *»O petróleo é nosso«*, das Erdöl gehört uns, dar, als Vargas die Erdölindustrie unter staatliche Kontrolle brachte. Die militärische Opposition gegen diese Art von Politik war bald unübersehbar. Zu den fanatischsten zivilen Gegnern von Vargas gehörte der UDN-Politiker Carlos Lacerda, der ihn in seiner Zeitung *Tribuna da Imprensa* permanent angriff. Als bei einem Attentat auf Lacerda ein ihn begleitender Offizier ums Leben kam und die Spuren in den Präsidentenpalast führten, wurde Vargas wiederum von führenden Militärs unter Druck gesetzt. Vargas verübte Selbstmord und hinterließ als politisches Testament eine flammende Anklage gegen den Imperialismus der »internationalen Wirtschafts- und Finanzgruppen«.

Die folgenden politischen Ereignisse fallen schon in die Zeit, an die sich Gabeira in seinem Buch erinnert. Den Wahlkampf von 1955, nach einem kurzen Zwischenspiel unter dem nachgerückten Vize-Präsidenten Café Filho, gewann keineswegs die UDN mit ihren Kandidaten General Tavora, sondern der Arzt Juscelino Kubitschek vom PSD, der auch vom PTB unterstützt wurde. João Goulat hatte für ihn erfolgreich als Vize-Präsident kandidiert.

In der Regierungszeit Kubitscheks setzten soziale Veränderungen ein, die die Grundlagen des populistischen Systems zerstörten. Das ausländische Kapital wurde mit Hilfe massiver Begünstigungen ins Land gerufen, um eine fieberhafte industrielle Entwicklung zu ermöglichen, die Brasilien in fünf Jahren um fünfzig Jahre voranbringen sollte. Dabei entstand ein modernes Industrieproletariat, das sich dem internationalen Kapital gegenübersah. Vor diesem Hintergrund verlor die Beschwörung nationaler Entwicklungsziele und nationaler Gemeinsamkeiten von Arbeit und Kapital an Wirkung. Da die industrielle Entwicklung regional begrenzt blieb und überdies die vernachlässigte Landwirtschaft in eine Krise geriet, entstand zwischen verschiedenen Gebieten Brasiliens ein enormes ökonomisches und soziales Gefälle. Die Interessen des nationalen und des internationalen Kapitals, der staatlichen Unternehmen, der rückständigen Großgrundbesitzer, der hungernden Landarbeiter, der städtischen Industriearbeiter und der städtischen Mittelklasse konnten im Rahmen des populistischen Systems nicht mehr ausgeglichen werden. Kubitschek sah die Folgen voraus und forderte die Offiziere der *Escola Superior de Guerra* auf, sich den Problemen der inneren Sicherheit zuzuwenden.

Im Wahlkampf von 1960 unterlag General Lott, der Kandidat von PSD und PTB, Jânio Quadros, einem Demagogen, der sich für seinen politischen Aufstieg mehrerer kleiner Parteien bedient hatte und der versprochen hatte, das alte und korrupte System zu beseitigen. Quadros, der mit überwältigender Mehrheit gewählt wurde, versagte jedoch kläglich. Nach wenigen Monaten trat er im August 1961 zurück. Der rechtmäßige

Nachfolger, Vize-Präsident Goulart, befand sich zu diesem Zeitpunkt auf einer Auslandsreise. Gegen seine Amtsübernahme opponierte eine starke Fraktion von höheren Offizieren, die in ihm den nationalistischen Vargas-Erben sahen und ihn linker Sympathien verdächtigten. Da jedoch der Kommandant des III. Heeres in Rio Grande do Sul und einige andere Truppenführer für die Respektierung der Verfassung eintraten und Leonel Brizola, Goularts Schwager im selben Staat Gouverneur war, lenkten Goularts Feinde aus Angst vor einem Bürgerkrieg ein. Die Verfassung wurde geändert, und Goulart durfte nun Präsident werden, allerdings in einer parlamentarischen Regierung, in der er die Macht nur gemeinsam mit dem Ministerrat ausüben konnte. Erst im Januar 1963 gewann er durch ein Plebiszit die volle Präsidialgewalt zurück.

Goularts Versuche, für seine Politik nicht nur die städtische Arbeiterschaft und die nationalistisch gesinnte Mittelschicht, sondern auch die Landarbeiterschaft politisch zu mobilisieren und wenigstens den Anfang zu einer dringend notwendigen Agrarreform machen, aktivierte seine zivilen und militärischen Gegner, die schon seit seinem Regierungsantritt gegen ihn konspirierten. Andererseits gab es auch Offiziere, die mit Goularts Politik sympathisierten. Zu ihnen gehörte Admiral Aragão, der Kommandeur der Marineinfanterie, der als »Volksgeneral« gefeiert wurde. Den Verschwörern gelang es jedoch, die legalistischen Offiziere auf ihre Seite zu ziehen. Dazu trug wesentlich bei, daß Goulart die gewerkschaftliche Organisierung der unteren Dienstgrade duldete, was als Unterhöhlung der militärischen Disziplin angesehen wurde. Als Goulart nach einer Rebellion von Unteroffizieren in Brasília den Ausnahmezustand verhängen lassen wollte, fiel es seinen militärischen Feinden leicht, in Verkehrung der Tatsachen Goulart des Verfassungsbruchs zu beschuldigen und sich selbst als Vertreter von Gesetz und Ordnung zu präsentieren.

Die Frage der militärischen Disziplin rückte in den Mittelpunkt durch die Ablösung des Marineministers Sílvio Mota und führte zur raschen Zuspitzung der politischen Krise. Die militärischen Aktionen gegen die Regierung begannen in Minas Gerais. Die Putschisten schürten in der Bevölkerung eine Bürgerkriegshysterie, indem sie den Eindruck erweckten, daß jederzeit mit einem Gegenschlag zu rechnen sei. Aber weder

Goulart noch seine engsten Mitarbeiter hielten militärische Aktionen für sinnvoll. Goulart floh außer Landes. In einem Institutionellen Akt, dem ersten von vielen, begründeten die Putschisten ihre Machtergreifung und begannen mit der brutalen Verfolgung der Anhänger und Verbündeten der Regierung Goulart.

Nur Leonel Brizola in Rio Grande do Sul leistete mit seinen Elfergruppen, grupos dos onze, Widerstand. Goularts Schwager hatte solche Gruppen für den Fall eines Putsches oder revolutionärer Kämpfe gegründet. Daß es gerade Elfergruppen waren, beruhte auf der Hoffnung, der Zusammenschluß in Gruppen von der Größe einer Fußballmannschaft müsse ein besonders einleuchtender Gedanke sein. Aus heutiger Sicht ist deutlich, daß der Sturz der Regierung Goulart am 1. April 1964 vor allem den Zweck hatte, das politische System des Populismus zu liquidieren, um anstelle des komplexen Ausgleichs unterschiedlicher Kräfte die Dominanz multinationaler Wirtschaftsgruppen durchzusetzen. Roberto Campos, Minister für »Planung und allgemeine Koordinierung«, und Finanzminister Otávio Gouvea de Bulhões, die Gabeira erwähnt, waren Schlüsselfiguren dieser Politik.

Die politischen Gegner, die sich, wie Adhemar de Barros und Lacerda, dem Putsch angeschlossen hatten bzw. daran beteiligt waren, aber nicht die Zerstörung der politischen Rahmenbedingungen wollten, innerhalb derer sie Karriere gemacht hatten und weiterhin zu machen hofften, wurden bald kaltgestellt. Als 1968 der wachsende Widerstand gegen das Regime in großen Streiks und Massendemonstrationen seinen Ausdruck fand, wurde am 13. Dezember der Institutionelle Akt Nummer 5 (AI-5) verabschiedet. Er beseitigte jegliche Rechtsstaatlichkeit. Nachdem Präsident Costa e Silva im August 1969 schwer erkrankte und bald darauf starb, hinderten die Militärs den zivilen Vizepräsidenten Pedro Aleixo an der Regierungsübernahme. Die drei Militärminister übernahmen bis zum Regierungsantritt des vom Kongreß neugewählten Präsidenten, General Garrastazu Medici, die Regierungsgewalt. In diesen Tagen wurde der Botschafter der USA in Brasilien entführt. Mit der Regierung von General Medici (1969-1974) begann das düsterste Kapitel der Geschichte des modernen Brasilien. Bei der Unterdrückung der Opposition war dem

Regime jedes Mittel recht. Das Militär selbst übernahm diese Aufgabe und perfektionierte den Folter- und Überwachungsapparat. Dabei spielte ausländische, d. h. vor allem nordamerikanische Hilfe eine wichtige Rolle.

Während bis 1967 in Fragen der inneren Sicherheit die staatlichen *Departamentos de Ordem e Política* (DOPS) zuständig waren, wurden nun zusätzlich neue Organe geschaffen, die direkt dem Militär unterstanden. So wurde 1969 vom Kommandanten des II. Heeresbereichs in São Paulo die *Operação Bandeirantes* gegründet, die ab 1970 *Centro de Operações de Defesa Interna* (CODI) genannt wurde und die Aktionen der *Departamentos de Operações e Informações* (DOI) koordinieren sollten. Nach diesem Vorbild wurde die Unterdrückung in ganz Brasilien organisiert. Die Aktionen der verschiedenen Organisationen CODI-DOI, DOPS und anderer wie des *Centro de Informações da Marinha* (Cenimar) waren jedoch nur mangelhaft koordiniert. Der Leidensweg vieler Häftlinge hatte zahlreiche Stationen.

Unter brutalster Mißachtung der Menschenrechte wurde die bewaffnete Opposition restlos zerschlagen. Erst in der zweiten Hälfte der Regierungszeit von General Geisel (1974-1979) setzte eine allmähliche »Öffnung« der Diktatur (abertura) ein, die unter dem gegenwärtigen Präsidenten, General Figueiredo, fortgesetzt wird. Die Gründe für diese Entwicklung sind vielfältig. Ausländische Pressionen, der Zusammenbruch des sogenannten brasilianischen Wirtschaftswunders der frühen siebziger Jahre, das ohne die drastische Reduzierung des Realeinkommens der brasilianischen Arbeiterschaft und ohne ihre permanente Unterdrückung nicht möglich gewesen wäre, der Widerspruch zwischen der staatlichen Macht in den Händen der Generäle und einer Wirtschaftspolitik zugunsten multinationaler Wirtschaftsgruppen, die ihre Macht ungern teilen, und die Entwicklung von basisdemokratischen Kräften in Gewerkschaften, Gemeinden und verschiedenen Bereichen der Gesellschaft haben dazu beigetragen. Eine Amnestie hat auch Gabeira zehn Jahre nach der Entführung des US-Botschafters die Rückkehr nach Brasilien ermöglicht.

Für Gabeiras politische Entwicklung und für die Geschichte des bewaffneten Kampfes in Brasilien waren die Ereignisse des Jahres 1968 von grundlegender Bedeutung. Es zeigte sich, daß

Teile des Proletariats und der Mittelschicht, des katholischen Klerus und vor allem die Studenten nicht mehr bereit waren, die rigorose Wirtschaftspolitik auf Kosten der Arbeiterschaft, die Mißachtung der Menschenrechte und die Unterordnung aller wichtigen gesellschaftlichen Gruppierungen unter die Vormundschaft der Militärdiktatur hinzunehmen.

Im April streikten in Contagem im Staate Minas Gerais 15 000 Industriearbeiter und im Juli lähmte ein Streik ganz Osasco, das zweitgrößte Industriezentrum im Staate São Paulo. Die Härte, mit der gegen die Streikenden vorgegangen wurde, ließ keinen Zweifel an der Entschlossenheit der Regierung, jede Form von Opposition gegen ihre Wirtschaftspolitik zu ersticken. Zugleich war aber schon in diesen Arbeitskämpfen erkennbar, daß sich unter den Bedingungen der Diktatur die Formen der Durchsetzung authentischer gewerkschaftlicher Interessen zu ändern begannen. Die Enttäuschung Gabeiras und seiner Genossen in Rio, als so wenige Arbeiter zu den von ihnen vorbereiteten Maifeiern kamen und so viele es vorzogen, im Maracanã-Stadion Fußballspielen zuzusehen, die die Regierung veranstalten ließ, zeigt, daß ihnen der Unterschied zwischen politischer Agitation und Organisation von der Basis her zu diesem Zeitpunkt unklar war.

Auch in der katholischen Kirche regte sich der Widerstand. Unter dem Einfluß des Zweiten Vatikanischen Konzils hatten fortschrittliche Mitglieder der Hierarchie an Einfluß gewonnen und begannen die Militärdiktatur zu kritisieren. Die Reaktion der Militärs ließ auch gegenüber der Kirche nicht auf sich warten. So wurde schon 1967 die Residenz des Bischofs von Volta Redonda nach »subversivem Material« durchsucht. In den folgenden Jahren wurden zahlreiche Mönche, Nonnen und Geistliche, unter ihnen auch der Bischof von Nova Iguaçu, verhaftet und gefoltert. Aus heutiger Sicht ist allerdings deutlich, daß schon 1966 durch die Gründung kirchlicher Basisgemeinden sich eine Form von Opposition gegen das Regime herauszubilden begann, der mit Gewalt und Einschüchterung nicht beizukommen war.

Die treibende Kraft der Massendemonstrationen gegen die Diktatur waren die Studenten. Der erste Erziehungsminister nach dem Putsch von 1964, Suplicy de Lacerda, hatte in die Universitätsstruktur eingegriffen und die studentischen Organisationen abgeschafft. Dies galt für alle studentischen Direktorien, für die akademischen Zentren wie z. B. das oppositionelle *Centro Acadêmico Cândido de Oliveira* (CACO), der Bundesuniversität in Rio und für die UNE, die nationale Studentenvereinigung, die durch ein dem Erziehungsministerium unterstelltes nationales Direktorium ersetzt werden sollte. Dieser Versuch, die Universitäten unter Kontrolle zu bekommen, scheiterte am Widerstand der Studenten. Vor allem die *União Nacional de Estudantes* (UNE) verteidigte die Traditionen des politischen Kampfes ihrer Organisation gegen die Diktatur des *Estado Nôvo* und trat für die nationale Befreiung ein.

Ende März kam es zu den ersten großen Demonstrationen, als bei der Stürmung einer Mensa durch die Polizei der sechzehnjährige Student Edson Luis erschossen wurde. Das Begräbnis wurde zum eindrucksvollen Protest gegen das Regime. In den folgenden Tagen fanden in der Innenstadt von Rio tagtäglich studentische Demonstrationen statt, die mit zunehmender Brutalität aufgelöst wurden. Da die Demonstrationen meistens durch die Avenida Rio Branco führten, wurde jeweils die Gelegenheit genützt, die konservative Zeitung *Jornal do Brasil* zu verhöhnen, die damals dort ihren Sitz hatte und deren Galionsfigur, die »leitende Präsidentin«, eine Gräfin ist. Einen Höhepunkt fanden diese Ereignisse eine Woche später, anläßlich der Messe des siebten Tages für den ermordeten Studenten. Alles, was sich in der Nähe des Kirchenausganges aufhielt, Studenten, Priester, Reporter und Zuschauer, wurden von berittenen Soldaten angegriffen.

Auch in anderen Städten, in São Paulo, Belo Horizonte, und im Nordosten kam es zu Demonstrationen, die ebenso brutal aufgelöst wurden wie in Rio. Im Juni, also nach Beginn der Studentenrevolte in Frankreich, kam es erneut zu heftigen Zusammenstößen zwischen den Studenten und der Polizei. Am »blutigen Freitag« wurden, wie ein Studentenführer nachträglich zu ermitteln versuchte, vermutlich 28 Personen getötet. Die Presse berichtete nur von vier Toten, darunter einem Militärpolizisten, dem aus einem Gebäude ein Eimer auf den Kopf geworfen wurde.

Daß die Studenten mit der Zustimmung breiter Kreise der Bevölkerung rechnen konnten, wurde schließlich ganz deutlich, als 100 000 Demonstranten durch die Innenstadt von Rio zogen und in der Avenida Rio Branco daraus eine Konfettiparade wurde. An diesem Tage ließ sich die Polizei nicht sehen. Kurz darauf organisierten die Studenten eine weitere Demonstration. Diesmal nahmen 50 000 Personen daran teil.

Mit welcher Naivität die Studenten zu diesem Zeitpunkt noch glaubten, dem Regime trotzen zu können, wurde im Oktober desselben Jahres erkennbar. Die Studentenführer der UNE veranstalteten in der Nähe von Ibiuna, einer kleinen Stadt im Staat São Paulo, einen geheimen nationalen Kongreß. Die Anreise von 800 Studenten in einem kaum 6000 Einwohner zählenden Ort konnte der Polizei unmöglich verborgen bleiben. Alle Kongreßteilnehmer wurden verhaftet. Damit wurden die Personalien der Studentenführer aus ganz Brasilien der Polizei zugänglich. Die Beseitigung jeglicher Rechtsstaatlichkeit im Dezember des Jahres machte den Demonstrationen und vielen Hoffnungen endgültig ein Ende. Neue Formen des Widerstandes wurden entwickelt.

Massendemonstrationen können bei den Beteiligten ein Gefühl der Stärke hervorrufen, das politische Fehleinschätzungen begünstigt. Gabeira hebt zurecht hervor, daß der gemeinsame Nenner der Demonstranten nicht mehr war als die Ablehnung des Regimes. Im Grunde genommen wurden tatsächlich zwei verschiedene Sprachen gesprochen, von denen keine in die andere übersetzt werden konnte. Die linken Gruppierungen blieben bei ihren Analysen und Diskussionen der politischen Lage unter sich. Ihre Isolierung war jedoch nur zum Teil die Folge des Scheiterns ihrer Politik durch den Putsch von 1964. In ihrer Entwicklung spielte die Kommunistische Partei eine zentrale Rolle. Die brasilianische KP (PCB) befand sich seit 1947 ununterbrochen in der Illegalität. In der zweiten Hälfte der 50er Jahre wurde die Partei durch den im 20. Kongreß der KPdSU eingeleiteten Entstalinisierungsprozeß erschüttert. Auf dem 5. Parteikongreß der PCB im Jahre 1960 kam es zur Abspaltung führender Parteimitglieder, die im Jahre 1962 unter dem Namen *Partido Comunista do Brasil* (PC do B) eine maoistische Linie vertraten. Sie organisierten später in Araguaia eine ländliche Guerillabewegung, die dem Militär erbitterten Widerstand leistete. Den Parteinamen PC do B übernahmen sie von der PCB, der sich 1961 bei seinen Bemühungen um eine Legalisierung umbenannt hatte und von da an

Partido Comunista Brasileiro hieß. Dieser neue Name sollte eine größere nationale Selbständigkeit der Partei ausdrücken. Ungefähr zur gleichen Zeit wie der PC do B enstand als weitere linke Partei die *Politica Operária* (POLOP) als Abspaltung der linkskatholischen *Ação Popular* (AP), die ihrerseits aus Spaltungen katholischer universitärer Organisationen hervorgegangen war.

Die brasilianische Kommunistische Partei, die selbst während der Regierungszeit von Goulart in der Illegalität blieb, wurde durch das widerstandslose Zurückweichen der nationalistischen Kräfte vor den Putschisten erheblich demoralisiert. Die These, man müsse sich mit dem nationalen Kapital verbünden und zuerst gegen den feudalen Grundbesitz und gegen den Imperialismus kämpfen, hatte sich allzu offensichtlich als falsch erwiesen. Wie der brasilianische Sozialwissenschaftler Caio Prado Junior schon längst nachgewiesen hat, war der Großgrundbesitz keineswegs feudal, und das nationale und das internationale Kapital ließen sich nicht auseinanderdividieren. In den ersten Jahren nach dem Putsch erfolgten mehrere Abspaltungen von der PCB. Gabeiras Gruppierung war als Studentengruppe 1966 in Rio, São Paulo und im Staate Rio Grande do Sul entstanden. Sie übernahm den Namen MR-8 *(Movimento Revolucionário 8 de Outubro)* von einer anderen Gruppe gleichen Namens, die im Staate Paraná Landguerilla organisiert hatte und vom Militär aufgerieben worden war. Diese ursprüngliche MR-8 war nur wenig früher im Jahre 1967 entstanden, als sich ein Revolutionärer Flügel vom PCB abspaltete, aus dem neben der MR-8 der *Partido Comunista Revolucionário* (PCBR) und die *Aliança Libertadora Nacional* (ALN), die andere an der Entführung des US-Botschafters beteiligte Gruppe, hervorgingen. Daneben ist noch die VAR-Palmares *(Vanguarda Armada Revolucionária Palmares)* zu erwähnen, die aus der Vereinigung der *Vanguarda Popular Revolucionária* (VPR) und dem *Comando de Liberação Nacional* (COLINA) entstanden war. Diese Abspaltungen und Neugründungen und die Liste der Namen von führenden Parteimitgliedern, die in den Jahren 1962-1967 die PCB verlassen haben, zeigen, daß die Partei sich in einer schweren Krise befand.

Die Anmerkungen Gabeiras zum politischen Verhalten seiner Gruppe in den späten 60er Jahren sind vor diesem Hintergrund zu verstehen, bezeichnen aber typische Probleme linker Gruppierungen. Die geringe Zahl ihrer Mitglieder rechtfertigten sie mit Rationalisierungen wie etwa, daß die Gefahr um so größer sei, je größer die Gruppe ist. Die Probleme der Aufspaltung in Elite und Masse, das Denken in militärischen Kategorien, die stalinistisch doktrinäre Einstellung zu Fragen der Theorie ließen keine Nähe zur Bevölkerung, deren Denken, Interessen und Formen des Widerstandes, aufkommen. Den bewaffneten Kampf gegen das Regime hat Gabeira später deswegen als Kampf zwischen zwei Avantgarden kritisiert. Schon 1968 war ihm aber die revolutionäre Romantik seiner Gruppe verdächtig. Gabeiras Kritik an der Trennung zwischen denen, die etwas von Parteipolitik verstehen, und solchen, die etwas von menschlichen Beziehungen verstehen, bezeichnet einen Sachverhalt, der auch für die brasilianische Linke und für Gabeira selbst noch immer ein Problem darstellt.

Der bewaffnete Kampf, an dem Gabeira beteiligt war, ist in einer Militärdiktatur entstanden, in der keine offene Opposition mehr möglich war. Er ist also in einer Situation entstanden, die mit der Situation in westeuropäischen Ländern nicht vergleichbar ist. Berichte über den bewaffneten Kampf in Brasilien belegen, wie weitgehend, bis zur Gefährdung des eigenen Lebens, darauf geachtet wurde, Menschenopfer zu vermeiden. Das war nicht der Kampf menschenverachtender Terroristen. Im Gegenteil. Ich erinnere mich an einen Brasilianer, der sehr enttäuscht war, als er auf der Frankfurter Buchmesse am brasilianischen Stand ein bestimmtes Buch haben wollte und ihm erklärt wurde, auf der Messe könnten keine Bücher verkauft werden. Den freundlichen Ratschlag, er könne sich doch das Buch mal ansehen, es fallen lassen, seine Zeitung darauf fallen lassen usw., lehnte er beklommen ab. Er könne so etwas nicht. Etwas später stimmte er in unser Gelächter ein, als wir in ihm einen derjenigen exilierten Brasilianer erkannten, die wegen zahlreicher Banküberfälle und bewaffneter Aktionen verschiedener Art noch immer nicht nach Brasilien zurückkehren durften und unter prekären Lebensbedingungen im Exil leben mußten.

Wichtiger noch als die Tatsache, daß heute in Brasilien der

bewaffnete Widerstand gegen die Diktatur moralisch kaum noch verurteilt wird, ist jedoch, daß erkannt worden ist, daß er politisch falsch war. Gabeira gehört heute wie viele andere, die daran teilgenommen haben, zu seinen entschiedensten Kritikern. Der bewaffnete Kampf hat viele Opfer gekostet und doch kein Problem gelöst. Mehr noch, er konnte gar kein Problem lösen, da er der Kampf politisch isolierter Gruppen war.

Der Erfolg von Gabeiras Buch in Brasilien steht jedoch in keinem Zusammenhang mit seiner Kritik an der Linken. Faszination übt er auf Angehörige einer frustrierten Mittelschicht aus – die proletarischen und subproletarischen Schichten können mit seinen Büchern von vornherein nicht viel anfangen.

Gabeira fasziniert seine Leser gerade dadurch, daß Guerilla, Gefängnis, Folter und die langen Jahre des Exils ihn nicht zu einem heroisch-harten Kämpfer gemacht haben, sondern zu einem sensiblen Sprecher unbürgerlicher Lebensformen und Auffassungen, hinter denen ein anderer Politikbegriff steht als der traditioneller Linker. Gabeira weckt in der total entfremdeten, realitätsblinden, fernsehsüchtigen, ökonomisch zunehmend bedrängten Mittelschicht, die seit 1968 politisch nur noch von Technokraten und Militärs repräsentiert wird, unbewußte kulturrevolutionäre Sehnsüchte, die sie andererseits sogleich abwehren muß. Klatsch, Verleumdungen, neiderfüllte Kritiken und andere Formen der Diskriminierung treten an die Stelle einer sachlichen Auseinandersetzung mit Gabeiras politischem Denken. Unter dem Einfluß der Erfahrungen, die er im Exil in Frankreich, Deutschland und vor allem in Schweden gemacht hat, vertritt er heute ökologische Auffassungen, er kämpft gegen die Zerstörung der Natur, die Diskriminierung der Frauen, Neger, Indianer, sexueller Minderheiten und alter Menschen. Er möchte erreichen, daß der Kampf gegen die in Brasilien besonders krasse Ausbeutung und Unterdrückung der Massen der Bevölkerung nicht vom Kampf gegen andere Formen der Unterdrückung und des Elends getrennt geführt wird. Seine Waffe ist dabei nun das Schreiben. Kein Zweifel, sein Kampf geht weiter.

Hans Füchtner

Alphabetisches Gesamtverzeichnis der suhrkamp taschenbücher